김재권과 물리주의

Jaegwon Kim & Physicalism

by Jong-Ho Ha, et al.

ACANET, Seoul, Korea, 2008

김재권과
물리주의

Jaegwon Kim & Physicalism

김선희 백도형 선우환 신상규
이종왕 이좌용 정대현 최훈
하종호 홍창성

아카넷

이 책은 김재권의 최근 저서인 『물리주의』에 담긴 그의 이론과 사상을 토론하는 논문들로 구성되어 있다.[1] 김재권의 철학적 여정은 크게 세 시기로 나눌 수 있다. 그가 브라운 대학 조교수로 부임한 후 치즘 교수의 영향을 받아 과학철학에서 형이상학과 심리철학으로 철학적인 관심의 폭을 넓히면서 '사건' 이론을 발전시킨 초기 시절이 있다. 이 시기에 김재권은 '사건' 개념이 과학철학이나 심리철학에서 많이 사용되지만 체계적으로 설명되지 않고 있다는 점을 포착하고 '속성 예화 이론'을 창안했다. 사건을 한 대상이 특정 시점에서 하나의 속성을 예화(例化)하는 것으로 규정한 이 이론

---

1 김재권, 『물리주의』(아카넷, 2007). 이 책의 원서는 Jaegwon Kim, *Physicalism, or Something Near Enough* (Princeton University Press, 2005)이다.

에 따라 사건들 간의 동일성은 대상과 속성과 시점의 동일성으로 설명된다. 그의 속성 예화 이론은 심신 동일론에서 심성적 사건과 물리적 사건의 동일성을 설명하는 데 요긴하게 활용되었다.

중기로 꼽히는 미시간 대학에서의 20년 동안 김재권은 '심물 수반론(心物隨伴論)'을 창안하고 발전시킴으로써 철학계의 슈퍼스타로 떠올랐다. 이 이론은 철학의 오랜 난제의 하나인 심신 관계를 규정할 수 있는 새로운 장치를 마련했다는 점에서 획기적인 업적으로 평가받는다. 심성적인 것과 물리적인 것 사이의 의존관계를 '수반' 개념을 도입해서 정의한 그의 이론은 1970년대 말에 등장한 이래 10여 년 동안 심리철학의 중요한 논점이 되었다. 심물 수반 개념을 간단히 표현하자면, 물리적 식별 불가능성은 필연적으로 심리적 식별 불가능성을 함축한다는 것이다. 이것은 물리주의의 기본 논제로서, 심성적인 것을 물리적인 것으로 환원하지 않고서도 후자에 대한 전자의 의존관계를 서술할 수 있는 길을 열어 주었다.

하지만 심물 수반론에 대한 논의가 깊어지면서 김재권은 그 이론이 심신 관계에 대한 설명으로 부족하다는 점을 깨닫게 되었다. 왜냐하면 심성적인 것이 물리적인 것에 수반한다고만 말해서는 문제를 서술하는 데서 그칠 뿐 해결하지는 못하기 때문이다. 즉 심물 수반론은 심물 수반이 성립하는 이유를 설명하지 못하는 한계를 지니고 있는 것이다. 그래서 김재권은 브라운 대학 철학과의 석좌 교수로 부임한 이래 20년간 점차 환원주의적 해결책을 모색했고 최근에 '기능적 환원주의'를 제안했다.

심성적인 것의 기능적 환원은 세 단계로 이루어진다. 첫째는 피환원적 속성을 기능적 속성으로 해석하는 단계이다. 둘째는 이 기능적 속성을 실현하는 물리적인 메커니즘이나 속성을 찾는 과학적인 작업의 단계이다. 셋째는 이런 메커니즘이 소정의 인과적인 역할을 어떻게 수행하는지를 하위의 환원적 층위에서 설명하는 단계이다. 기능적 환원주의에 근거를 둔 그의 최근 관점은 두 권의 저서, 『물리계 안에서의 마음』[2]과 『물리주의』에 피력되어 있는데, 이 책에 실린 열 편의 논문들은 바로 그것을 토론하는 데에 초점을 맞춘다. 이 논문들의 주제는 크게 두 가지로 구분된다. 하나는 심성과 인과의 문제이고, 다른 하나는 환원과 물리주의의 문제이다.

심성과 인과의 문제를 주로 다룬 1부의 첫 논문인 이좌용의 「인과성과 환원」은 인과력을 지닌 모든 정신 유형이 물질 유형으로 환원될 수 있다는 김재권의 주장에 이의를 세기한다. 이 논문에서 이좌용은 환원은 개념적 동화(同化)를 요구하는데 정신사에 대한 의지적인 개념들과 현상적인 개념들은 본질적으로 주관성을 내포하므로 그렇게 이해된 정신 유형들은 객관적인 물리 유형들에 개념적으로 동화될 수 없다고 주장한다. 이좌용은 인과력을 지녔다 하더라도 객관화할 수 있는 정신 유형만이 물리적으로 환원될 수 있다고 본다. 그런데 우리의 결심들, 의욕들, 그리고 감각적 특질들

---

2 김재권, 『물리계 안에서의 마음』(철학과현실사, 1999). 이 책의 원서는 Jaegwon Kim, *Mind in a Physical World*(MIT Press, 1998)이다.

은 인과력을 지녔지만 그 본질적 주관성을 배제하지 않는 한 물리적으로 환원될 수 없다고 그는 주장한다.

김선희의 「김재권의 심성 인과론의 문제: 두 마음의 간극」은 김재권이 지향적 마음과 현상적 마음에 대하여 상이한 인과 모델을 수용함으로써 마음의 두 영역 사이에 심각한 간극을 발생시킨다는 점을 논의한다. 김선희는 환원 모델이 적용되는 지향적 마음은 물리적인 것으로 존재하는 반면에, 부수현상 모델이 적용되는 현상적 의식은 비물리적인 것으로 존재한다고 보고 두 마음 간의 관계는 전통적인 심물 관계의 문제를 다른 형태로 다시 제기하는 결과에 이른다고 주장한다. 더 나아가 지향적 마음과 현상적 마음의 간극에서 비롯되는 새로운 문제들이 발생하며, 그것은 김재권 자신이 생각했던 것처럼 사소한 문제가 아니라 훨씬 심각한 문제라는 점을 지적한다.

선우환은 「배제 논변과 심적 인과」에서 배제 논변에 대한 주요 반론인 과잉결정 반론에 대한 김재권의 대응이 별로 성공적이지 못하다는 것을 보이고 김재권의 배제 논변이 인과 개념과 관련하여 그다지 중립적인 기반 위에 서 있지 않음을 논증함으로써, 이 논변이 비교적 취약한 기반 위에 서 있다는 것을 드러내고자 한다. 선우환은 배제 논변이 바로 인과에 대한 특정한 관점의 개념인 충분조건적 개념에 본질적으로 의존한다고 진단하면서 반사실 조건문적 분석과 같은 필요조건 분석의 관점에서 이해된 인과 개념에 기반을 두면 심적 인과와 관련해서 배제의 문제가 생겨나지 않는다는 논의를 전개한다.

하종호는 「인과적 배제의 문제와 인과적 양립주의」에서 김재권의 인과적 배제 논변을 옹호하는 관점을 취한다. 그리고 김재권에 대한 강력한 반론으로 대두된 베넷의 인과적 양립주의를 검토한다. 이를 위해 먼저 김재권의 인과적 배제 논변의 배경이 되는 맬컴과 골드만의 논변을 소개하고 김재권의 인과적 배제 논변이 어떤 맥락에서 등장하게 되었는지를 보여 준다. 베넷의 인과적 양립주의가 성립하게 되면, 김재권의 인과적 배제 논변은 심각한 타격을 입게 되는데 하종호는 베넷의 논변에 들어 있는 논리적인 결함을 지적함으로써 김재권의 배제 논변이 건재할 수 있음을 입증하려고 시도한다.

주로 환원과 물리주의와 관련된 문제들을 다룬 2부에서 홍창성의 「유형 물리주의와 기능주의 환원론의 만남」은 김재권처럼 물리주의가 불완전함을 부정하지는 않지만, 그렇다고 해서 김재권이 지적한 만큼 유형 물리주의가 많은 문제를 가지고 있다고 보지도 않는다. 홍창성은 유형 물리주의를 그것에 대해 지금까지 논의된 문제점들을 극복할 수 있는 형태로 발전시켜 보면 실제로는 김재권의 기능주의 환원론의 논의와 결국은 동일한 결론에 도달하게 된다는 점에 착안해서 유형 물리주의와 기능주의 환원론이 수렴됨을 보이려고 한다.

최훈은 「김재권의 조건부 환원주의」에서 김재권의 수반 논변을 통해 조건부 환원주의가 구체적으로 어떤 주장인지 살펴보면서 그의 조건부 환원주의가 개체 차원에서는 성공할지 모르지만 종에 제한해서나 종을 넘어선 총체적 차원에서는 실패함을 논증한다. 그리고 이를 근거로 국지적 환원이 종에 제한적인 환원을 말한다면 조건부 환원주의를 통해 심성에 인과적 영향력을 주려는 계획은 성공하지 못한다고 주장한다.

이종왕의 「기능적 환원과 물리주의」는 김재권의 기능적 환원이 직면하는 몇 가지 문제들을 검토한다. 이를 위해 그는 먼저 현상적 속성들과 관련하여 기능적 환원의 결과가 같은 속성에 대한 다른 인식 주체들 사이의 현상적 유사성을 보장할 수 있는 설명을 전적으로 동일한 입출력의 내적 상태들에만 의존해서 시도한다면 김재권의 기능주의는 물리주의로 간주하기 어렵다는 점을 지적한다. 이어서 이종왕은 물리주의가 참이라면 그리고 강건한 물리주의가 확립될 수 있다면 국지적 동일성의 직관적 호소성을 어느 정도 포함하고 있을지라도 총체적 정신적 속성에 동일화되는 다수 실현자들 사이에 공통되는 물리주의적 기초를 제공해야 할 필요가 있다는 점을 보여 준다. 마지막으로 이종왕은 국지적 동일성의 논리가 그의 사건 존재론과 거의 일치하지 않기 때문에 이차 기능적 속성인 정신적 속성이 일차 물리적 속성과 동일화되는 것 자체가 이미 불가능하다는 점을 논증한다.

정대현은 「물리주의와 사건 동일성」에서 김재권이 물리주의를 인과 개념에 근거시키고 인과관계를 그의 사건론에 정초시킨다는 점을 지적한다. 정대현은 사건 기술론이 상정하는 사건의 동일성

(identity)과 사건의 동인성(identification)의 분리 불가능성 논제를 수용할 수 없기 때문에 김재권이 그렇게 했다고 진단하고, 김재권의 관점이 〔(xn, t), P〕라는 구성적 대상, 구성적 성질, 구성적 시간이라는 형식으로 인도하지만 이러한 '성질 구현(property exemplification)'으로서의 사건론은 속성 동일성이 속성의 이름의 동의성에 대한 의존을 피할 수 없게 한다고 본다. 정대현은 이러한 의존성을 거부한다면 사건물 자체에의 접근 가능성을 다른 방식으로 제시할 수 있어야 한다고 주장한다.

백도형의 「철저하지 못한 물리주의」는 김재권의 최근 입장을 두 가지 방향에서 비판한다. 첫째는 김재권의 입장을 좀 더 약한 물리주의 입장으로 후퇴한 것으로 볼 수 있는데, 그가 원래의 형이상학의 입장을 일관되게 유지하면서 굳이 그렇게 어정쩡하게 약한 물리주의 입장을 취할 필요가 없다는 비판이다. 이어서 백도형은 김재권의 철저하지 못한 입장이 심리철학 문제에 대한 깊은 고민에서 비롯되었다 하더라도 그 문제의 토대가 되는 전제를 이제는 재고할 필요가 있고, 이를 통해 심리철학의 문제가 새로운 시각에서 재조명될 수 있음을 주장한다.

신상규는 「비환원적 유물론은 과연 신화인가?」에서 김재권이 인과적 배제 논변을 통하여 비환원적 유물론을 공격한다고 보고 그러한 김재권의 기능적 환원주의는 일종의 심성 비신재론이라고 비판한다. 비환원적 유물론은 심성의 비환원성(자율성)을 유지하면서, 동시에 심성이 인과적 능력을 지니는 실재적인 속성이라고 보는 심성 실재론(mental realism)을 견지하는 입장이라고 할 때, 신상규는 '완벽하지는 않지만 받아들이기에 거의 충분한' 비환원적 유물론의 가능성을 모색한다.

이 책은 대우재단과 한국학술협의회의 지원을 받아 만들어졌다. 특정 철학자에 관한 전문적인 학술 논문집을 출판하는 일이 국내에서는 흔치 않은데 이것을 가능케 해 준 한국학술협의회 김용준 이사장님과 관계자들에게 감사의 뜻을 표한다.

2008년 봄에

필자 일동

차례

I부

심성과 인과

제1장
인과성과 환원

이좌용

1 조건부 환원

정신사는 물질사와 어떠한 사이일까? 우리의 정신 상태는 물질 상태와 어떠한 관련을 맺고 있을까? 세계 탐구의 일차적 소임을 과학에 일임하는, 그리고 소립자 물리학이 기초적 과학임을 수긍하는 오늘의 철학자는 대체로 다음의 형이상학적 명제를 받아들인다.

[수반] 물질사(아마도, 두뇌 신경사)의 차이가 없이 정신사(믿음들, 느낌들, 욕망들, 의욕들 등)의 차이는 없다. 동일한 모습의 물질사는 동일한 정신사를 동시에 수반한다.

〔실현〕 정신사는 물질사에 의해 실현된다.

수반 논제라고 부를 수 있는 첫 명제는 정신사가 물질사에 의존하고 있는 것임을 시사한다. 그러나 정신사는 물질사인지 아닌지에 관해서 아무런 내용도 함축하지 않는다. 수반 논제는 실체 이원론을 부정하지도 않는다. 다만 영혼 실체들의 차이를 부정한다. 수반 논제에 따르면, 물질 세계와 독립해 있는 정신세계의 영혼들은 동일한 모습을 가질 수밖에 없다. 그것들은 아예 물질사를 갖지 않으므로 물질사의 차이도 없는 셈이고, 따라서 그 정신사의 차이가 없을 터이기 때문이다. 아무튼 변하는 다양한 모습의 물질 세계와 불변의 동일한 모습의 영혼세계에 신체와 영혼을 별개로 거주시키는 인물들의 존재는 수반 논제와 모순되지 않는다.

실현 논제는 물질사를 벗어나 있는 정신사의 존재 가능성을 부정한다. 그래서, 영혼과 물체의 실체 이원론은 실현논제와 모순된다. 그것은 물체들로 이뤄진 일원론적 세계만을 허용한다. 그러나 실현논제는 물질사와 거기에 실현되어 있는 정신사가 어떠한 관계를 맺고 있는지에 관하여 달리 말해주는 것이 없다.

한 정신사는 그것을 실현한 물질사인가, 아니면 결코 물질사일 수 없는 별종의 다른 무엇인가? 정신사는 물질사에 인과적 힘을 가질 수 있는가, 아니면 물질사에 아무런 인과적 힘도 미칠 수 없는 것인가? 수반 논제와 실현 논제를 받아들이는 것, 그것만으로는 그 물음들의 어느 한 쪽 손을 들어 주는 것이 아니다. 최근 김재권이 논변한 다음과 같은 조건적 환원론은 이와 관련하여 중요한 내용을 새겨보게 한다.

〔조건부 환원〕 정신성이 물리적 영역에서 인과적 영향을 가질 수 있다면, 아니 실은 조금이라도 어떤 인과적 효력을 가질 수 있다면, 그것은 물리적으로 환원될 수 있어야 한다.[1]

이것을 우리의 논의 형태에 맞춰 이렇게 간단히 옮겨 보자.

〔환원〕 인과력을 갖는 정신사는 물질사로 환원될 수 있다.

이것을 환원 논제로 부르자. 이 글은 그 환원 논제가 함축하는 두 가지 사항에 관한 단순한 의문에서 시작한다. 모든 인과력은 왜 결국은 물리적인 것인가? 인과력은 어떻게 환원을 가능하게 하는가? 이 의문을 김재권이 어떻게 풀어 줄 것인가를 분석적으로 논의하면서 환원의 형이상학의 의미와 한계가 무엇인가를 이 글은 종합적으로 성찰하고자 한다.

---

1 Jaegwon Kim, *Physicalism, or Something Near Enough*(Princeton University Press, 2005), 161쪽.

2 배제와 폐쇄

왜 인과력은 물리적 인과력인가. 비물리적 인과력이 도대체 왜 불가능한가. 비물질적 영혼들이 인과적으로 교류하는 세계는 왜 가능하지 않은가. 한 인물의 정신사는 그의 물질사의 인과적 흐름에서 독립한 나름의 자율적 인과성을 가질 수 있다는 진술이 왜 잘못인가.

이 의문에 대한 김재권의 대답은 대충 이렇게 간추려 볼 수 있다.[2] 인과의 관계항들은 공간상의 한 위치를 점한 것들이어야 한다. 공간적 위치를 갖지 않은 것들의 인과적 연결이나 짝짓기 (paring)를 말하는 것은 인식론이나 의미론적으로 무의미하기 때문이다. 그런데 비물질적 정신이나 영혼은 비공간적이다. 그러므로 비물질적 영혼들의 인과적 교류는 불가능하다. 이것은 물질적이지 않으면 공간적 관계를 가질 수 없다는 것을 전제한다. 이 대답은 영혼세계와 물체세계의 실체적 이원론은 영혼이나 정신의 인과적 능력과 공존할 수 없음을 의미한다. 그렇다면 물체들만의 실체 일원론을 받아들이자. 그 세계에서 우리와 같은 인물들은 정신성을, 심성을 지닌다. 그 정신성은 결코 물질성과 동일하지 않은, 동일시할 수 없는 것이라고 할 수 없을까. 이 의문에 대해 그런 정신성 역시 인과력을 가질 수 없다는 것이 김재권의 대답이다. 인과력을 가

---

2 김재권, 『물리주의』(아카넷, 2007), 111-144쪽 참조.

질 수 있는 정신성은 물질성과 동일하며 동일시할 수 있다는 대답이다. 물질사이지 않은 정신사를 인과적으로 무능하게 만드는, 그래서 인과적으로 유능한 정신사는 물질사라는 이 주장의 정당화는 이른바 인과적 배제(exclusion)와 폐쇄(closure)의 두 원리에 의해 구축된다.[3]

[배제] 한 사건은 중복결정의 경우가 아닌 한, 동일한 시점에서 다른 두 충분 원인을 갖지 않는다.

[폐쇄] 한 물리적 사건은 모든 시점에서 물리적 원인을 갖는다.

이제 그 두 원리를 활용한 다음과 같은 논변이 성립한다. 한 정신사가 한 물질사의 원인이라고 하자. 폐쇄 원리는 그 정신사와 동일한 시점에 한 물질사가 그 다른 원인으로 성립해 있다는 것을 보증한다. 그렇다면 한 물질사의 원인으로 거론된 그 정신사는 동일한 시점에 성립한 그 물질사와 동일한 것이든가, 아니면 아예 원인이 되지 않는 것이어야 한다. 배제 원리는 그 정신사가 별개의 원인으로 성립하는 것을 배제하기 때문이다. 세계사의 인과적 흐름에 참여하는 정신사는 결국은 물질사이다. 그것은 인과적 흐름의 세 가지 근본 원리에 의거해 있다. 첫째, 인과는 관계항들의 공간

---

3 같은 책, 73–84쪽 참조.

적 접속을 전제한다. 그런데 공간성을 본질로 하는 것은 물체들이다. 둘째, 모든 사건은 중복결정의 경우가 아닌 한, 동시에 발생한두 가지 충분 원인을 갖지 않는다. 셋째, 모든 물질적 사건은 물리적 원인을 갖는다. 이 세 원리는 모든 인과적 흐름이 물리적이라는것, 물리성을 결여한 인과성은 흘러갈 수 없다는 것을 함축한다.따라서 인과적으로 흐르는 세상사의 일익을 담당한 정신사도 물리적이지 않을 수 없는 셈이다.

3 환원적 설명

정신사는 어떻게 물질사로 환원될 수 있는가? 한 정신성 M을 한물질성 P와 어떻게 환원적으로 동일화할 수 있는가? 그 환원의 길을 열 수 있는 방식은 정신 속성 M을 그 인과적 역할을 빌려 기능적으로 정의하는 것이다. 김재권은 속성의 기능화 가능성만이 그기초 속성으로의 환원 가능성의 유일한 길이라고 생각한다.[4] 왜 그러한가.

언뜻 직관적으로 보아도, 정신성이 물질성이라면 그것을 실현하고 있는 물질성일 것이다. 문제는 한 정신성을 실현하고 있는 그물질성을 찾을 수 있는 유의미한 방식이 무엇인가 하는 것이다. 하나의 정신성은 다수의 물질성에 의해 실현될 수 있다. 따라서 한

---

4 같은 책, 167–174쪽 참조.

정신성 M과 한 물질성 P의 일반적 동일화는 성립할 수 없다. 물질성에 대한 일차적 탐구는 경험과학의 몫이다. 따라서 한 정신 속성 M을 한 물질 속성 P와 동일시하는 방식에는 경험과학적 의미가 있어야 한다. 그것은 포괄적이고 생산적인 과학적 설명의 가치를 고양하는 것이어야 한다. 이른바 설명의 '상승(ascent)'이 있어야 한다. 고차 현상을 좀 더 일반적인 저차 현상을 빌려 설명해 버리는 것이어야 한다. 깨끗한 설명은 피설명항을 설명항이 연역해 버리는 것이다. 따라서 피설명항의 고유한 속성을 설명항의 개념을 빌려 정의해야 한다. 다시 말하면 피설명항의 고유한 용어를 제거해 버릴 필요가 있다. 이제 그 필요를 채울 착상은 이러하다. 상위 속성의 인과력 또는 인과적 역할을 확인하라. 그리고 동일한 그 인과적 역할을 맡은 하위의 어떤 실현 속성이라고 그것을 정의하라. 그럼, 그 기능적 환원은 다음과 같은 환원적 설명이 끝나고 나서 이루어질 수 있다.[5]

〔환원적 설명〕

x는 t 시점에 P_1을 갖는다.

P_1은 인과적 역할 C를 충족시킨다. (x와 같은 시스템에서)

M을 가짐 = (정의) 인과적 역할 C를 충족시키는 어떤 속성을 가짐.

---

5 Jaegwon Kim, 앞의 책, 111쪽. 김재권(2007)의 우리말 번역서와 내용이 다른 경우에만, 나는 Kim(2005)에서 그 출처를 제시한다.

그러므로 x는 t 시점에 M을 갖는다.

이 설명의 성공은 M 속성=P₁ 속성임을 가르쳐 준다. 물론 x와 다른 시스템들에서는 M 속성이 P₁ 속성이 아닐 수도 있다. 그 인과 역할을 충족시키는 속성이 다를 수 있기 때문이다. 다수 실현의 가 능성은 살아 있다.

여기서 이런 환원적 설명의 의미와 요건을 짚어 볼 필요가 있다. 이 설명의 셋째 줄의 언어는 메타 언어이다. 그것은 M 술어 또는 M 개념을 분석적으로 정의한 언어이다. 피정의항을 분석해 내는 정의 개념은 특정의 인과적 역할 개념 C이다. 따라서 이 정의를 받 아들이는 것은 M 개념이 특정의 기능 개념을 내포하고 있는 개념 이라는 메타 개념적 주장을 받아들이는 것이다. 그것은 다음이 선 험적인 분석적 진리임을 수긍하는 것이다.

⑴ M은 인과적 역할 C를 충족시킨다.

그러나 M과 동일한 P₁에 관한 앞 설명의 둘째 문장은 기초과학 이 발견한 경험적인 종합적 진리이어야 한다.

⑵ P₁은 인과적 역할 C를 충족시킨다.

그래서 M=P₁의 동일성은 경험적인 것이다.

이 마당에서 환원의 뜻을 살려 줄 한 가지 요건을 생각해 보자. 'M' 술어를 갖는 이론보다 'P₁' 술어를 갖는 이론은 더 기초적이고 더 포괄적인 과학 이론이어야 한다. 그것은 인과적 메커니즘에 관하여 인식적으로 더 소상하고 정합적인 정보를 제공하는 것이어야 한다. P_1 속성도 더 포괄적이고 기초적인 과학 이론 속으로 환원될 수 있을까? 그 환원 가능성을 원리적으로 배제할 길은 없다. 앞의 (2)를 분석적 진리로 차용한 다음의 정의가 등장할 길을 봉쇄할 원리적 이론은 없다. 과학 이론의 종말을 선고하는 이론은 과학적이지 않다.

P_1을 가짐 = (정의) 인과적 역할 C를 충족시키는 어떤 속성을 가짐.

결국 고차적 속성들은 그 인과적 역할이 확정되면 앞의 환원적 설명 모형에 따라 저차적 속성들로 환원될 수 있는 운명을 걸머지고 있는 셈이다.

4 속성과 개념

더 미시 구조적인 속성 메커니즘에 관한 이론이 더 기초적인 이론이라는 것이 오늘의 과학상이다. 환원은 새롭게 치장하는 동일화이다. 덜 미시적인 개념으로 치장한 속성이 더 미시적인 개념으로 새롭게 치장하는 것이다. 한 속성이 고차 술어를 벗어 버리고 저차 술어로 갈아입을 수 있는 것은 그것이 갖는 독특한 인과적 역할 덕분이다. 특정한 인과적 기능이 특정한 자연적 속성을 변별해 준다. 속성들의 자연적 변별성은 그것들의 다양한 인과적 역할들에서 드러나는 셈이다. 환원은 고차 속성의 저차 속성으로의 변환이라고 말하는 것은 틀린 말이다. 정확히 말하면, 환원은 고차 이론의 개념들과 술어들로 서술된 한 속성이 저차 이론의 개념들과 술어들로 서술되는 변환이다.

앞의 환원적 설명 모델에서 M과 P_1의 환원적 동일성은 정확히 이렇게 기술해야 한다. M이 L차 이론의 속성이라고 하자. 그리고 그것보다 저차 위상을 L-1로 기술해 보자. 그럼 서로 다른 속성들의 동일화처럼 보이는 '$M = P_1$' 문장이 아닌, 좀 더 동일한 속성의 서로 다른 위상적 동일화를 보이는 '$M_L = M_{L-1}$' 문장이 정확한 동일화 형식이다.

고차 위상의 속성들은 저차 위상의 속성들의 부분집합에 속한다. 이론적 위상들의 바닥이 있다면 그 바닥의 과학 이론은 세계의 모든 속성, 곧 모든 자연적 메커니즘을 서술할 수 있어야 한다. 마찬가지로 '거시적' 속성과 '미시적' 속성의 구분도 말 그대로 받아들이면 그른 말이다. 거시적 이론, 술어, 개념에 대비하여 미시적 이론, 술어, 개념의 대비가 맞는 말이다. 거시적 이론이 서술하는 모든 속성, 인과적 역할로 변별될 수 있는 모든 속성은 원칙상 미시적 이론이 서술하는 속성으로 환원될 수 있다. 이 뜻에 따라 '미시적' 속성을 '미시적 이론이 서술한' 속성의 준말로 받아들이면,

모든 거시적 속성은 미시적 속성이다. 거시적 속성들은 미시적 속성들의 부분집합에 속하는 셈이다.

특정한 한 속성 M이 L차 위상에서 L-1, L-2, L-3, ⋯ 으로 환원되는 동일화를 또다시 다음처럼 형식화해 보자.

$$M_L = M_{L-1} = M_{L-2} = \cdots^6$$

이 형식의 환원론이 그리는 세계상은 흔히 논의되는 계단식 케이크 모형이 아니다. 세계는 계단식의 성층적 모습들, 속성들을 갖고 있지 않다. 계단식의 성층적 모습들은 우리의 언어적 개념들과 술어들이 갖고 있다. 고차적 계층화는 개념론적인 것이지 존재론적인 것이 아닌 셈이다. 이제 다음의 두 그림을 그려 보자.

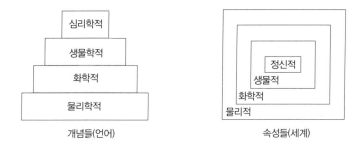

개념들(언어)   속성들(세계)

---

6 김재권, 앞의 책, 109-110쪽 참조. 고차 속성과 저차 속성의 이러한 동일성은 고차에서 저차로 새나가는 인과력 '누수'에 대한 걱정을 무의미하게 만든다.

계단식 그림에서 위층에 있는 것은 아래층에 있는 것과 동일할 수가 없다. 위아래 높이가 다른 곳에 있는 것의 동일성을 말하는 것은 이론적 난센스이다. 위층의 심리학의 개념은 아래층의 화학, 물리학의 개념과 동일할 수가 없다. 그러나 심리학적 속성은 화학적 속성으로, 다시 물리학적 속성으로 환원적으로 동일화할 수 있는 것이다. 앞 그림은 바로 그런 환원론적 존재론의 한 모형이라고 할 수 있겠다.[7]

개념론석 고층화와 존재론적 단층화는 정말 양립할 수 있을까? 지향적 내용을 가진 정신적 개념들은 그것을 가지지 못한 물리적 개념들 위에 있다. 가진 자가 못 가진 자보다 위층에 사는 것이 일반적인 생활사실일지 모른다. 그런데 김재권의 환원적 설명 모형은 위층 개념과 아래층 개념의 분석적 연결을 환원의 필수사항으로 요구한다. 그 설명 모형에 필수적인 정의(definition)는 위층 개념을 아래층으로 허물어 내려뜨리는 것이다. 공들여 세운 개념들의 역사적 고층탑은 일층 위로는 사상누각에 불과한 셈이다. 단단히 구축된 돌탑일지라도 그 돌탑의 위층을 모래알 더미로 만들어야 존재론적 단층화를 이룩하는 환원은 성공할 수 있는 셈이다. 그리고 위층 개념을 허물어 버리고 아래층 개념에 분석적으로 연결시키는 것은 위 개념과 아래 속성에 공통적인 특정의 인과적 역할의 동일

---

7 이런 생각은 J. Heil, *From an Ontological Point of View*(Oxford, 2003), 40–50쪽에서 명쾌하게 기술되어 있다.

성이다. 자연 속성들의 인과적 역할은 밑바닥에서 결정된다.

　김재권은 다양한 내용의 믿음들과 욕망들의 지향성은 그것들의 다양한 인과적 역할 개념을 빌려 정의될 수 있다고 본다.[8] 다양한 지향적 정신 상태들은 환경적 자극을 받고 결국은 어떤 행동을 내놓게 하는 다양한 인과적 역할들을 빌려 정의될 수 있을 것이라고 본다. 인식적, 행동적 정신사는 그렇게 정의되더라도 원래의 본질을 손상시키지 않는다. 김재권의 환원 모형을 맞출 수 없는 정신사는 인과적 역할로 변별할 수 없는 현상적 모습의 의식적 경험들이다.

5 환원의 의미와 한계

　'M'이 'P'로 성공적으로 환원된다면, 그 두 술어는 동일한 속성을 서술하는 것일 것이다. 그런데 M 개념이 특정한 인과적 기능에 의해 정의될 수 없으면 그런 환원은 불가능하다. 정확히 말하면, 정의는 개념에 관한 것이지 속성에 관한 것이 아니다. 자연성을 이루는 속성들은 언어적으로 '서술'되거나 개념적으로 '파악'되는 것이지 '정의'되는 것이 아니다. 우리가 언어적 술어와 개념을 갖지 못하면 우리는 언어적 사물들의 속성을 이렇게 저렇게 변별할 수 없을 것이다. 그렇다고 해서 물질적 사물들의 속성이, 자연성이 사라지거나 변하지는 않을 것이다.

---

8 김재권, 앞의 책, 246-255쪽 참조.

자연성으로서의 정신성에 대한 개념들은 지향적이거나 현상적인 것으로 분류된다. 믿음들, 욕망들, 기억들 및 의욕들의 개념들은 지향적이다. 이런저런 감각 경험들의 개념들은 현상적이다. 지향적 개념에 의해 파악되는 정신 상태들은 내재적 모습을 갖지 않지만, 현상적 개념에 의해 파악되는 정신 상태는 내재적 모습을 갖는 것으로 보인다. 지향성은 외향적이지만, 현상성은 내향적이다. 그래서 지향적 개념들은 인과성에 의해 정의될 수 있지만 현상적 개념들은 그렇게 정의될 수 없다. 따라서 지향적 정신 상태는 물리 상태와 환원적으로 동일화할 수 있으나 현상적 정신 상태는 그렇게 동일화할 수 없다. 김재권의 주장을 듣고 논의를 좀 더 진행하기로 하자.

고통이 (가려움처럼) 긁는 행동과 연결되거나 (간지러움처럼) 몸을 꼬는 행동과 연결되더라도 그것이 고통으로 느껴지는 한, 즉 아프게 느껴지는 한, 그것은 고통이라는 것이 우리의 강한 직관이다. 고통이 특정한 인과적 임무와 연결될 수 있지만, 이 임무가 고통을 정의하거나 구성하지 않는다. 감각질로서의 고통은 기능적 속성이 아니다. 일반적으로 감각질은 기능적 속성이 아니다. 현재 우리가 알고 있는 한, 의식적인 경험을 갖는 체계를 만들어 내는 유일한 길은 적절한 동물이나 인간의 두뇌를 복제하는 것이다.[9]

---

9 같은 책, 257쪽.

'고통이 특정한 인과적 임무와 연결될 수' 있음에도 그것이 기능적 속성이 아니라는 이유는 무엇인가? 감각 성질로서의 고통은 그 특정한 인과적 임무에 의해 구성되거나 정의될 수 없기 때문이다. 정확히 말하면, 고통의 속성이 아니라 '고통'의 개념이 '특정한 인과적 임무'의 개념에 의해 구성되는 것이 아니기 때문이다. 감각경험들은 정신에 아픔, 가려움, 간지러움, 빨강 등과 같은 어떤 모습들의 현상들로서 다가온다. 그 모습들, 특질들을 경험자는 내향적으로 직관한다. 따라서 그것들에 관한 개념은 인과적 개념으로 분석될 수 없다는 것이다.

정신 개념들이 인과적 임무들의 개념으로 분석될 수 있으면 그 개념들로 파악되는 정신사는 물질사로 환원될 수 있다. 그래서 우리는 동일한 인과적 임무들을 충족하는 물질적 기계를 만들 수 있고, 그 기계에게 동일한 정신사를 귀속시킬 수 있다. 정신의 지향적 개념들은 그러한 것들이다. 그러나 정신의 현상적 개념들은 정신사를 물질사로 환원시킬 수 없도록 한다. 이런저런 모습의 현상들을 경험하는 기계를 설계하는 일은 원리적으로 생각할 수 없는 셈이다.

행동적으로나 기능적으로 우리와 유사한 생물체라면 우리의 심성과 유사한 심성(믿음, 욕구, 지향성, 의지 등)을 갖춘 생물체라고 봐야 한다. 이것이 바로 그런 심성적 속성들이 행동 인과에서 그것들이 수행하는 역할에 의해 정의될 수 있고 해석될 수 있다고 생각할 강력한 이

유가 된다.[10]

　나는 우리가 기계를 설계할 때에 물리적인 입력과 행동적인 출력을
인과적으로 매개하는 장치를 넣는 것은 쉬운 일이라고 확신한다. 그러
나 그 기계가 고통을 경험하도록 만드는 것은 전적으로 다른 일이다.
나는 우리가 이를 위해서 어디서 시작해야 할지조차 알고 있다고 생각
하지 않는다.[11]

　여기서 이해된 지향성은 행동주의적이다. 행동들의 차이가 없이
는 지향성의 차이도 없다. 행동과 인과성은 삼인칭적으로, 객관적
으로 접근될 수 있다. 따라서 행동들을 초래한 지향적 정신 상태들
은 삼인칭 개념들로 파악될 수 있다. 그것들은 기계적인 물질 상태
일 수 있다. 그러나 현상성은 행동들의 차이가 없음에도 차이가 있
을 수 있다. 그것은 일인칭적인, 경험들의 주관적 모습이다. 따라
서 그 모습을 어떻게 삼인칭적 접근 방식으로, 기계적으로 설계할
수 있을지를 알 길조차 없는 것이다.
　내가 보기에, 현상적 개념들은 차머스가 소개한 다음과 같은 자
기 감각(sense of self)을 전제로 하고 있는 것들이다. 바로 그것이
현상적 개념들의 삼인칭적인 인과적 해석을 시작할 수 없는 근본

10　같은 책, 253쪽.
11　같은 책, 256쪽.

적 이유이다.

우리는 의식 경험에는 모든 그 특정한 내용 요소들을 초월해 있는 어떤 것이 있다고 때때로 느낀다. 그것은 이를테면 일종의 배경적 소리로서 어떤 방식으로 의식에 근본적이며 여타의 내용 성분들이 사라질지라도 거기에 있다. 자기(self)에 대한 이 현상론은 너무 깊고 미묘해서, 특정한 내용 요소 위에 아무것도 있지 않음에도 생기는 환상처럼 때때로 보인다. 그럼에도, 자기(自己)에 대한 현상론에는 중요한 어떤 것이 있어 보인다. 꼭 집어 지적하기 매우 어렵지만 말이다.[12]

여기서 의식 경험들의 이런저런 모습들, 특질들의 모든 현상은 그렇게 구성하고 변별하는 자기라는 독특한 현상을 전제로 하고 있다. 그 지아 현상은 여타 갖가 현상들과 구별될 초월적 지위를 갖는 것 같다. 나는 그것이 정신의 지향적 개념들이 갖지 못하는 현상적 개념들의 본질이나 특질이라고 생각한다. 그리고 그것이 물질의 객관적 개념들로 분석될 수 없는 이유이고, 따라서 환원될 수도 없는 이유이기도 하다고 생각한다.

감각들의 현상적 특질들은 인과적 역할이 없는가? 감각 현상들은 인과력을 갖지 못하는가? 인과력도 갖고 인과적 역할도 있다는 것이 나에게는 자연스러운 대답이다. 시각 경험들의 '빨강' '파랑'

---

12 D. Chalmers, *The Conscious Mind* (Oxford University Press, 1996), 10쪽.

의 다른 특질이 나를, 그리고 당신을 신호등에서 멈추고, 건너가는 행동을 하게 만든다. '빨강'과 '파랑'이 나와 다르게 당신에게는 빨강과 파랑이 아니라 파랑과 빨강으로 한결같이 보일 수 있을지라도, 각자의 감각적 특질들이 각자의 행동들에 인과적 영향을 주고 있다는 것은 각자에게는 분명한 자연적 사실이다. 그런데 김재권은 의미심장하게 이렇게 말한다.

> 감각질들의 본래적(intrinsic) 성질들은 기능화될 수 없으므로 환원될 수 없고, 따라서 인과적으로 무력하다. 감각질들은 물리계 밖에 머무르지만 어떠한 인과적 차이도 낳지 않아서 그것들이 없어도 아쉽지 않다. 대조적으로, 감각질들에 관한 어떤 중요한 관계적 사실들, 특히 그 유사성들과 차이들은 찾아낼 수 있고 기능화될 수 있으며, 물리계의 당당한 성원들로서 인과력을 향유할 수 있다.[13]

이 주장에는 모순이 있어 보인다. 감각질들이 있기에 그 닮음들과 차이들도 있다. 그런데 그 닮음들과 차이들은 인과력을 갖는데 그 감각질들은 인과력을 가질 수 없단 말인가. 물리계 밖에 있는 감각질들의 닮음들과 차이들이 어떻게 물리계 안에 있을 수 있단 말인가. 비물리적인 것들의 유사성과 차이가 어떻게 물리적일 수 있는가.

---

13 김재권, 앞의 책, 263쪽.

하지만 한 가지 의문이 남는다. 감각질과 같은 것들이 있는 이유는 무엇인가? 우리는 위치표지들로서 그것들이 필요하다. 그것들이 없으면 감각질들의 차이들과 닮음들도 있을 수 없기 때문이다.[14]

존재론적으로 김재권의 이 대답은 궁색해 보인다. 인과력을 결여하여 물질적이지 않은 a, b 및 c가 어떻게 닮음과 차이를 가질 수 있는가? 더욱이 그 닮음과 차이가 어떻게 인과력마저 가질 수 있는가? a, b 및 c는 '닮음'과 '차이'의 관계항이라는 장소적 의미만 갖는다고 김재권은 대답하고 있는 듯하다. 각자에게 느껴지는 감각질들이 정말 인과력 없는 위치적 의미만 갖는 것일까. 그리고 그 장소 위치가 어떻게 물리적이 아닐 수 있을까.

6 인과성의 두 개념

세상사는 모두 인과 고리에 매여 있다. 인연의 흐름을 벗어나 있는 세상사는 없다. 우리의 정신사는 세상사의 일부이다. 그러므로 인과성을 결여한 정신사는 세상사가 아니다. 그런데 모든 인과성은 근본적으로 물리적이다. 따라서 모든 정신사도 근본적으로 물리적이다. 그렇다면, 모든 정신사가 물리적으로 환원될 수 있다는 말인가. 니의 결론은 '아니오'이다.

---

14 같은 책, 263쪽.

정신사에 대한 개념들의 지향적 이해와 현상적 이해에서 현상적 이해는 본질적으로 주관적이다. 의식적 감각들은 본질적으로 자기 감각을 전제하기 때문이다. 그 감각질들은 원리적으로 객관적인 인과성을 빌려 분석되고 해석될 수 없으므로, 물질성들로 환원될 수 없다. 환원은 객관적 의미 분석을 요구한다. 그럼에도, 세상사의 일부를 구성하는 감각성들은 인과성을 결여한 것이 아니다. 감각의 특질들을 경험하고 나름의 행동을 하고 있다는 것은 각자에게 지극히 분명한 사실이다. 그런데 그것들은 자기 의식의 본질을 지니므로 그 인과력들은 주관적으로 이해될 수밖에 없다. 감각적 특질은 물질적이지만 어떤 물질적 속성과 동일시할 수 있는 환원적 길을 갖지 못하고 있는 셈이다.

이런 논의를 받아들인다면, 정신성에 관한 두 종류의 이해에 맞춰 인과성에 관한 두 종류의 개념, 객관적 개념과 주관적 개념을 마찬가지로 받아들여야 한다. a의 인과성은 a가 무엇을 일으키고 초래하고 '결정'하는 속성이다. 객관적 인과 개념은 그 결정적 속성을 법칙론적으로 파악한다. a와 그 무엇의 발생 b는 불가피한 법칙의 지배를 받고 있다. 일반성을 가지므로, 그것은 특수자 a의 내재 속성과 특수자 b의 내재 속성의 일반적 결속을 기술한다. 그래서 특수자들로서의 a와 b는 어찌 보면 법칙적 인과성에서 법칙항들의 위치적, 장소적 표지들의 의미밖에는 없다. 김재권은 이런 객관적 인과 개념을 유일한 것으로 받아들이고 있는 듯하다. '감각질들이 위치 표지들로서 필요하다'는 그의 앞의 말을 되새겨 보라.

그리고 특정한 속성을 변별하는 관계로서 특정한 인과적 역할을 지적하고 있음을 주목하라. 인과적 역할의 명세화는 인과 법칙들에 의거해서 작성될 수 있다. 믿음들과 욕망들의 지향성이 그 인과적 역할들의 명세화에 의거해서 해석되고 정의될 수 있다고 하자. 거기서 그 믿음들과 욕망들의 소유자들로서 구체적 개인들은 위치 표지들로서의 장소적 의미밖에 없어 보인다.

인과성의 주관적 개념은 엄밀한 법칙에 포섭되지 않는 인과성이다. 신호등을 보고 느끼는 나의 빨강 경험에서 '나'의 의식은 불가결하다. 그것은 빨강이 발생한 위치적 의미만 갖는 것이 아니다. 그 빨강은 나의 빨강으로서만 인과적으로 기능한다. 감각질들의 이 자기 의식적 성분을 법칙으로 일반화할 수 있는 언어는 없을 것이다. 그것은 객관적인 법칙적 기술의 영역 밖에 있는 셈이다.

인과성의 주관적 개념을 받아들이자.[15] 그럼, 지향적 의식들에서 의욕들은 믿음들, 지각들, 욕망들처럼 객관적 인과성만을 갖는 것이 아니다. 우리는 인지적 믿음들과 지각들 및 정서적 욕망들에 수동적이다. 그것들은 우리에게 일어난다. 그러나 '의욕'과 '결심'으로 파악되는 의지적 상태들은 우리가 일으키는 것이다. '나의 믿

---

15 다음과 같은 D. Davidson, *Subjective, Intersubjective, Objective*(Clarendon Press, 2001)의 주장은 여기서 되새겨 볼 만하나. "우리는 행함의 그 주관적 이유들과 믿음 변화들의 주관적 이유들에 예민한 관심을 가진다. 그래서 우리는 물리법칙들에 완전히 부합할 수는 없는 설명들을 기꺼이 받아들인다"(217쪽).

음'에서 '나'는 정말 위치적 표지에 그칠 수 있다. 그러나 '나의 결심'에서 나는 결심의 행위를 일으킨 원인적 성분의 하나로 보인다. 그것이 위치적 표지에 불과하지 않다는 것은 상식적 직관이다. 의식의 현상적 개념이 불가결하다면, 그래서 의식의 주관적 이해가 필요하다면, 마찬가지로 지향적인 의지의 주관적 이해도 필요한 것으로 보인다.[16]

주관적 인과 개념의 정신사를 물질사로 환원시킬 객관적인 방식은 없다. 환원 방식은 없지만 인과적 배제와 폐쇄의 원리는 그 정신사가 여전히 물질사임을 시사한다. 이제 우리의 논의를 살려서 앞의 환원 논제는 이렇게 수정될 수 있다.

〔환원*〕 객관적 인과력을 갖는 정신사는 물질사로 환원될 수 있다.

인과성의 주관화와 객관화는 행위자 원인과 사건 원인이라는 두 종류의 원인을 상정하는가? 강한 의미 연관은 있지만 그렇지는 않은 것 같다. 사건 원인론이 일반적으로 사건의 인과성에 관한 주관적 이해를 배제할 필요는 없을 것 같기 때문이다.[17]

---

16 J. 서얼은 심사숙고(deliberation)를 거쳐 결심하는 실제적 결정까지의 인과적 과정에는 과거사로 충분히 결정되지 않는 일종의 빈틈(gap)이 보인다고 주장한다. 그 빈틈을 채우는 것이 바로 자기(self)의 몫일 것이다. J. Searle, *Rationality in Action*(MIT Press, 2001), 49–50쪽 참조.

17 이좌용, 「심성과 인과성」, 《철학적 분석》 제14호(2006) 참조.

이런저런 궁리를 하고 그 무엇을 결심하고 의욕하는 일들은 주관이 개입해 있는 사건들이다. 그것들은 궁리하고 결심하고 의욕하는 자의 주관적 특질이 그 궁리들과 결심들 및 의욕들에 인과적 영향을 미친 개성적 사건들이다. 어떤 의미에서 각자 개인은 자신의 궁리들, 결심들, 의욕들의 작가이다. 자신의 인지적 믿음들과 정서적 욕망들에 대해서는 어떤 의미에서 우리 각자는 그것들의 위치 표지로서의 단순한 거처일 뿐이다. 그렇기에 지향적 믿음들과 욕망들은 일반적으로, 법칙적으로 이해될 수 있다. 그러나 주관적 특질을 지닌 궁리들, 결심들 및 의욕들은 감각들의 이런저런 현상들과 마찬가지로 법칙적 이해를 벗어난 개성적 이해가 필요한 사건들이다. 그렇다면, 그 주관적 사건들은 물질사가 아니라는 말인가. 아마도 두뇌의 신경사로서 그것들은 물질사일 것이다. 그렇지만 그것들은 물리적 환원의 길을 벗어나 있는 것들이다.

김재권의 환원적 설명 모형에서 보았듯이, 환원의 길은 개념적 동화(同化)의 길을 필수적으로 밟고 가야 한다. 그러나 의지적이거나 현상적인 정신 개념은 그 주관적 특질을 배제하지 않는 한 객관적인 물리 개념으로 동화될 수 없다. 따라서 우리의 정신사에 대한 주관적 개념들을 버리지 않는 한 모든 정신사를 물리적으로 환원할 수 있는 길은 없는 셈이다. 우리는 자신의 이런저런 궁리들과 결심들, 자신의 이런저런 감각들을, 그리고 그것들에 인과적으로 따르고 있는 자신의 행동들을 스스로 깨닫는다. 그리고 그것들이 아마도 자신의 두뇌 신경사를 벗어나 있는 것이 아님을 받아들일

것이다. 그러니까 그것들도 일종의 물질사이다. 그럼에도 우리는
그것들의 그 유형들이 물리적 환원의 길 밖에 있는 것임을 수긍해
야 할 것 같다.

제2장

김재권의 심성 인과론의 문제: 두 마음의 간극

김선희

1 서론

김재권은 심리철학의 주된 과제가 심성 인과의 문제와 의식의 문제를 해결하는 것이라고 규정한다. 이 문제에 대해 그는 최종적으로 기능적 환원주의 모델를 제시하는 한편, 현상적 의식(혹은 감각질)에 대해서는 이 물리세계에서 인과력을 부정하는 부수현상론을 수용한다. 이 과정에서 그는 몇 가지 중요한 논증들을 사용하는데, 그중에서 핵심적인 것은 배제 논변(혹은 수반 논변)이다.

이 논증은 심성적 인과에 대한 환원 모델을 주장하는 데 중요한 역할을 한다. 그런데 배제 논변이 목표로 하는 환원 모델은 마음 일반에 대하여 적용되는 것이 아니다. 그의 논증을 분석해 보면,

마음의 영역에 따라 다른 종류의 인과 모델을 적용하는 결과에 도달한다.

이 논문에서 필자는 김재권의 심성 인과론에 따르면 지향적 마음의 인과성에 대해서는 환원적 모델을 수용하는 한편, 현상적 마음의 인과성에 대해서는 일종의 부수현상 모델인 수반적 모델을 수용한다는 것을 논의한다. 필자가 보기에 이런 전략은 물리 세계에서 지향적/기능적 마음의 인과력을 설명하는 문제를 해결할 수 있을지라도, 동시에 그것은 마음의 이원론 내지 마음의 두 영역 사이의 심각한 간극을 발생시킨다. 특히 수반(모델)과 환원(모델)은 존재론적으로 공존할 수 없는 상충하는 개념임을 보이고, 이 사실은 마음의 두 영역 사이의 간극을 더욱 심화시킨다는 것을 논의한다. 환원 모델이 적용되는 지향적 심리 속성은 물리적 속성인 반면에, 수반모델이 적용되는 현상적 심리 상태는 비물리적인 것이다. 결국 두 마음 간의 관계에 대한 문제는 다른 형태로 전통적인 심신/심물 관계 문제를 다시 제기하는 결과에 이른다. 그리하여 지향적 마음과 현상적 마음의 (설명적, 인과적) 간극에서 비롯되는 새로운 문제들이 발생하며, 그것은 김재권 자신이 생각했던 것처럼 사소한 문제가 아니라 훨씬 심각한 문제임을 논의할 것이다.

2 배제 논변과 심성 인과의 두 가지 모델

김재권은 배제 논변 혹은 수반 논변을 통하여, 심성적 현상들이 물리적으로 환원될 수 있을 때에만 심성적 인과가 물리주의의 틀 안에서 가능하다는 것을 입증하려고 한다.[1] 그는 이 논변을 전개하는 과정에서 일관적으로 성립하는 심성 인과 모델과 성립할 수 없는 인과 모델들을 구분해 낸다. 이 논변에서 배제되는 인과 모델은 하향적 인과 모델, 중층적 모델, 그리고 비환원적 물리주의자들의 입장을 대변하는 수반적 원인 모델이다. 먼저 이 모델들이 왜 성립할 수 없는지 그의 논증을 살펴보자.

배제 논변이 비판하고자 하는 표적은 비환원적 물리주의이다. 비환원적 물리주의의 중심을 이루는 세 가지 논제는 심신 수반, 심성의 물리적 환원 불가능성, 심성의 인과적 효력이다. 그러면 과연 이 논제들이 일관적이며 물리주의를 구성하기에 충분한지 수반 논변을 통하여 살펴보자.[2]

(1) M은 M*의 원인이다. (심심 인과를 가정해 보자)

(2) M*는 물리적 수반기초 P*를 갖는다. (수반 논제)

(3) M은 M*의 수반기초인 P*의 원인이 됨으로써 M*의 원인이 된다.

---

1 Jaegwon Kim, *Physicalism, or Something Near Enough*(Princeton UP, 2005). 김재권(하종호 옮김) 『물리주의』(아카넷, 2007). 이 글의 인용 쪽수는 번역본을 따른 것이다. 12쪽.
2 김재권, 앞의 책(2007), 65-84쪽 참고. 아래의 수반 논증은 김재권이 전개한 논증을 요약한 것이다.

M*가 발생한 이유를 고찰할 때 (1)과 (2)는 긴장을 초래한다. 즉 M*가 발생한 이유는 그것의 원인인 M이 발생했기 때문인가? M*의 수반기초 P*가 예화되었기 때문인가? 이 긴장 상태를 해소할 수 있는 방안은 (3)을 수용하는 것이다. 이것은 심적 사건 M이 물리적 사건 P*를 야기하는 하향적 인과의 경우이다.[3]

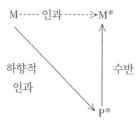

그런데 배제 논변에 따르면, 배제 원리와 폐쇄 원리가 결합할 때 다음과 같이 하향적 인과를 배제한다는 것을 알 수 있다.

〔배제 원리〕: 어떤 단일 사건도 진정한 의미에서 인과적 중복결정의 경우가 아닌 한, 그것은 주어진 시점에서 충분 원인을 하나

---

3 같은 책, 66–67쪽. 일반적으로 심성 인과의 문제는, 인과적으로 폐쇄된 물리계에서 심적인 것이 어떻게 인과적 효력을 가질 수 있는지를 설명하는 문제이다. 즉 심적인 것에서 물리적인 것으로 이행하는 인과를 설명하는 문제로 제시된다. 하지만 (1)–(3)에서 드러나는 이 도식은 심신 수반이 전제되면, 물리적으로 폐쇄된 세계에서는 심물 인과관계만이 아니라 심심 인과관계(심적인 것에서 심적인 것으로 이행하는 인과)도 문제를 일으킨다는 것을 보여 준다.

이상 가질 수 없다.

〔물리적 폐쇄 원리〕: 어떤 물리적 사건이, t 시점에서 발생한 원인을 갖는다면, 그것은 t 시점에서 발생한 물리적 원인을 갖는다.

(4) M은 물리적 수반 기초 P를 갖는다.

(5) M은 P*의 원인이고, P는 P*의 원인이다.

(6) M≠P (심물 환원 불가능성으로부터)

(7) P*는 M과 P에 의해 인과적으로 중복결정되지 않는다.

(8) 심성적 원인 M은 물리적 원인 P에 의해 배제된다.

즉 P*의 원인은 M이 아니라 P이다.

(5)는 P*의 원인이 M과 P의 두 개의 원인이라고 말하는데, 배제의 원리에 따라 어느 하나를 제거해야 한다. 그런데 폐쇄의 원리는 두 원인 중에서 M보다 P를 선택해야 할 이유를 제시해 준다. 이 결론은 M에서 P*에 이르는 하향적 인과를 배제한다. 즉 M에서 M*에 이르는 심심 인과는 수반을 근거로 M에서 P*로 이르는 하향적 인과를 함축하지만, 배제 원리와 폐쇄 원리에 의해 심심 인과(M→M*)와 심물 하향적 인과(M→P*)는 물리적 인과(P→P*)로 대체된다. 이것은 인과적 배제와 아랫 단계(물리적 영역)의 인과적 폐쇄가 전제되면 하향적 인과(M→P*)를 배제한다는 것을 보여 준다. 나아가 심성 인과에서 심적 원인은 모두 탈락하고 물리적 원인만이 남는다는 것을 보여 준다.

이상의 수반 논변의 결과를 다음의 도식으로 나타낼 수 있다.

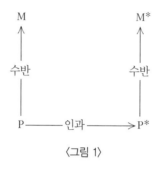

〈그림 1〉

이 〈그림 1〉에서 물리적 속성들 간의 (P에서 P*로 이어지는) 인과관계만이 있고, 심적 속성들 간의 인과관계는 제거되었다. 이것은 심적 속성들(M이나 M*)이 전혀 인과관계에 연루되어 있지 않으며 인과적으로 아무런 역할을 하지 않는 부수현상이라는 것을 보여 준다. 즉 이 도식은 심성 인과에 대한 부수현상 모델을 나타낸다. 이 논증은 비환원적 물리주의의 두 원리(수반 논제와 환원 불가능성 논제)가 전제되면, 심성의 인과적 효력을 상실하는 결과에 도달한다는 것을 보여 준다.

그러면 심성의 인과력을 구하기 위해서 (7)을 부정하는 것이 대안이 될 수 있는가? 즉 M과 P를 P*의 중복원인으로 보면 M의 인과력을 확보할 수 있을까? 김재권은 수반 원리와 배제 원리가 작용하면 심적 사건들이 중복적 원인이 됨으로써 인과적으로 기여한다는 생각은 유지되기 어렵다고 주장한다. 더 나아가 중복원인 모델(혹은 중층적 모델)을 배제하는 직접적인 방식을 제시한다. 그것은 강한 의미의 물리적 폐쇄 원리를 채택하는 것이다.[4]

강한 폐쇄 원리는 심적인 것이 물리적인 것에 인과적 영향을 미치는 것을 허용하지 않기 때문에, 배제 원리가 없더라도 더 이상 물리적 원인 이외에 심적 원인을 중복원인으로 선택할 수 없게 된다. 즉 강한 폐쇄 원리는 심물 환원 불가능성과 결합할 때, 심성이 물리적인 것의 원인이 될 자격을 박탈한다. 그리하여 수반 논변(혹은 배제 논변)은 하향적 인과는 물론 중복원인으로서 심성 인과를 배제한다. 즉 그 논변의 결과는 심성적 인과관계는 물리적 인과에 의해 배제된다는 것이다.

하지만 김재권의 배제 논변/수반 논변의 궁극적인 목표는 그것을 반박하는 논변에 답변하는 과정에서 비로소 드러난다. 수반 논변에 대한 대표적인 논박은 N. 블록에 의해 제기된 '인과적 배수 논변'이다.[5] 블록이 제기하는 논박의 요지는, 수반 논변/배제 논변을 받아들이면 인과력이 배수되는 문제를 낳는다는 것이다. 그것은 다음 두 가지 문제를 포함한다. 첫째, 심성적 인과나 생리적 인과, 분자적 인과, 원자적 인과는 없고 최하위층의 물리적 인과만 있다고 믿기 어렵다. 둘째, 최하위층의 물리학이 없으면 인과는 없다고 믿기도 어렵다.[6]

---

4 같은 책, 82쪽.

5 N. Block "Do Causal Powers Drain Away?", *Philosophy and Phenomenological Research* 67(2003), 133−150쪽.

김재권에 따르면, 블록이 이렇게 생각하는 까닭은 수반 논변을 일반화할 수 있다고 보기 때문이다. 즉 "수반 논변을 심신 인과를 넘어서 일반화하면 임의의 층위에 있는 인과는 그보다 아래 층위에 있는 인과에 자리를 내주게 되는 결과—이것은 심성적 층위에 있는 인과가 물리적(생물학적) 층위에 있는 인과를 위해 제거되는 것과 같다—를 가져온다는 생각을 말한다."[7] 이것은 심성 인과가 아래 층위의 물리적 인과에 의해 제거된다면, 맨 밑에 있는 물리적 층위의 인과관계를 제외한 다른 층위의 인과관계들도 마찬가지로 제거되어야 한다는 생각을 반영한다.

이런 논박에 대하여, 김재권은 그 지적이 수반 논변 자체를 반박하지는 못하며 다만 수반 논변의 한 전제가 잘못되었음을 보여 줄 뿐이라고 응답한다. 즉 수반 논변의 전제들 중에는 환원 불가능성의 논제(6)가 들어 있는데, 자신의 논증은 바로 이 전제를 비판하기 위한 귀류법을 만드는 것이라고 주장한다.

"하지만 이것이 전부는 아니다. 다른 전제, 즉 환원 불가능성의 전제[(6) M≠P]가 있고, 여기에 대항해서 하나의 귀류법이 만들어질 수 있다. M에서 M*로의 인과관계가 아니라 바로 이 전제가 언제나 나의 주된 표적이었다. 내 자신의 철학적인 관심에 관한 한, **수반 논변의 실제적인 목적**은 심성이 부수현상적이라거나 심성적 인과관

---

6 같은 책, 138쪽; 김재권, 앞의 책, 85쪽.
7 김재권, 같은 책, 86쪽.

계가 물리적인 인과관계에 의해서 제거된다는 것을 보여 주는 것이 아니라, '환원이 아니면 인과적 무력'이라는 것을 보여 주는 것이다."[8]

이에 따르면 (8)은 수반 논변의 최종적인 목적이 아니라 잠정적인 결론일 따름이라는 것이 밝혀진다. 수반 논변은 심성이 인과력 없는 부수현상임을 보여 주려는 것이 아니라, (심성의) 환원 불가능성을 표적으로 한 것이다. 즉 환원을 할 수 없으면 심성은 인과적으로 무력한 것이 된다. 그리고 심성이 환원될 수 있다면, 심물의 두 층위는 하나가 됨으로써 심성 인과와 물리적 인과는 두 개가 아니라 하나의 인과관계가 된다. 이 때 심성 인과는 물리적 인과와 동일한 인과관계로서 실재하는 것이 된다. 즉 이것을 다음의 도식과 같이 환원 모델로 나타낼 수 있다.[9]

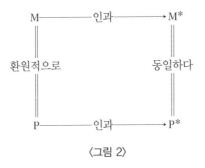

〈그림 2〉

---

8 같은 책, 88쪽. 진한 글씨는 필자가 강조한 부분이다. 이 결론에 의하면, 위의 수반논증에서 (6)을 수용하면 (8)이 귀결되고, (6)환원 불가능성을 부정하면 심성의 인과력을 얻을 수 있다.

이제 수반 논변이 목적이 분명해진다. 그것은 물리주의자는 심성의 인과력을 위하여 환원을 수용하든지, 환원을 거부하면 심성이 인과적으로 무력하다는 것을 받아들이는 수밖에 없다는 것을 보이는 것이다. 누구든지 물리주의자로 자처한다면 〈그림 1〉과 〈그림 2〉 중에서 하나를 선택해야 하며, 다른 것을 선택할 여지는 없다는 것이다. 이 논변에 의하면, 심성의 환원 불가능성과 인과적 효력을 동시에 주장하는 비환원적 물리주의는 성립할 수 없는 입장이 된다.

이런 의미에서 수반 논변은 환원 불가능성을 표적으로 하는 동시에 비환원적 물리주의를 비판의 표적으로 삼는다는 것을 알 수 있다. 김재권은 비환원적 물리주의자들이 심성적 인과를 옹호하기 위한 모델로 고려할 만한 이른바 '수반적 원인모델'을 검토하면서, 그 모델이 얼마나 오도적인지 비판한다.

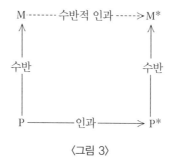

〈그림 3〉

9 같은 책, 89쪽.

위의 수반적 인과 모델은 과거에 김재권 자신이 심성적 인과를 옹호하기 위한 방식으로 받아들였던 모델이기도 하다.[10] 그러나 그는 이것이 "공허한 말장난에 지나지 않는다"는 것을 깨닫게 되었다고 고백한다. 〈그림 3〉은 〈그림 1〉에서 M과 M*를 연결하는 수평선을 긋고 '수반적 인과관계'라는 말을 붙인 것이다. 그러나 심성이 '수반적 원인이 된다'는 말은 아무 의미도 없는 속임수에 불과하다는 것을 밝힌다.[11] 앞의 논의를 상기한다면, 이런 접근은 다시금 중복결정의 문제로 되돌아가게 된다. 결국 이 도식에서 심적 속성은 아무런 인과적 역할을 하지 않는 것으로 배제된다. 비환원적 물리주의자들은 마치 〈그림 3〉이 가능한듯이 심성의 환원 불가능성과 동시에 인과적 효력을 확보하고자 했으나, 환원 불가능한 심적 속성은 인과적 효력이 없는 부수현상임이 드러난다.

이와 같이 배제/수반 논변을 통하여 하향저 인과 모델, 중복원인 모델, 수반적 원인 모델들이 배제되고 나면, 그 논변의 결론과 양립하는 심성 인과 모델은 환원 모델(그림 2)과 부수현상 모델(그림 1)의 두 가지가 있을 뿐이다. 즉 배제 논변에 따라서 환원을 받아들이면 〈그림 2〉의 환원적 인과 모델을 수용할 수 있고, 환원을 거부하면 〈그림 1〉의 부수현상 모델을 수용해야 한다.

10 Jaegwon Kim, "Epiphenomenal and Supervenient Causation", *Midwest Studies in Philosophy* 9(1984), 257-270쪽.

11 김재권, 앞의 책, 100쪽.

3 심성 인과의 환원 모델: 지향적/기능적 마음

이상에서 살펴본 배제 논변은 일종의 조건부 논변으로 이해될 수 있다. 그 논변은 몇 가지 형태의 인과적 모델을 배제하는 한편, 특정 조건을 만족시키는 방식에 따라 환원 모델과 부수현상 모델을 허용한다. 인과적 효력을 위해서는 환원이 필요하고, 환원할 수 없는 것은 인과적으로 무력한 부수현상이 된다. 그리하여 배제 논변과 양립하는 인과 모델은 환원 모델 〈그림 2〉와 부수현상으로서의 수반 모델 〈그림 1〉이다.

하지만 김재권은 자신의 논증이 환원 불가능성 논제를 거짓으로 만드는 귀류법을 목표로 하고 있다고 주장함으로써, 자신의 입장은 환원주의를 지지하는 것이라고 명시적으로 밝히고 있다. 그리고 그는 수반 논변을 논박하는 인과적 배수 논변에 맞서 환원의 전략을 사용한다. 그는 환원 불가능성 논제(6)를 거부함으로써 인과적 배수 논변에 답변하고자 한다. 그 전제를 거부하면 블록의 배수 논변이 가동되지 않기 때문이다.

환원 불가능성이 계속 내려가면서 성립할 것이라고 생각할 이유가 없는 한, 인과적 배수가 무한정 계속되리라고 생각할 이유 역시 없다. 인과력이 누출되는 우주의 구멍을 막을 수 있는 것은 환원이다.[12]

---

12 같은 책, 108쪽.

이와 같이 환원 모델은 인과적 배수 논변에 답변하는 과정에서 귀류법을 통하여 도달한 결론이다. 환원 모델을 받아들이면, 심적 속성은 물리적 속성으로 환원되며 그리하여 심성적 인과는 물리적 인과와 동일한 것으로 실재하게 된다. 그리하여 상위의 수반 속성의 인과력이 계속하여 하위의 속성의 인과력으로 누출/배수되는 것을 막을 수 있다. 즉 심적 속성이 인과적으로 폐쇄된 물리적 속성으로 환원될 경우, 심성의 인과력은 더 이상 배수되는 일이 없이 물리적 인과로서 실재하게 된다는 것이 김재권의 중심 아이디어이자 답변의 요지이다.

그러나 김재권이 〈그림 2〉와 같은 환원 모델을 받아들일 경우, 동시에 심신 수반 논제를 받아들일 수 있을까? 그는 수반 논제가 최소 물리주의의 조건이라고 본다.

〔수반 논제〕: 심성적 속성들은 물리적(생물학적) 속성들에 강하게 수반된다. 즉, 임의의 체계 s가 t 시점에서 심적 속성 M을 예화한다면, s가 t 시점에서 예화하는 물리적 속성 P가 필연적으로 존재하며, 어느 시점에서든지 P를 예화하는 것은 필연적으로 바로 그 시점에서 M을 예화한다.[13]

김재권은 수반을 존재론적인 의존 개념이라고 주장한다. 즉 "수

---

13 같은 책, 57쪽.

반은 심적 속성과 물리적 속성 간의 단순한 공변을 진술하는 것에 불과한 논제가 아니라, 심성적인 것이 물리적인 것에 존재론적으로 의존한다는 주장을 포함한다."[14]

심신 수반 논제가 심적 속성이 물리적 속성에 존재론적으로 의존하는 관계를 나타내는 것이라면, 심적 속성과 물리적 속성은 존재론적으로 둘이어야 한다. 심물 관계가 단지 의미의 관계가 아니라 존재론적 의존관계라면 수반 기초 속성과 그것에 수반하는 속성은 하나가 아니라 두 속성 간의 관계이다. 반면에 심물 환원은 심적 속성과 물리적 속성이 존재론적으로 하나임을 의미한다. 즉 앞에서 제시된 환원 모델 〈그림 2〉에서 심적 속성과 물리적 속성이 환원적으로 동일하다는 것은, 심적 속성은 물리적 속성 이외의 다른 것이 아니라는 것, 즉 심물은 둘이 아니라 하나임을 의미한다. 그렇기 때문에 그 모델에서 물리적 인과와 심성적 인과는 동일한 것으로서 두 개의 인과관계가 아니라 하나의 인과관계가 있을 뿐이고, 심성적 인과는 물리적 인과로서 실재하는 것이 된다.

그렇다면 환원주의는 수반 개념을 도입하거나 그것에 의존할 수

---

14 같은 책, 57-58쪽. 그런데 그의 다른 저서 『심리철학』(철학과현실사, 1996)에서는 수반 논제를 심신 공변 관계만을 함축하고 심적 속성이 물리적 속성에 의존하는 것을 함축하지는 않는 방식으로 기술한다(26쪽). 그리고 심신 공변 관계를 넘어서서 심적인 것에 대한 물리적인 것의 존재론적 우월성을 주장하는 [심신 의존] 논제를 따로 추가한다(24-30쪽). 이처럼 김은 심신 수반을 단지 공변 관계로 보거나 존재론적 의존관계를 함축하는 것으로 사용하지만, 두 경우 모두 수반 관계를 두 속성 간의 관계로 본다는 점에서 우리의 논의에서 차이를 가져오지 않는다.

없다. 김재권이 환원 모델을 받아들인다면, 그는 환원 불가능성 논제만이 아니라 수반 논제도 함께 포기해야 한다. 적어도 존재론적 개념으로서 수반 개념은 심물 환원(일종의 동일론)과 양립할 수 없다. 심물 환원은 심적 속성과 물리적 속성이 수적으로 하나라는 것을 의미하는 반면에, 심적 속성이 수반 속성이라면 그것은 물리 속성 이외의 것으로서 물리 속성(수반 토대 속성)과 동일할 수 없기 때문이다. 따라서 심신 환원이 이루어질 경우, 심리 속성은 더 이상 수반 속성이 될 수 없다.

이제 심신 수반은 모든 물리주의의 기본 전제가 아니라, 특정 물리주의(즉 비환원적 물리주의)의 전제로서의 기능을 할 뿐이다. 즉 수반 개념은 환원주의자가 사용할 수 있는 개념이 아니라 근본적으로 비환원주의에 속한 개념인 것이다. 필자가 보기에, 환원주의자는 심신 수반을 〈그림 2〉로 가기 위한 매개 개념으로만 (혹은 조건부로) 도입할 수 있다. 이것은 2장에서 제시한 수반 논변에서 환원 불가능성 논제(6)만이 아니라 수반 논제도 조건부 전제로 간주해야 한다는 것을 의미한다. 심성의 인과적 무력이라는 결론(8)을 도출하는 논증에서 수반 논제가 사용되지만, 환원적 인과 모델을 도출하는 귀류 논증에서는 환원 불가능성 논제만이 아니라 수반 논제도 포기해야 한다는 것이다.

이러한 논의는 수반 논변이 허용하는 인과의 두 모델 〈그림 1〉과 〈그림 2〉는 하나의 논증을 통하여 도달한 결론이 아니라, 서로 양립할 수 없는 반대 전제들을 통하여 도달한 결론들임을 함축한다.

심성 인과의 두 모델은 심적 속성에 대한 전혀 다른 이해를 전세로 하고 있다는 점에서 양립할 수 없다. 즉 배제 논변은 (조건부로) 두 모델을 모두 허용할지라도, 〈그림 1〉의 수반 모델과 〈그림 2〉의 환원 모델은 서로 상충한다는 의미에서 두 모델은 양립할 수 없다.

김재권은 배제 논변이 제시하는 두 가지 선택지 중에서 먼저 환원 모델을 지지한다. 그리고 최종적으로 기능적 환원주의를 채택한다.[15] 하지만 그 모델이 적용되는 마음의 영역을 지향적 마음에 한정시킨다. 믿음, 욕구, 의도와 같은 지향적 심리 속성은 그것의 인과적 역할에 의해서 기능적으로 정의될 수 있고, 기능화 가능한 범위에서 심적 속성을 환원할 수 있다고 본다. 즉 지향적 마음은 기능화할 수 있는 기능적 마음이고, 기능화 가능한 마음은 또한 (기능적 환원 모델에 의해) 환원 가능하다는 것이다. 하지만 마음의 모든 영역이 환원 가능한 것은 아니며, 특히 감각질과 같은 현상적 의식은 (기능화하거나) 환원할 수 없는 영역으로 남아 있다고 주장한다.

이와 같이 김재권은 마음을 지향적인 것과 현상적인 것으로 나누고, 지향적 마음에 대해서는 기능화를 통하여 물리적으로 환원할 수 있으며 그리하여 그것의 인과적 효력을 확보할 수 있다고 논의한다. 그리하여 (모든 심적 속성이 아닐지라도) 적어도 지향적 심리

---

15 김재권은 여러 가지 종류의 환원 모델을 검토하고 난 뒤, 독립적인 논증을 통하여 궁극적으로 기능적 환원주의를 지지하고 있다. 김재권, 앞의 책 (2007), 제4장 참고.

속성은 물리계에서 인과관계에 들어갈 수 있는 인과력을 갖게 된다. 그리고 기능적 환원 모델을 통하여 지향적 속성은 물리적 속성과 하나이므로 지향적 마음과 물리적인 것 간의 인과적 간극을 메울 수 있다고 본다. 그러면 기능화하거나 환원할 수 없는 나머지 마음, 즉 현상적 의식은 수반 논변에서 어떤 위치를 갖는가?

4 심성 인과의 부수현상 모델: 현상적 마음

앞에서 논의하였듯이, 배제 논변이 환원 불가능성을 논박하는 것을 표적으로 할지라도 그 논변은 기본적으로 조건부 형태를 띠고 있다. 즉 물리주의자는 ("심성의 인과력을 확보하려면") 환원을 수용하든가, ("환원을 거부한다면") 심성의 인과적 무력을 받아들여야 한다는 것이다. 그리하여 배제/수반 논변이 환원 모델을 목표로 할지라도, 그 논변은 부수현상 모델과도 양립한다. 즉 수반 논변은 환원 모델을 위한 귀류법으로 가기 전에, 수반 논제와 환원 불가능성 논제가 결합하면 심적 속성은 인과력이 없는 부수현상이라는 결론이 도출된다는 것을 보여 주었다(2장 참고).

김재권은 지향적 마음에 한정하여 기능적 환원 모델을 적용하는 한편, 경험의 질적 특성이나 감각질과 같은 현상적 심리 속성(혹은 의식의 질적 상태)은 기능화할 수 없고, 따라서 물리적으로 환원될 수도 없다고 본다. 또한 배제 논변의 결과에 따르면, 환원할 수 없는 현상적 의식은 인과적으로 무력한 것이 된다.

그렇다면 김재권은 지향적 마음에 대해서 환원 모델 〈그림 2〉를 수용하는 동시에, 현상적 마음/의식에 대해서는 부수현상 모델/수반 모델 〈그림 1〉을 수용하고 있는가? 김재권은 수반 논변의 과정에서 귀류법을 통하여 환원 모델 〈그림 2〉에 도달하지만, 수반 모델 〈그림 1〉은 수반 논변의 또 다른 결과이다. 배제 논변이 환원을 전제로 하여 심성의 인과력을 확보하는 조건부 결론에 도달했다면, (물리적으로 환원 불가능한) 감각질에 관한 한 이 모델을 배제하지 않는다. 오히려 수반/배제 논변에 익하면 감각질은 〈그림 1〉을 따른다는 것이 도출된다.

(1) 인과력을 가지려면 심성은 물리적으로 환원되어야 한다.

(2) 물리적으로 환원될 수 없는 심성은 부수현상이다.

(3) 감각질/현상적 의식은 물리적으로 환원될 수 없다.

(4) 따라서 감각질은 부수현상이다.

(5) 수반 모델을 올바르게 해석하면, 부수현상 모델 〈그림 1〉이 된다.

(6) 감각질은 부수 현상 모델 〈그림 1〉을 따른다.

(5)는 참된 수반 모델은 〈그림 3〉이 아니라 〈그림 1〉이라고 말한다. 〈그림 1〉의 수반적 모델은 심성이 인과력이 없는 부수현상임을 보여 준다는 점에서 부수현상 모델이기도 하다. 즉 〈그림 1〉에서 심적 사건들은 어느 것도 인과관계에 연루되어 있지 않으며, 인과적으로 아무 역할도 하지 않고, 단지 인과 구조를 구성하는 속성

들에 수반하는 속성일 뿐이다.[16] 〈그림 1〉의 경우, P는 P*를 야기함으로써 M*라는 수반 속성이 P*로부터 발생한다는 의미에서 물리적 속성 P는 심적 속성 M*를 상향적으로 야기했다고 말할 수 있다. 그러나 수반 속성은 인과적 효력이 전혀 없다. 이런 의미에서 〈그림 1〉은 상향적 인과를 함축하는 부수현상 모델로 간주할 수 있다.

반면에 〈그림 3〉은 물리적 원인 이외에도 수반 속성인 심적 속성을 원인으로 간주하는 중복원인 모델(혹은 중층적 인과 모델)이다. 그것은 수반 속성이 수반 기초 속성의 인과력과 함께 중복원인이 되어 결과를 야기한다는 것을 나타낸다. 따라서 이 모델은 수반 기초인 물리적 속성의 인과력 이외에도 수반 속성인 심리 속성이 인과력(수반적 인과)을 갖는 것으로 간주한다. 그러나 2장의 수반/배제 논변에 의하면, 〈그림 3〉의 수반적 원인 모델은 성립할 수 없는 것으로 배제된다. 즉 중복원인의 배제 및 하위 단계의 인과가 상위의 인과를 선취한다는 주장에 의해 그 가능성이 제거된다. 여기서 상향적 인과(즉 부수현상) 모델을 나타내는 〈그림 1〉만이 진정한 의미의 수반 모델이며, 중복원인 모델을 나타내는 〈그림 3〉은 위장된 수반 모델로서 배제된다.

그리하여 비환원적 물리주의가 〈그림 1〉이나 〈그림 2〉 중에서 선택해야 한다는(즉 환원주의를 받아들이거나 심성의 부수현상론을 받아들여야 한다는) 압력은, 환원될 수 없는 현상적 마음(감각질)에 대

---

16 같은 책, 75쪽.

해서도 동일한 압력으로 작용한다. 감각질이 환원될 수 없다면, 감각질은 어떤 방식으로도 인과력을 확보할 수 없다. 즉 물리적으로 환원할 수 없는 현상적 의식(감각질)은 부수현상으로서 〈그림 1〉을 따라야 한다는 것이다.

결론적으로, 지향적 마음에 대하여 환원 모델 〈그림 2〉가 적용된다면, 현상적 의식에 대해서는 부수현상 모델 〈그림 1〉이 적용된다는 것이 도출된다. 그리하여 김재권은 수반 논변의 한 선택지는 지향적 마음에 적용하고 다른 선택지는 현상적 마음에 적용함으로써 심성 영역의 종류에 따라 두 가지 인과 모델을 모두 수용한다. 즉 배제/수반 논변이 제시한 환원(〈도식 2〉) 아니면 인과적 무력(〈그림 1〉)이라는 선택지 중에서, 지향적/기능적 마음은 전자를 따라 (수반 속성이 아닌) 물리적–환원 속성으로서 인과력을 지니는 반면에 현상적 마음은 (수반 속성인) 환원 불가능한 비물리적 속성으로서 인과력이 없는 부수현상이 된다.

이와 같이 비록 양립할 수 없는 두 모델을 각기 다른 심성 영역에 적용하는 것이 가능하다고 할지라도, 필자가 보기에 마음/심성의 두 영역이 분리되어 존재하는 것이 아니라면 이 전략은 일종의 긴장을 일으킨다. 그리고 이것은 마음의 두 영역 사이에 새로운 간극을 일으키는 요인으로 작용한다.

5 지향적 마음과 현상적 마음의 간극이 일으키는 문제

　이와 같이 김재권은 배제 논변/수반 논변을 토대로 해서 기능적 환원주의에 도달하지만, 그의 환원적 물리주의는 "조건부 물리적 환원주의"임을 명시적으로 표명한다. 즉 심적 속성들이 인과적으로 효력을 가지려면, 그것들은 물리적으로 환원될 수 있어야 한다는 것이다. 그리하여 심성적 인과를 구하기 위해서 우리는 심성을 환원해야만 한다는 것이다.[17] 그리고 김재권은 환원할 수 있는 심성의 영역(=지향적 마음)과 환원할 수 없는 심성의 영역(=현상적 마음)을 구분하고, 심성의 종류/영역에 따라 두 모델을 각기 수용하기에 이른다. 즉 **지향적 마음**에 대해서는 기능적 방식으로 환원할 수 있으며, 따라서 **물리적인 것으로서 인과적 효력을 갖는다**는 〈그림 2〉의 환원 모델을 수용한다. 또한 **현상적 마음**에 대해서는 물리적으로 환원할 수 없으며, 따라서 비물리적인 것으로서 인과력을 지니지 않는다는 부수현상 모델, 즉 〈그림 1〉의 수반 모델을 수용한다.

　필자는 이처럼 심성 인과의 문제에 대하여 마음을 이원화하는 전략이, 김재권이 생각했던 것과 달리 그리 안정적이지 않으며, 두 마음 사이의 인과적 간극의 문제를 비롯한 다음의 여러 가지 문제들을 일으킨다고 본다.[18]

---

17 같은 책, 17쪽.
18 물론 여기서 마음의 종류를 지향적인 것과 현상적인 것으로 구분하는 것 자체를 문제 삼는 것은 아니다. 심신 문제나 심성 인과의 문제에 대한 논의에

물리주의에 대하여 제기되는 중요한 비판의 하나는 심적인 것과 물리적인 것 간의 인과적, 설명적 간극을 해결하거나 설명할 수 없다는 것이다.[19] 김재권 역시 이 지적을 받아들인다. 그리고 그의 기능적 환원주의는 이러한 간극의 문제를 해결할 수 있는 장점이 있다고 주장한다.[20] 그 모델에 따르면, 지향적 마음은 환원을 통하여 물리적인 것이 됨으로써 지향적 심성의 인과는 물리적 인과와 동일한 것이 된다. 즉 지향적 심리 속성은 물리적 원인으로서 물리 세계의 인과 과정에서 영향력을 갖는다. 따라서 지향적 심성과 물리적 속성 사이에 인과적 간극은 발생하지 않는다. 그리고 기능적 환원 모델은 기능적 정의를 통하여 둘 사이를 매개할 수 있으므로 또한 설명적 간극을 메울 수 있다.

그러나 기능적 환원주의가 해결한 것은 정확히 말하면, 심적인 것과 물리적인 것 사이의 간극이 아니라, 지향적 마음과 물리적인

서 이러한 구분은 일반적으로 받아들여지기도 한다(D. J. Chalmers, *The Conscious Mind*(Oxford UP, 1996)) 필자는 마음의 영역이나 종류를 나누는 이원론을 비판하는 것이 아니라, 두 영역을 인과적으로 단절시킴으로써 발생하는 총체적 간극의 문제를 진단하고 비판하려는 것이다.

19 최근에 승계호는 이 문제를 다음과 같이 규정한다. 유물론(혹은 수반 물리주의)은 설명되지 않는 두 개의 미스터리를 안고 있다. 하나는 어떻게 마음이 물질로부터 생성되는가 하는 마음과 물질 사이의 인식론적/설명적 간극에 대한 것이고, 다른 하나는 이 세계에서 심성/마음은 아무런 인과적 영향력을 갖지 않는다는 (물리주의) 주장으로부터 제기되는 인과력의 간극을 설명하는 문제이다("The Mystery of Mind and Matter", 한국학술협의회 2007년 제9회 석학강좌 중에서).

20 김재권, 앞의 책(2007), 173쪽.

것 사이의 간극에 대한 것이다. 여기서 감각질과 같은 현상적 의식은 제외되어 있다.[21] 이 해결책은 현상적 마음을 제외시킴으로써, 현상적 마음과 물리적인 것 사이의 간극과 더불어 현상적 마음과 지향적 마음 사이의 새로운 인과적, 설명적 간극의 문제를 만들어 낸다.

그러면 현상적 의식이 아무런 인과적 역할이 없다는 것은 무엇을 함축하는가? 부수현상 모델 〈그림 1〉에 따르면 물리적인 것으로부터 심적 속성을 야기하는 상향적 인과는 가능할지라도, 심적인 것으로부터 물리적인 것으로의 인과성은 단절되어 있다. 현상적 의식은 물리적인 것에 의해 생겨나지만 현상적 의식은 물리적인 것에 대해서 아무런 인과력이 없다. 그뿐만 아니라 현상적 의식은 지향적 마음에 대해서도 인과력이 없다. 즉 현상적 의식의 인과적 무력은 두 가지 측면에서 인과적 간극을 일으킨다. 현상적 의식은 물리적인 것에 대해서뿐만 아니라 지향적 마음에 대해서도 인과적 효력을 갖지 못한다.

예를 들어보자. 나는 물리 세계의 빨간 사과를 보고 그 사과가 "빨갛다"라고 말한다. 빨간 사과는 나의 시각 중추를 자극하여 나에게 빨간 색지각을 일으킨다. 이것은 다시 그 사과가 빨갛다는 믿

---

21 필자는 기능적 환원주의가 기능적/지향적 마음에 대해서 해결 가능할지라도 현상적 마음에 대해서는 전혀 설명하는 바가 없다는 점에서 절반의 마음에 대한 이론이라고 평한 바 있다. 김선희, 「김재권의 물리계 안에서의 마음」, 《철학적 분석》 제1집(한국분석철학회, 2000).

음을 야기하고, 그 결과 "빨갛다"라고 보고하는 언어 행동을 야기한다. 즉 다음과 같은 인과 과정이 예상된다.

〔 (i) 빨간 사과 → (ii) 빨간색의 감각질 ⋯▸ (iii) 빨갛다는 믿음 → (iv) "빨갛다"는 언어적 행동 (여기서 '⟶'는 인과관계를 나타낸다.) 〕

(i)은 물리적 원인 대상이고 (ii)는 현상적 의식이며, (iii)은 지향적 심리 상태, (iv)는 행위이다. 그런데 현상적 의식이 부수 현상이라면, 빨간색의 지각은 빨갛다는 믿음이나 언어적 보고를 야기하지 않는다. 즉 내가 빨간 사과를 보고 빨간색의 감각을 갖는 것이 빨갛다는 믿음이나 "빨갛다"는 나의 언어적 보고의 원인이 되지 않으며, 그것 때문에 그 발언을 진리로 만들지도 않는다. (ii)단계의 현상적 의식(색감각)이 없더라도 (i)로부터 (iii)과 (iv)로 이어지는 인과 과정은 달라지지 않는다. 김재권에 의하면 (i), (iii), (iv)의 인과적 역할은 기능적 환원을 통하여 모두 물리적 인과관계로 환원할 수 있으며, (ii)현상적 의식은 물리계의 인과관계에서 아무런 인과적 역할을 갖지 못한다. 그것은 인과적으로 무력하며 있으나마나 한 것이 된다. 현상적 의식((ii))은 (i)로부터 생겨나기는 했으나 지향적 마음((iii))에 대해서도 물리적 행동((iv))에 대해서도 인과적 영향력이 없으며 인과적으로 단절되어 있다. 여기서 현상적 의식으로부터 아무런 결과가 도출될 수 없는 인과적 갭이 발생한다.

그렇다면 이러한 인과 과정에서 현상적 의식이 존재해야 할 이

유는 무엇인가? 만일 현상적 의식이 부수 현상이라면 그것이 존재
해야 할 아무런 이유도 없다. 현상적 의식((ii))이 없더라도 이 세계
에 아무런 차이도 변화도 일으키지 않는다면, 그것은 대체 왜 존재
하는가? 김의 심성 인과론은 이러한 인과적 간극의 문제를 설명할
수 없다. 즉 이 물리세계에서 아무런 인과적, 설명적 역할을 하지
않는 현상적 의식이 왜 존재하는가? 하는 문제를 설명할 수 없다.

더구나 이 논의가 함축하는 현상적 의식과 지향적 마음 사이의
이러한 간극은 두 마음 사이의 총체적 간극을 일으킨다. 이것을 극
명하게 보여 주는 것이 바로 현상적 좀비 가능성이다. 그런데 김재
권은 좀비에 대하여 본격적인 논의를 자제하면서, 다만 각주를 이
용하여 현상적 좀비 가설이 성립할 수 없다는 입장을 밝힌다.

> 나는 차머스 스타일의 좀비는 개념적으로 가능하지 않다고 본다. 그
> 이유는 … 좀비 가설이 성립하려면 좀비에 대해 광범위한 '오류 이론'
> 을 적용해야 한다. 즉 좀비의 모든 현상적 발언들은 거짓이라고 가정
> 해야 하는 것이다. 나는 이것이 일관성을 결여한다고 생각한다.[22]

여기서 '차머스 스타일의 좀비'란 바로 현상적 좀비로서 행동적,

---

22 김재권, 앞의 책(2007), 257쪽, 각주 16. 현상적 좀비를 비판하는 이와 유사한
논의로 다음을 참고하라. B. Andrew, "Zombies, Epiphenomenalism, and
Physicalist Theories of Consciousness", *Canadian Journal of Philosophy*,
vol. 36(2006), 481-509쪽.

기능적, 물리적으로 우리와 동일하지만 감각질과 같은 현상적 의식 경험을 결여한 존재를 말한다.[23] 그리고 현상적 좀비는 현상적 보고에 대한 총체적 오류를 가정하기 때문에 (일관성을 결여하며) 성립할 수 없다고 주장한다.

그러나 필자가 보기에 김재권의 심성 인과론은 '현상적 좀비 가능성'을 배제하지 못한다. 그의 심성 인과의 이원론에 따라 현상적 의식이 기능적/지향적 마음에 아무런 인과적 영향을 미칠 수 없다면, 현상적 의식이 존재하지 않더라도 기능적, 지향적 심리 속성들은 아무런 차이 없이 동일하게 일어날 것이기 때문이다. 앞의 예에서, 빨간색의 감각질이 없더라도(혹은 그런 감각질이 있든 없든 상관없이) 빨갛다는 믿음과 그러한 언어적 보고는 야기될 것이다. 즉 현상적 의식이 부수현상이라면, 이 세계에 현상적 의식이 없더라도 지향적 심리 사건들과 물리적 사건들은 동일하게 일어난다. 이것이야말로 바로 현상적 좀비의 가능성을 그대로 보여 주는 결론이다.[24]

물론 이 경우에 현상적 심리 상태에 관한 보고나 발언들은 모두 거짓이 될 것이다. 하지만 김재권이 지적한 대로 현상적 발언의 총체적인 오류 가능성이 좀비 가설의 문제라면, 그것은 현상적 마음의 부수현상론에 대해서도 같은 종류의 문제가 있다는 것을 함축

---

23 현상적 좀비에 대한 정의는 다음을 참고할 것. D. J. Chalmers, 앞의 책.
24 최근에 필자는 좀비 가능성이 의식의 부수현상론을 함축한다는 것을 논의한 적이 있다. 그에 따르면 의식의 부수 현상론이 거짓이라면 좀비는 불가능하지만, 부수 현상론을 수용하면 좀비 가능성을 배제할 수 없다.

할 뿐이다. 감각질(현상적 의식)의 부수현상론이 참이라면, 내 가슴의 통증(감각질) 자체가 나의 통증에 대한 호소를 야기한 것이 아니다. 또한 빨간색의 감각이 "빨갛다"는 나의 언어적 보고의 원인이 되지 않으며, 그것 때문에 그 발언을 진리로 만들지도 않는다. 내가 빨강이 아니라 파란색의 감각질을 가졌거나 비록 좀비라고 하더라도 동일한 언어적 보고를 야기할 것이다. 즉 부수현상론의 경우에도 총체적 오류 가능성에 열려 있다.[25]

그러면 김재권의 논의는 전통적인 심신 문제를 얼마나 해결하였는가? 김재권은 자신의 물리주의가 거의 충분한 물리주의라고 주장한다.[26] 기능적 환원주의는 감각질의 잔여물을 제외하고 거의 대부분의 중요한 마음의 영역을 포괄적으로 설명할 수 있다는 것이다. 즉 우리의 마음의 영역에서 기능적/지향적 마음은 행위와 인지를 설명하는 중요하고 광범위한 부분인데, 그 영역을 설명할 수 있으므로 물리주의로서 거의 성공적이라고 평가한다. 그리고 기능적 환원주의로 설명할 수 없는 현상적 마음(감각질)의 영역은 마음의 영역 중에서 극히 일부이고 사소한 것이라고 본다. 그러나 우리의 논의에 비추어 볼 때, 그 '사소한' 영역의 존재는 마음의 두 영역

---

25 의식의 부수 현상론이 참이라면, 현상적 의식에 대한 언어적 보고는 오류 가능할 뿐만 아니라 아무런 근거가 없는 것이 된다. 현상적 의식이 그 발언을 진리로 만드는 데 (인과적으로) 기여하지 않았다면, 즉 그것(고통) 때문에 고통 행위나 고통의 언어를 발화한 것이 아니라면, 그 발언은 근거가 없는 것이다.
26 김재권, 앞의 책(2007), 제6장.

사이에 인과적 간극을 비롯한 총체적 간극을 야기시킨다. 또한 이런 간극은 현상적 좀비 가능성을 배제할 수 없으며, 이에 대하여 김재권은 일관적으로 해명하기 어려워 보인다.

더 나아가 두 마음 사이의 간극은 전통적인 의미의 심물 관계 문제를 다시금 발생시킨다. 즉 김재권의 논의에 따라 지향적 마음은 물리적인 것(환원 가능한 것)으로 존재하고 현상적 마음은 비물리적인 것(환원 불가능한 것)으로 존재한다면, 두 마음 간의 관계 문제는 결국 물리적인 것과 비물리적인 것 사이의 관계를 설명하는 원래의 심신 문제를 제기하도록 만든다. 비록 김재권은 지향적/기능적 마음의 영역에 관한 심신 문제를 해결했다고 할지라도, 그로부터 지향적 마음과 현상적 마음 간의 관계, 혹은 물리적 마음과 비물리적 마음, 그리하여 물리적인 것과 비물리적인 것 간의 관계에 대한 (설명적, 인과적 간극을 설명해야 하는) 문제를 야기하게 되었다. 그리고 필자의 논의에 따르면, 두 마음 간의 간극의 문제가 몸과 마음의 간극의 문제보다 덜 심각한 것은 아니다.

제3장

배제 논변과 심적 인과

선우환

현대 철학자들 중 심적 인과(mental causation)의 문제에 대해 그
누구보다도 활발하게 논의를 주도하고 있는 거장 철학자 김재권은
지난 20년간 '배제 논변(exclusion argument)'이라고 불리는 심적 인
과 논변을 다듬고 발전시켜 왔다. 그는 1980년대 후반의 논문들에
서부터 최근의 저작에까지 여러 가지 변형된 형태로 이 논변을 제
시하며 심리철학에서 비환원적 물리주의의 경향에 대한 강력한 반
대자로서의 위치를 확립했다.[1] 그는 최근의 저서 『물리주의(*Phy-*

---

1 김재권은 "Explanatory Realism, Causal Realism, and Explanatory
Exclusion", *Midwest Studies in Philosophy*(1988), "The Myth of Non-
reductive Matelialism", *Proceedings of the American Philosophical Associ-
ation* 63(1989), "Explanatory Exclusion and the Problem of Mental Caus-

sicalism, or Something Near Enough)』에서도 이 논변의 결정판이라고 할 수 있는 형태로 이 논변을 완성시켜 제시하고 나서, 이 논변에 대해 제기되어 온 주요한 반론들에 대해 대응하는 논의를 펼쳐서 비환원적 물리주의에 대항하는 그의 캠페인을 이어가고 있다.[2]

본 논문에서 필자는 우선 배제 논변에 대한 주요한 반론——과잉결정 반론——에 대한 김재권의 대응들이 충분히 성공적이지 못하다는 것을 보이고자 한다. 그리고 나서 필자는 김재권의 배제 논변이 인과 개념과 관련하여 그다지 중립적인 기반 위에 서 있지 않다는 것을 보임으로써, 이 논변이 물샐틈없이 다른 출구를 허용하지 않는 것처럼 보이는 것과는 달리 비교적 취약한 기반 위에 서 있음을 드러내고자 한다.

1 김재권의 배제 논변

김재권의 배제 논변 또는 '수반 논변(supervenience argument)'은 비환원적 물리주의(nonreductive physicalism)와 몇 가지 형이상학적 원리를 토대로 심적 인과가 존재하지 않는다는 받아들이기 어려운

---

ation" in Villanueva(1990), *Mind in a Physical World*(MIT Press, 1998), *Physicalism, or Something Near Enough*(Princeton University Press, 2005); 김재권(하종호 옮김), 『물리주의』(아카넷, 2007)에 이르기까지 배제 논변을 발전시켰다.

2 Jaegwon Kim, 앞의 책(2005) (이하에서 인용시 하종호 역본(2007)에 되도록 가깝게 번역함. 인용시 페이지 번호는 원문의 페이지를 따름).

귀결을 끌어내 이를 통해 비환원적 물리주의가 거부되어야 한다는 결론을 이끌어 내는 귀류법적 논변이다. (김재권 자신은 '수반 논변'이라는 명칭을 더 선호하는 경향이 있지만, 이 논변에서 수반 원리보다는 배제 원리가 좀 더 핵심적으로 사용되고 있으므로, 필자는 다른 여러 철학자들처럼 '배제 논변'이라는 명칭을 사용할 것이다.) 김재권이 『물리주의』에서 제시한 가장 완성된 형태의 배제 논변은 다음과 같은 가정들과 원리들에서 출발한다.

〔수반(Supervenience)〕심적 속성들은 물리적 속성들에 강수반(strongly supervene)한다. 즉 임의의 체계 s가 t 시점에서 심적 속성 M을 예화하면 s가 t 시점에서 예화하는 물리적 속성 P가 필연적으로 존재하여, 어느 시점에서든지 P를 예화하는 것은 필연적으로 바로 그 시점에서 M을 예화한다.

〔환원 불가능성(Irreducibility)〕심적 속성들은 물리적 속성들로 환원될 수 없고 그 두 속성들은 동일하지 않다.

〔심성의 인과적 효력(Causal efficacy)〕심적 속성들은 인과적 효력을 갖는다. 즉 심적 속성들의 예화는 다른 심적 속성들 및 물리적 속성들이 예화되게 하는 원인이 된다.[3]

〔에드워즈의 원리(Edwards's dictum)〕수직적 결정과 수평적 인과 사이에는 긴장이 있다. 즉 수직적 결정은 수평적 인과를 배제한다.[4]

---

3 이상의 세 원리는 Jaegwon Kim, 같은 책, 33–35쪽에 나옴.

〔배제(Exclusion)〕 어떠한 사건도 진정한 의미에서의 인과적 과잉결정의 경우가 아닌 한, 그것은 주어진 시점에서 충분 원인을 하나보다 많이 가질 수 없다.[5]

〔폐쇄성(Closure)〕 어떤 물리적 사건이, t 시점에서 발생한 원인을 갖는다면 그것은 t 시점에서 발생한 물리적 원인을 갖는다.[6]

이 전제들 중에서 〔수반〕, 〔환원 불가능성〕, 〔심성의 인과적 효력〕의 세 가지는 비환원적 물리주의자라면 응당 받아들여야 할 전제들이다. 물리주의자로서 그는 〔수반〕을 받아들여야 할 것이고, 심적 속성이 물리적 속성에 환원되지 않으면서 실재한다는 입장을 취하기 위해 〔환원 불가능성〕과 〔심성의 인과적 효력〕을 받아들여야 할 것이다. (물론 심적 속성이 아무 인과적 효력을 갖지 않으면서 실재한다는 입장을 취하는 것도 논리적으로 가능하지만, 이 입장에는 곧바로 인과적 효력이 없는 속성의 실재성에 대한 고전적 의심들이 제기된다.) 그런데 그 전제들 중에서 〔수반〕과 〔심성의 인과적 효력〕은 김재권의 입장에서도 누구나 받아들여야 할 원리들로 여겨지는 데 반해 〔환원 불가능성〕만은 의심스러운 전제로서 귀류법적 논변에 의해 부정될 가정으로 포함되었다. 그리고 나머지 세 전제 〔에드워즈의 원리〕, 〔배제〕, 〔폐쇄성〕은 김재권이 받아들이면서 옹호하는 중요

---

4 같은 책, 36쪽.
5 같은 책, 42쪽.
6 같은 책, 43쪽.

한 원리들이다. 이들은 [환원 불가능성]을 귀류법적으로 넘어뜨리기 위한 지렛대로서 확고한 지위를 가져야 하는 전제들이다.

『물리주의』의 배제 논변은 위의 전제들로부터 다음과 같은 방식으로 전개되는 두 단계 논변으로서의 골격을 가진다. [단, 원인도 결과도 심적 속성인 인과관계를 '심심 인과(心心因果, mental-mental causation)'라고 하고, 원인은 심적 속성이고 결과는 물리적 속성인 인과관계를 '심신 인과(心身因果, mental-physical causation)'라고 하자.]

(I) 심심 인과가 존재한다면 심신 인과가 존재한다.

(II) 심신 인과가 존재하지 않는다.

(III) 그러므로 심심 인과도 존재하지 않는다.

이 논변으로부터 심적 인과, 즉 심신 인과와 심심 인과가 모두 가능하지 않다는 결론을 이끌어 낼 수 있다. 그런데 심적 인과가 가능하다는 것은 직관적으로 도저히 부정될 수 없으므로, 이 결론을 이끌어 내게 한 전제들 중에서 유일하게 의심스러운 가정인 [환원 불가능성]이 거부되어야 한다는 것이 최종 결론이다. 논변의 세부적 내용은 다름 아니라 두 주장 (I)과 (II)를 각각 입증하는 과정——단계 1과 단계 2——을 담고 있다. 위에서 열거된 가정들과 원리들 중에서 [수반]과 [심성의 인과적 효력]과 [에드워즈의 원리]는 (I)을 위한 논변, 즉 단계 1에서 사용된다. 그리고 [환원 불가능성]과 [배제]와 [폐쇄성]은 (II)를 위한 논변, 즉 단계 2에 동원된다. (김재권은 『물리주의』에서 단계 2를 두 가지 대안적 형태로 제시하는데 그중 한 형태의 논변에서는 〔수반〕도 요구된다.)

그런데 심신 인과가 존재하지 않는다는 결론만으로도 이미 직관적으로 〔환원 불가능성〕 가정을 거부하게 하기에 충분하므로, 단계 2의 논변이 배제 논변의 핵심이라고 할 수 있다. 단계 1의 논변—전체 논변을 '수반 논변'이라고 부르게 하는 부분—은 단계 2의 논변의 반직관적 결론을 (심신 인과뿐만 아니라 심심 인과에까지) 좀 더 확대하고 강화하는 기능을 하고 있을 뿐이다. 따라서 필자는 예를 들어 〔에드워즈의 원리〕와 같은 전제가 논란의 여지가 있다고 생각하기는 하지만 이 전제와 같이 단계 1에서만 사용되는 전제에 대해서는 앞으로 문제 삼지 않을 것이다.

단계 1의 논변은 다음과 같이 전개된다.[7] 심심 인과가 존재한다고 하자. 즉 심적 속성 M이 심적 속성 M*의 원인(더 정확히는, 심적 속성 M의 사례가 심적 속성 M*의 사례의 원인)이라고 하자. 그러면 〔수반〕에 의해, M*의 수반 기초인 물리적 속성 P*가 존재해야 한다. 원인 M은 M*를 수평적으로 야기하고 있고, 수반 기초 P*는 M*를 수직적으로 결정하고 있다. 〔에드워즈의 원리〕에 의해, 이 수직적 결정과 수평적 인과 사이에는 긴장이 있다. 이 긴장을 해소하기 위해서는, M이 M*의 수반 기초인 P*를 야기함으로써 M*를 야기한다는 것을 받아들여야 한다. 따라서 심적 속성 M과 물리적 속성 P* 사이에 인

---

7 같은 책, 39–41쪽.

과관계가 존재한다. 즉 심신 인과가 존재한다. 그리하여 '심심 인과가 존재한다면 심신 인과가 존재한다'는 (I)이 논증되었다.

단계 2의 논변은 『물리주의』에서 두 가지 대안적 형태로 제시된다. 첫째 방식은 다음과 같이 전개된다.[8] 심적 속성 M과 물리적 속성 P* 사이에 인과관계가 존재한다고 가정하자. 그러면 〔수반〕에 의하여, M은 물리적 수반 기초 P를 가진다. 그러면 P는 P*의 원인일 것이다. (그렇게 볼 수 있는 한 가지 근거는 P가 M에 법칙적으로 충분하고 M이 P*에 법칙적으로 충분하다는 것이다.) 〔환원 불가능성〕에 의해 M과 P는 구별되는 별개의 두 속성이다. 그러면 P*에 대해 두 원인 M과 P가 서로 경쟁하는 상황에 처하게 된다. 심신 인과의 경우가 일반적으로 늘 인과적 과잉결정의 경우라고 여겨지지는 않으므로, 〔배제〕를 적용하여 P*의 원인으로서 M과 P 중의 하나는 배제되어야 한다. 〔폐쇄성〕은 이 둘 중 물리적 원인 P보다는 심리적 원인 M을 배제할 이유를 제공한다. 만약 P를 배제할 경우 〔폐쇄성〕에 의해 또 다른 물리적 속성이 원인으로서 요구될 것이고 배제의 문제가 다시 발생하여 무한 퇴행에 빠질 것이기 때문이다. 그리하여 심적 속성 M과 물리적 속성 P* 사이에 인과관계가 존재한다는 가정에 반하게 그 둘 사이에는 인과관계가 존재하지 않는다는 결론에 이르게 된다.

단계 2의 논변의 둘째 방식은 다음과 같이 전개된다.[9] 심적 속성

---

8 같은 책, 41–44쪽.

M과 물리적 속성 P* 사이에 인과관계가 존재한다고 가정하자. 그러면 [폐쇄성]에 의해 P*의 물리적 원인 P가 존재한다. 그리고 [환원 불가능성]에 의해 M과 P는 구별되는 별개의 두 속성이다. 그러면 이번에도 P*에 대해 두 원인 M과 P가 서로 경쟁하는 상황에 처하게 된다. 심신 인과의 경우가 인과적 과잉결정의 경우라고 하지 않는다면, [배제]에 의해 P*의 원인으로서 M과 P 중의 하나는 배제되어야 하고, [폐쇄성]에 의해 그중에서 M이 배제되어야 한다. 따라서 심적 속성 M과 물리적 속성 P* 사이에는 인과관계가 존재하지 않는다. 즉 '심신 인과는 존재하지 않는다'는 (II)의 결론이 논증되었다.

이 중에서 첫째 방식은 [수반]에 의존하고 둘째 방식은 ([수반]에 의존하지 않는 대신) [폐쇄성]에 더 많이 의존한다. 그러나 어떤 경우든 두 방식 모두에서 논변의 핵심 아이디어는, 물리적 원인이 심적 원인을 배제한다는 데 있다. 그로 인해 심적 원인은 원인으로서의 지위를 지킬 수 없게 된다는 것이다. 결국 심적 원인이 원인으로서의 지위를 지키기 위한 유일한 방안은 물리적 원인과 동일한 속성으로서 그것에 환원됨으로써 뿐이라는 것이 비환원주의를 반박하고자 하는 김재권의 최종적 결론이다. 그의 배제 논변이 성공적이라면, 비환원주의를 받아들이는 한 심적 인과의 가능성은 허용될 수 없게 된다.

---

9 같은 책, 44쪽.

2 과잉결정 대안

2.1 앞 절에서 김재권의 배제 논변을 정리하면서 우리는 심신 인과가 인과적 과잉결정의 경우는 아니라는 전제에 의존하여 이야기하였다. 그렇다면 심신 인과의 경우들이 인과적 과잉결정의 경우가 아니라고 해야 할 이유는 무엇인가? 김재권은 『물리 세계 속의 마음(*Mind in a Physical World*)』에서 그 전제를 옹호하기 위해 다음과 같은 논변을 제시했다.

> (과잉결정을 선택하는) 접근은 물리 세계의 인과적 폐쇄성과 충돌하게 될 것이다. 그 이유를 보기 위해, 물리적 원인(P)이 발생하지 않으면서 현실 세계와 최대한 가까운 세계를 고려해 보라. 과잉결정 접근에 따르면 그런 세계에서 심적 원인(M)이 물리적 사건(P*)을 야기하여 물리적 원인이 없는 채로 남게 될 것이고, 물리 세계의 인과적 폐쇄성 원리는 더 이상 성립하지 않게 될 것이다.[10]

이 논변은 (생략된 전제들을 보충하여) 다음과 같이 좀 더 형식적인 방식으로 정식화될 수 있다.

---

10 Jaegwon Kim, *Mind in a Physical World*(MIT Press, 1998) 45쪽. 괄호 안의 말들은 필자가 보충하였다.

(1) 심적 속성 M과 물리적 속성 P가 물리적 속성 P*를 인과적으로 과잉결정하고 있다면, P가 발생하지 않으면서 현실 세계와 최대한 가까운 세계에서는 M만 P*의 원인일 것이다.

(2) 어떤 세계에서 심적 속성 M만 물리적 속성 P*에 대해서 원인이라면, 그 세계에서 폐쇄성 원리가 위배된 것이다.

(3) P가 발생하지 않으면서 현실 세계와 최대한 가까운 세계는 현실 세계와 충분히 가까운 세계이다.

(4) 현실 세계와 충분히 가까운 세계에서 폐쇄성 원리가 위배된다면, 폐쇄성 원리가 현실 세계에서 성립한다고 하더라도 너무 우연하게 성립하는 것이다.

(5) 그러므로 M과 P가 P*를 인과적으로 과잉결정하고 있다면, 폐쇄성 원리가 현실 세계에서 성립한다고 하더라도 너무 우연하게 성립하는 것이다.

이 논변은 인과적 과잉결정의 가정을 받아들일 경우 현실 세계에서 폐쇄성 원리가 위배된다는 것을 보이고자 하는 것이 아니다. 그 대신 그 가정을 받아들일 경우 현실 세계와 충분히 가까운 세계에서 폐쇄성 원리가 위배된다는 것을 보임으로써 현실 세계에서의 폐쇄성 원리의 양상적 지위가 매우 취약하다는 것을 보이고자 하는 것이다. 현실 세계에서 폐쇄성 원리가 성립한다고 하더라도, 현실 세계에 아주 약간의 수정을 가한 반사실적 세계에서 폐쇄성 원리가 위배된다면, 현실 세계에서 성립하는 폐쇄성 원리 역시 너무 우연적으로 성립하는 것일 것이기 때문에, 현실 세계 자체에서 폐쇄성 원리가 위배되는 것에 버금가는 직관적 부담이 초래될 것이라는 점이 이 논변의 기본적 아이디어이다.

이 논변에서 전제 (2)는 폐쇄성 원리의 정식화에 따라 당연하게 성립하는 내용이고, 전제 (3)과 (4)에 대해서는 논란의 여지가 전혀 없는 것은 아니지만 여기서 더 이상 문제 삼지 않을 것이다. 전제 (1)은 인과적 과잉결정에 대한 다음과 같은 검사 기준에 의거하고 있다: 즉 C_1과 C_2가 E에 대해 인과적으로 과잉결정하기 위해서는 다음의 반사실 조건문이 참이어야 한다.[11]

(T) C_2가 발생하지 않았더라면 C_1이 혼자 E를 야기했을 것이다.

그런데 이 검사 기준에는 문제가 있을 수 있다. 왜냐하면 C_2가 발생하지 않았더라면 C_1이 발생하지 않았을 수 있기 때문이다. 그리고 심신 인과의 경우에도 그런 일이 일어나고 있다고 볼 우려가 있다. 블록이 지적한 대로, 우리가 심적 속성 M의 수반 기초인 P를 제거한다면 M도 제거될 것이라고 생각하는 것이 직관적이다.[12] 즉 P가 발생하지 않으면서 현실 세계에 최대한 가까운 세계를 찾을

---

11 물론 (T)과 함께 그 짝인 'C₁이 발생하지 않았더라면 C₂기 혼자 E를 야기했을 것이다'도 참이어야 한다는 것이다. 그 짝에 대한 조건은 여기에서 편의상 생략한다.

12 N. Block, "Do Causal Powers Drain Away?", *Philosophy and Phenomeno-*

경우에 그 세계에서 M이 발생하지 않을 것이라 생각할 만하다. M은 P에 수반하므로, 우리는 P가 발생했기 때문에 M이 발생했다고 말할 것이다.

김재권 자신도 『물리주의』에서 이런 문제를 인정하고 그 대신, P가 발생하지 않지만 **M은 발생하면서** 현실 세계에 최대한 가까운 세계 w를 찾은 것을 제안한다.[13] P가 발생하지 않으면서 현실 세계에 최대한 가까운 세계에서는 M이 발생하지 않을 공산이 크지만, P가 발생하지 않지만 M은 발생하면서 현실 세계에 최대한 가까운 세계는 그보다는 현실 세계로부터 더 멀리 있는 세계이고 (추가적인 조건까지 만족하면서 현실 세계에 가장 가까운 세계이므로) 이 세계는 주어져 있는 조건상 당연히 M이 발생하는 세계이다. 즉 과잉결정의 검사 기준으로 (T) 대신 다음과 같은 반사실 조건문이 참이어야 한다는 것으로 대치하고 있다고 할 수 있다.

(T′) C_2가 발생하지 않고 C_1은 발생했더라면 C_1이 혼자 E를 야기했을 것이다.

이 조건을 통해 '심신 인과의 경우가 인과적 과잉결정의 경우가 아니다'라는 것을 입증하기 위한 논변을 새로이 재구성하면 위의

logical Research 67(2003).

13 Jaegwon Kim, 앞의 책(2005), 46–47쪽.

논변에서 전제 (1)과 전제 (3)은 각각 다음과 같이 수정해야 한다.

(1′) 심적 속성 M과 물리적 속성 P가 물리적 속성 P*를 인과적으로 과잉결정하고 있다면, P가 발생하지 않고 M이 발생하면서 현실 세계와 최대한 가까운 세계 w에서는 M만 P*의 원인일 것이다.

(3′) P가 발생하지 않고 M이 발생하면서 현실 세계와 최대한 가까운 세계 w는 현실 세계와 충분히 가까운 세계이다.

그러나 이렇게 수정할 경우 (3′)는 (3)에 비해 논란의 여지가 더 많은 내용을 포함한다. P가 발생하지 않고 M이 발생하면서 현실 세계와 최대한 가까운 세계 w는 P가 발생하지 않으면서 현실 세계와 최대한 가까운 세계보다 현실 세계로부터 더 멀리 있는 세계이므로 그 세계가 현실 세계와 충분히 가까운 세계인가 하는 것에 대해서는 의심의 여지가 더 많이 허용된다.

2.2 크리스프와 워필드가 김재권에 대해 제시한 딜레마 반론은 바로 이와 같이 수정된 형태의 '심신 인과의 경우는 인과적 과잉결정의 경우가 아니다'라는 논변을 겨냥하고 있는 것으로 이해될 수 있다.[14] P가 발생하지 않고 M이 발생하면서 현실 세계와 최대한 가

---

14 T. M. Crisp and T. A. Warfield, "Kim's Master Argument", *Noûs* 35(2001).

까운 세계를 w라 하자. 그러면 이 딜레마 반론 논변은 다음과 같이 정식화될 수 있다.

(i) w에서 수반이 성립하거나 수반이 성립하지 않는다.

(ii) w에서 수반이 성립한다면 $(1')$가 거짓이다.

(iii) w에서 수반이 성립하지 않는다면 $(3')$가 거짓이다.

(iv) 그러므로 $(1')$ 또는 $(3')$가 거짓이다.

이 반론 논변이 성공적이라면, '심신 인과의 경우는 인과적 과잉 결정의 경우가 아니다'를 보여 주기 위한 수정된 형태의 논변은 건전하지 못한 논변이 될 것이다. 위의 딜레마 반론 논변에서 세부적 논변이 요구되는 부분은 (ii)와 (iii)을 입증하는 부분이다.

우선 (ii)는 다음과 같이 옹호된다. w에서 수반이 성립한다면, w에서 P가 발생하지 않더라도 M의 대안적 수반 기초가 있어야 할 것이다. 그 대안적 수반 기초인 물리적 속성을 P'라고 하자. 그러면 그 물리적 속성 P'가 P*에 대한 물리적 원인일 수 있을 것이므로, w에서 M만 P*의 원인인 것은 아닐 것이고 폐쇄성 원리도 위배되지 않게 될 것이다.

(iii)은 다음과 같이 옹호된다. w에서 수반이 성립하지 않는다면, w는 현실 세계에 충분히 가까운 세계가 아니다. 왜냐하면 현실 세계는 수반이 성립하는 세계인데, w에서는 수반이 성립하지 않을 경우, w는 최소한 법칙적으로 불가능한 세계일 것이기 때문이다.

2.3 이상과 같은 (ii)와 (iii)에 대한 옹호 논변 각각에 대해 김재권은 차례로 대응 논의를 전개한다. 우선 그는 (ii) 옹호 논변에 대응하여 다음과 같이 말한다.

> 수반이 일정하게 유지되는 한, M 자체가 물리적 기초와 독립해서 P*를 발생시키는 세계는 없다. M이 P*의 원인이 된다고 주장할 때마다 적어도 동등한 인과적인 지위를 주장하는 물리적 속성이 대기하고 있다. … 과잉결정의 통상적인 개념은 하나의 공통된 결과에서 교차하는 두 개 이상의 분리되고 독립적인 인과 연쇄들을 포함한다. 그러나 수반 때문에 여기에서는 그런 상황이 벌어질 수가 없다. 이런 의미에서 그것은 진정한 인과적 과잉결정의 경우가 아니다.[15]

김재권에 따르면 w에서 수반이 성립할 경우 그리고 M의 대안적 수반 기초 P'가 w에서 발생할 경우 M과 P는 P*에 대해 진정한 인과적 과잉결정을 하고 있지 못하다. 그러나 왜 그런가? 그에 의하면 진정한 인과적 과잉결정이기 위해서는 인과적 과잉결정의 통상적인 개념에 포섭되어야 하고, M은 늘 물리적 기초를 요구하기 때문에 인과적 과잉결정의 통상적 개념에 포섭되지 않는다. 인과적 과잉결정의 통상적 개념은 두 발의 총알이 동시에 피살자의 심장에 박히는 것과 같은 경우들을 모범 사례들로 사용한다. 그런 모범

---

15 Jaegwon Kim, 앞의 책(2005), 47-48쪽.

사례들에서는 두 원인들로부터의 인과 연쇄는 완전히 분리되어 있다. 반면 w에서 수반이 성립할 경우, M은 P′에 의존하기 때문에 M으로부터 P*로의 인과 연쇄와 P′로부터 P*로의 인과 연쇄는 완전히 분리되어 있지는 않다고 여겨진다.

그러나 필자가 보기에 김재권의 이러한 논의는 M과 P가 P*에 대해 진정한 인과적 과잉결정을 하고 있지 못하다는 것을 보여 주기에는 부족하다.

첫째, 진정한 인과적 과잉결정이기 위해서 꼭 인과적 과잉결정의 통상적인 개념에 포섭되어야 하는 것은 아니다. 인과적 과잉결정의 사례들 중에서는 그 통상적인 개념에 따른 표준적 사례들에 속하지 않는 것들도 있다. 예를 들어 피살자에게 날아든 한 발의 총알이 그 윗부분과 아랫부분으로 나뉠 수 있듯이 그 총알의 윗부분이 날아오는 사건과 그 총알의 아랫부분이 날아오는 사건이 구분될 수 있는데, 그 두 사건은 피살자의 죽음에 대해 인과적 과잉결정을 하는 사례로 분류될 수 있다. 윗부분만 날아오고 아랫부분이 날아오지 않았더라도 또는 그 역이 성립했더라도 피살자는 죽음을 맞았을 것이기 때문이다. 그러나 그 두 사건으로부터의 인과 연쇄는 완전히 분리되어 있지는 않다.

그리고 심신 인과의 경우가 인과적 과잉결정의 경우에 포섭되기는 하되 인과적 과잉결정의 표준적인 사례는 아닌 것이 오히려 더 바람직하다. 왜냐하면 완전히 분리된 별개의 두 인과 연쇄가 우연히 하나의 사건을 과잉결정하는 일이 심신 인과의 경우마다 늘 발생한다고 보는 것은 그럴듯하지 않기 때문이다.[16] 배제 논증을 피하기 위해서는 물리적 사건 P*에 대해 심리적 사건 M과 물리적 사건 P가 두 개의 완전한 원인이라는 것이 중요할 뿐, 그 두 원인이 서로 독립적이고 분리된 인과 연쇄를 이루는 일은 중요하지 않다.

둘째, P는 발생하지 않고 M이 발생하는 (현실 세계와 가장 가까운) 세계에서 대안적인 물리적 속성 P'가 발생한다는 사실——그렇기 때문에 이 세계에서도 M 혼자 단독으로 P*를 발생시키는 것은 아니라는 사실——이, 현실 세계에서 M과 P가 (또는 그 세계에서 M과 P'가) P*로 연결되는 별개의 독립적 인과 연쇄를 구성하지 않는다는 것을 보여 주는 것은 아니다. 이를 좀 더 중립적이고 일반적으로 보여 주기 위해 수반과 상관 없는 사례를 들어 보이도록 하겠다.

대통령을 암살하고자 하는 두 테러리스트 집단이 있다. 두 집단은 서로의 암살 음모에 대해 알지 못한 채 우연히 같은 시간에 대통령을 저격할 것을 계획한다. 첫째 집단에서는 한 명의 숙련된 저격수 갑돌이를 보내 저격 위치에 세운다. 둘째 집단에서는 여러 명의 저격수들——을식이, 병수, 정우 등——을 일렬로 저격 위치에 세운다. 둘째 집단의 암살 계획은 다음과 같다. 을식이가 대통령에게 총알을 발사하도록 하되 어떤 이유로든 을식이가 총을 쏘지 못할 경우에 병수가 대신 총알을 발사하게 준비하고, 병수가 총을 쏘

16 이와 관련하여, 비표준적인 과잉결정의 경우로서의 심적 인과에 대한 K. Bennett, "Why the Exclusion Problem Seems Intractable, and How, Just Maybe, to Tract It", *Noûs* 37(2003)의 탐구가 적절하다고 여겨진다.

지 못할 경우에는 정우가 대신 총알을 발사하게 준비하며, 정우가 총을 쏘지 못할 경우에는 또 다른 저격수가 총알을 발사하도록 내기한다. 그런데 현실적으로는 갑돌이와 을식이가 각각 총알을 발사했고, 대통령은 두 총알에 맞아 두 군데의 치명적 상처를 입고 죽었다. 그러면 현실 세계에서 갑돌이의 총알 발사와 을식이의 총알 발사는 대통령의 죽음을 인과적으로 과잉결정한다. 그리고 갑돌이가 총알을 발사했지만 을식이는 총알을 발사하지 않은 (현실 세계와 가장 가까운) 세계에서는 병수가 총알을 발사했을 것이고 대통령의 죽음은 갑돌이의 총알 발사와 병수의 총알 발사에 의해 인과적으로 과잉결정되었을 것이다.

　이런 상황에서 갑돌이의 총알 발사로부터의 인과 연쇄와 을식이의 총알 발사로부터의 인과 연쇄는 완전히 독립적인 별개의 두 인과 연쇄이다. 따라서 이 상황은 과잉결정의 통상적 개념에 잘 들어맞는 사례이다. 그러나 그럼에도 불구하고 그중 한 원인이 발생하고 다른 원인은 발생하지 않는 (현실 세계와 가장 가까운) 세계를 찾을 경우에 그 세계에서 다른 대안적 짝 원인이 발생하여 다시 과잉결정이 성립할 수 있다. 물론 이 상황은 심신 인과의 경우와는 큰 차이가 있다. (위에서 이야기했듯이 심신 인과의 경우를 과잉결정의 사례로 포섭할 경우 통상적 과잉결정 개념에 들어맞지 않는 사례로 포섭하는 것이 보다 적절하다.) 여기서의 핵심은 김재권의 논의가 심신 인과가 과잉결정의 경우가 아님을 보여 주기에는 충분하지 않다는 것이다.

2.4 이제 (iii) 옹호 논변에 대한 김재권의 대응을 살펴볼 차례이다. w에서 수반이 성립하지 않을 경우 w는 최소한 법칙적으로 가능한 세계가 아니기에 현실 세계에 충분히 가까운 세계가 아니라고 하는 크리스프와 워필드의 논변에 대해 김재권은 다음과 같이 대응한다.

수반이 법칙적으로 필연적이고 w에서는 성립하지 않는다고 가정하자. 그러면 w는 수반을 위반하는 세계이므로 법칙적으로 불가능하다. 그런데 w가 법칙적으로 불가능한 이유는 어떤 물리 법칙이 w에서 성립하지 않기 때문이 아니라 어떤 심성적 속성들이 물리적 속성에 수반하지 않기 때문이다. 즉 우리의 세계에서 성립하는 어떤 심신 법칙들이 w에서는 성립하지 않기 때문이다. 그러면 w는 물리적으로 가능한 세계가 될 수 있다. 실제로 우리는 w가 시공간의 구조, 기본적인 물리 법칙늘, 기본 입자들을 포함해서 모든 물리적인 면에서 우리의 세계와 완전히 같다고 약정할 수 있다. 물리주의자는 물리적인 인과적 폐쇄성이 w와 같은 세계에서 성립하는지의 여부에 대해 신경 쓰지 말아야 하는가? 크리스프와 워필드가 말한 바와는 반대로, 물리주의에 관심을 가진 사람이라면 누구나 w에서 폐쇄성 원리가 성립하는지에 대해 훨씬 더 많은 관심을 가져야 한다.[17]

---

17 Jaegwon Kim, 앞의 책(2005), 49-50쪽.

이 인용문에서 w가 물리적인 모든 측면에서 현실 세계와 같다고 약정하자고 한 김재권의 제안은 사실은 실행될 수 없다. 왜냐하면 w는 물리적 속성 P가 발생하지 않는다는 조건을 만족시켜야 하는 세계이고 현실 세계에서는 그 P가 발생하므로 w와 현실 세계는 최소한 어떤 물리적 측면에서인가는 달라야 한다. 그러나 김재권의 이 실수는 그의 논의의 핵심에 큰 영향을 미치지는 않는다. 김재권은 w가 현실 세계와 물리적으로 모든 측면에서 같다고 말할 수는 없지만 현실 세계와 물리적으로 매우 유사하다고는 여전히 말할 수 있기 때문이다. w에서 순수한 물리 법칙——물물(物物) 법칙 ——은 모두 현실 세계에서와 같이 성립한다고 한다면, w는 물리적으로 가능하다고 할 수 있을 것이다. 김재권의 논의의 핵심은 w가 물리적으로 가능하다면 w는 현실 세계에 충분히 가까운 세계이고, 폐쇄성 원리를 받아들이는 물리주의자는 w에서도 폐쇄성 원리가 성립한다는 것을 받아들여야 한다는 것이다. 물리주의자는 물리적으로 가능한 세계에 대해 책임을 지고 신경을 써야 하지 않겠는가?

그러나 물리주의는 순수한 물리적 영역에 대한 이론이 아니다. 물리주의는 물리적 영역 바깥에 아무것도 없거나 또는 물리적 영역 바깥에 무언가 있다면 그것이 물리적 영역에 의존하고 있다고 주장한다. 즉 물리주의는 물리적 영역과 그 너머 사이의 관계에 대해 무언가 말하는 이론이다. 따라서 물리적 영역만을 고려했을 때에 현실 세계와 같거나 유사한 세계라고 하더라도 그 세계에 물리적 영역에 의존하지 않는 무언가——예를 들어 천사——가 존재한다면 그 세계는 물리주의자의 책임 바깥에 있는 세계이며 물리주의자의 관심에 비추어 그다지 현실 세계에 가까운 세계가 아니다. 물리주의자는 어떤 세계가 현실 세계와 충분히 가까운지 따지는 데 순수한 물리적 영역에서의 유사성만 고려할 수는 없다.

비록 우리가 고려하는 세계 w에 천사가 존재하는 것은 아니지만 그 세계의 심적 속성이 물리적 영역에 수반하지 않는다고 할 경우, 그 심적 속성의 존재는 그 세계가 물리주의자의 원리들이 온전히 다 고수되지 못하는 세계일 가능성을 허용한다. 그 세계는 물리주의자의 원리들이 제대로 고수되는가의 관점에서 보았을 때에 현실 세계에 충분히 가까운 세계가 아니다. 그 세계에서 폐쇄성 원리가 위배된다는 것은 물리주의가 적용되는 현실 세계에서 폐쇄성 원리가 성립하는가의 문제와는 별개의 문제인 것이다.

그러므로 과잉결정 대안이 심적 인과의 배제 문제에서 벗어나는 길이 되지 못한다는 것을 보여 주기 위한 김재권의 지금까지의 논의들은 그다지 성공적이지 못하다. 즉 우리에게는 비환원주의를 고수하면서 심적 인과의 경우들이 과잉결정이라는 대안을 선택할 수 있는 길이 열려 있다.

3 배제 논변이 기반하는 인과 개념

3.1 앞 절에서 필자는 김재권이 과잉결정 대안을 통해 배제 논변을 피하는 출구를 봉쇄하지 못했다는 것을 논변했지만, 배제 논

벽이 좀 더 큰 출구를 열어 놓고 있다고 생각하기 때문에 비환원주의를 고수하고자 하는 사람들이 꼭 과잉결정 대안을 선택해야 한다고 보지는 않는다. 이제부터 필자는 배제 논변이 의존하고 있는 중요한 개념적 가정을 드러냄으로써 그 출구의 존재에 주목하려고 한다.

배제 논변은 인과 개념과 관련하여 중립적인 기반 위에 서 있지 않다. 인과 개념과 관련된 철학적 논쟁들의 역사 속에서 우리는 인과에 대한 충분조건적 분석의 전통과 필요조건적 분석의 전통이 대립했다는 것을 알고 있다. 흄에서부터 헴펠로 이어지는 충분조건적 분석에 의하면 사건 c가 사건 e의 원인일 경우는 c가 e의 충분조건일 경우이다. 반면 흄의 덜 알려져 있는 구절에서부터[18] 루이스와 그 밖의 최근 철학자들로 이어지는 필요조건적 분석에 의하면 사건 c가 사건 e의 원인일 경우는 c가 e의 필요조건일 경우이다.[19] 충분조건적 분석은 흔히 법칙 포섭적 분석의 형태로 제시된다. 즉 c가 발생하면 e가 발생한다는 것이 필연적이거나 항상적(constant)이거나 확률적인 법칙이 존재할 경우 c가 e의 원인이라거

---

18 흄의 덜 알려진 구절은 "우리는 원인을 다음과 같이 정의할 수 있다. … 다시 말해서 첫 번째 대상이 있지 않았더라면 두 번째 대상이 있지 않았을 것이다"(D. Hume, *An Enquiry Concerning Human Understanding*, ed. L. A. Selby-Bigge sec. VII(Clarendon Press, 1748/1902)).

19 그 가장 대표적인 저작은 무엇보다도 D. Lewis, "Causation", *Journal of Philosophy* 70(1973a)이다. 이 인과 개념에 대한 최근의 논의들로는 J. Collins, N. Hall and L. A. Paul(eds.), *Causation and Counterfactuals*(MIT Press, 2004) 참조.

나 하는 분석이 대개 제시된다. 반면 필요조건적 분석은 흔히 반사실 조건문적 분석의 형태로 제시된다. c가 발생하지 않았더라면 e가 발생하지 않았을 것일 경우 c가 e의 원인이라는 것이 이런 분석의 기본적 틀이다. 오늘날 필요조건적 분석은 인과 개념을 탐구하는 철학자들 사이에서 더 유력한 분석이라고 할 수 있고, 충분조건적 분석은 예전과 같은 지배적 위치를 차지하고 있지 않다. 인과에 대한 충분조건적 분석에 의거한 인과 개념은 오늘날 매우 의심스럽거나 혹은 (최대한 유리하게 말해 주더라도) 논란의 여지가 있는 개념이다.

그런데 배제 논변은 바로 인과에 대한 이 충분조건적 개념에 본질적으로 의존하고 있다. 우선 우리가 앞 절에서 고려했던 과잉결정 대안에 대해 왜 우리가 고려하게 되었는가를 상기해 보자. 그것은 P*에 대해 두 개의 진정한 원인이 있다면 그 두 원인이 P*를 과잉결정할 것이라는 생각 때문이었다. 김재권의 논의는 심리적 속성 M과 물리적 속성 P가 P*를 과잉결정하는 경우라는 것을 부정함으로써 M과 P 중에서 원인으로서의 지위를 잃게 될 것을 겨냥한 논의였고, 블록이나 크리스프와 워필드의 논의는 M과 P가 P*를 과잉결정하는 것으로 볼 수 있다는 것을 보이려는 목적의 논의였다. 그런데 이들 논의들은 인과에 대한 이 충분조건적 개념에 기반을 두고 있는 것일 수밖에 없다. 어떤 사건이 과잉결정된다는 것은 그 사건에 충분한 조건이 둘 이상 있을 때를 말하는 것이고, M과 P가 충분조건적 의미에서 원인인 것이 아니라면 M과 P가 P*의 원인이라고 해서 M과 P가 P*를 과잉결정한다는 것이 따라 나오지는 않는다.

그리고 무엇보다도 배제 논변의 핵심 전제인 〔배제〕의 내용을 돌이켜 보자. "어떠한 사건도 진정한 의미에서의 인과적 과잉결정의 경우가 아닌 한, 그것은 주어진 시점에서 충분 원인을 하나보다 많이 가질 수 없다"에서 '충분 원인(sufficient cause)'이라는 개념은 '진정한 원인' 또는 '완전한 원인' 또는 그냥 '원인(cause *simpliciter*)'과 같은 의미로 사용되고 있다. 이를 이런 의미로 사용하지 않는다면 이 전제는 〔심성의 인과적 효력〕및〔폐쇄성〕(또는〔수반〕)과 결합하여 심적 원인과 물리적 원인 간의 긴장 상태를 낳지 않을 것이다. 〔심성의 인과적 효력〕에 의해 물리적 속성에 대해 심적 속성이 원인으로서 존재해야 하고,〔폐쇄성〕에 의해 같은 물리적 속성에 대해 다른 물리적 속성이 또 다른 원인으로서 존재해야 하기 때문에 긴장이 발생한다. 그런데〔배제〕에 의해 두 원인이 서로를 배제하기 위해서는 두 원인이 충분 원인이어야 한다. 그러면 왜 그 두 원인이 '충분' 원인이어야 하는가? 배제 논변을 제시하는 사람으로부터 기대되는 대답은,〔심성의 인과적 효력〕에서 심적 속성이 정말 제대로 된 원인이려면 그것은 충분 원인이어야지 단지 부분적 원인이어서는 안 될 것이고,〔폐쇄성〕이 제대로 성립하려면 모든 물리적 속성에 대해 그 발생을 충분히 인과적으로 설명하는 물리적 속성이 있어야 한다는 것이다. 그러나 그것은 바로 인과를 충분조건 분석의 견지에서 바라볼 것을 전제하고 있는 것이다. 충분조건 분석의 관점에서는 완전한 의미에서의 원인은 충분조건이고 그 완전한 원인의 부분은 완전한 의미의 원인은 되지 못하면서 편의상 원인으로서 취급될 수 있을 뿐이다.

　필요조건 분석의 견지에서는 어떤 원인이 진정한 원인이기 위해 또는 완전한 원인이기 위해 그것이 충분조건이어야 할 이유는 없다. 어떤 사건 c가 사건 e에 대해 충분하지는 않더라도, c가 e에 대해 필요하다면 그것은 왜 e가 발생했는지에 대한 하나의 완전한 인과적 설명을 제공한다. 물론 그 경우 사건 e에 대한 완전한 인과적 설명은 여럿 있을 수 있다. 그러나 그것은 필요조건적 인과 개념의 견지에서 문제가 되지 않는다. 왜 그 자동차 사고가 발생했는가? 그 운전자가 과속하지 않았더라면 그 자동차 사고가 발생하지 않았을 것이라 하자. 그러면 그 운전자의 과속은 그 사고에 대한 진정한 원인이며 완전한 의미에서의 원인이다. 그 운전자가 과속했더라도 도로가 미끄럽지 않았더라면 그 자동차 사고가 발생하지 않았을 것이라 하자. 그러면 도로의 미끄러움도 그 사고에 대한 진정한 원인이며 완전한 의미에서의 원인이다. 우리는 서로 다른 여러 맥락에서 여러 화용론적 이유로 이 진정한 원인들 중 어떤 원인을 더 중요시할 수는 있지만, 각각의 원인들은 완전한 의미에서 진정한 원인이라고 불리기에 부족함이 없다.

　결국 필요조건적 인과 개념의 견지에서는 〔배제〕 또는 그것과 유사한 원리가 그럴듯한 방식으로 정식화될 여지가 별로 없다. 필요조건적 의미에서 원인이 둘 이상 되는 것은 과잉결정과 같은 예외적 상황에서만 일어나는 일이 아니고 늘상 일어나는 일이기 때문이다. 어떤 결과가 발생하기에 필요한 요소들은 일반적으로 얼마든지 여럿 있을 수가 있다.

　그리고 〔배제〕의 원리는 심적 인과와 관련해서뿐만 아니라 여러 층위의 다른 인과와 관련해서도 유사한 퍼즐을 생산한다. 배제 논변에 대한 일반화 논변(generalization argument)을 통한 반론—블록 등에 의해 제기된—을 통해 우리가 잘 알듯이, 배제 논변은 생물학적 인과, 화학적 인과, 거시물리적 인과 등에 대해서도 유사한 퍼즐을 낳는 경향이 있다.[20] 예를 들어 생물학적 층위가 화학적 층위로 환원되지 않으면 생물학적 층위는 그 인과적 효력을 상실하게 된다는 문제가 똑같은 구조의 논변에 의해 발생할 위험이 있다. (물론 김재권은 이로부터 생물학적 층위가 그 아래의 층위로 환원된다는 교훈을 끌어 낼 수 있다. 그렇지만 모든 층위와 관련해서 '환원 또는 인과적 무력'의 선택이 강요된다는 것은 분명 반직관적이다.) 〔배제〕 원리가 지닌 이 같은 귀결의 파급력은 그 원리가 기반을 두고 있는 인과 개념 자체에 대해 추가적인 반성을 하게 만드는 요인이다. 우리는 인과 개념에 대한 최근까지의 여러 철학적 논의들을 통해 인과에 대한 충분조건적 분석이 지닌 반직관적 측면들을 이미 알고 있지만, 배제 논변의 귀결 자체를 인과에 대한 충분조건적 분석에 대한 추가적인 귀류법적 반론으로 그 반직관적 측면들의 목록에 덧붙일 수 있다.

　혹자는 필자가 지금 우리의 논의 주제를 바꾸고 있는 것으로 여길지도 모르겠다. 김재권의 배제 논변은 충분조건이라는 의미에서

20　N. Block, 앞의 논문 참조.

의 원인과 관련하여 이야기하고 있는데, 필자는 필요조건이라는 의미에서의 원인과 관련하여 배제 문제가 발생하지 않는다고 이야기하고 있는 것에 불과한 것은 아닌가? 그러나 '인과'라는 말의 직관적 의미는 우리가 약속하기 나름의 문제는 아니다. 배제 논변은 예를 들어 심적 속성이 인과적 효력을 가진다는 직관적 판단을 전제로 이용하고 있다. 그러면 우리의 그 직관적 판단에 포함되어 있는 '인과적'이라는 개념의 의미를 임의적으로 '충분조건적'이라고 정의할 경우 그 판단의 직관적 호소력은 더 이상 유지되지 않을 것이다. 즉 만약에 필요조건적 분석이 우리의 직관적 인과 개념을 더 잘 포착한다면, 배제 논변을 제시하는 사람은 "내 논변에서 나는 '인과'를 '충분조건'이라는 의미에서 사용하고 있을 뿐이야!"라는 말을 하고 넘어가 버릴 수는 없다. 결국 배제 논변이 성공적일 수 있기 위해서는 충분조건적 분석이 필요조건적 분석보다 우리의 직관석 인과 개념을 좀 더 잘 반영한다는 의심스러운 가정을 정당화시킬 수 있어야 한다.

이제 우리가 인과에 대한 필요조건적 분석을 가정할 경우, 심적 속성 M과 물리적 속성 P는 각각 물리적 속성 P*의 발생에 대해 원인이 되면서 M과 P가 P*을 과잉결정하지 않는 두 원인이 되는 것이 허용된다. 즉 다음의 두 반사실 조건문이 성립할 수 있다.

(A1) M이 발생하지 않았더라면 P*가 발생하지 않았을 것이다.

(A2) P가 발생하지 않았더라면 P*가 발생하지 않았을 것이다.

그리고 그러면서 M과 P가 (어떤 의미에서이든) 각각 P*에 대해 충분하다는 것이 성립하지 않을 수 있는 것이다. 그러면 심적 인과와 물리적 인과가 함께 양립할 수 있게 된다.

3.2 이와 같은 문제가 배제 논변에 대해 제기될 수 있는 매우 기본적인 문제이고, 또 지금까지 20년간 배제 논변에 대해 여러 철학자들의 수많은 논의들이 이루어져 왔지만, 의외로 이와 유사한 문제가 충분히 제기되거나 논의되지 못했다. 여기에서 논의된 것과 가장 유사한 기존의 논의는 베이커(L. R. Baker)의 논의라고 할 수 있다. 그녀는 자신의 한 논문에서 형이상학적 개념으로서의 인과 개념과 인식론적 개념으로서의 설명 개념을 구분하면서, '왜' 질문에 대한 대답으로서 맥락에 많이 좌우되는 설명의 개념——즉 인식론적 개념——이 사건들 사이의 '객관적 관계'로서의 인과관계에 대한 개념——즉 형이상학적 개념——보다 우선해야 한다고 주장한다.[21] 그리하여 형이상학적 인과 개념이 인식론적 설명 개념을 근거로 해명되어야 한다는 것이다. 그리고 나서 그녀는 인식론적 설명 개념에 근거를 둔 인과 개념으로서 반사실 조건문적 인과 개념을 받아들인다. ('c가 e의 원인이다'에 대한 그녀가 내놓은 분석의 핵심 부분은 우리가 지금까지 논의했던 필요조건 분석과 마찬가지로 'c가 발생하지 않았더라면 e가 발생하지 않았을 것이다'이다. 그녀는 거기에

---

21 L. R. Baker, "Metaphysics and Mental Causation", in Heil and Mele(1993).

또 다른 조건인 'c가 발생했더라면, 불가피하게 e가 발생했을 것이다'를 덧붙이는데 이 추가적 구절은 반사실 조건문에 대한 표준적 분석에 따르면 불필요한 구절이다.) 그리고 이 개념에 의거할 경우 심적 인과의 문제는 해소되어 버린다는 것을 지적한다.

이 논의에 대해 대응하면서 김재권은 인식론과 설명을 우선시한다고 해서 형이상학적 문제가 사라져 버리는 것은 아니라는 것을 지적한다.[22] 우리가 선택해야 할 것은 형이상학과 인식론 중 하나가 아니라 여러 형이상학적 대안들 중의 하나라는 것이다. 특히 그는 인과적 설명 개념을 이해하기 위해서는 인과적 설명의 설명항 사건과 피설명항 현상 사이에 인과관계가 있다는 것이 전제되어야 한다는 것을 지적한다.

필자는 김재권의 지적이 기본적으로 옳다고 생각한다. 그러나 김재권의 이같이 올바른 지적이 가능했던 것은 베이커가 "설명—인식론석 개념—반사실 조건문적 분석"을 연결시키고 "인과—형이상학적 개념—충분조건적 분석"을 연결시킨 단순화된 이분법적 구분을 제시한 데에 기인한다. 베이커의 생각과는 달리 설명의 개념이나 반사실 조건문적으로 분석된 개념이 꼭 인식론적 개념인 것은 아니다. 'c가 발생하지 않았더라면 e가 발생하지 않았을 것이다'라는 반사실 조건문이나 'c가 발생했기 때문에 e가 발생했다'는 설명 문장은 사건들 사이의 객관적 관계를 서술하는 형이상학적 문장으

---

22 Jaegwon Kim, 앞의 책(1998), 60~67쪽.

로서의 지위는 얼마든지 가진다. 그 문장들은 세계 속의 두 사건에 대해 그 두 사건들이 어떤 관련성이 있는지를 객관적으로 서술하고 있다. 물론 주어진 설명 문장이 어떤 '왜' 질문에 대한 적합한 설명을 제공하는지의 문제에는 화용론적 고려들이 요구된다. 또한 반사실 조건문은 흔히 화용론적 고려를 통해 해소되어야 할 맥락적 조건들을 포함하고 있다. 그러나 그런 사실들이 그 문장들이 특정한 맥락 속에서 세계에 대해 객관적으로 참이거나 거짓인 명제를 함께 표현하는 일을 막지는 못한다.[23]

따라서 어떤 인과 문장을 설명 문장이나 반사실 조건문을 통해 분석하는 일은 형이상학적 문제를 회피하고 논점을 바꾸는 것을 함축하지는 않는다. 'c가 e의 원인이다'를 'c가 발생하지 않았더라면 e가 발생하지 않았을 것이다'라는 반사실 조건문이나 'c가 발생했기 때문에 e가 발생했다'라는 설명 문장을 통해 분석하는 것은 인과 문장에 대한 대안적인 분석이다. 그리고 그 대안적 분석이 옳다면 반사실 조건문이나 설명 문장을 통해 심적 인과를 구제하는 일은 심적 인과의 문제를 회피하는 것이 아니라 심적 인과 자체에 대해 이야기하는 것이다.

이제 인과 개념을 설명 개념과 엄격히 구분하여 에너지 전이나

---

23 흔히 좋은 설명인지 결정하기 위해 화용론적 고려들이 많이 요구된다는 것이 객관적 관계로서의 핵심적인 설명적 관계 — '때문에' 관계 — 가 이야기될 수 없다는 오해를 불러일으킨다. 이런 문제와 관련해, 선우환, 「설명의 반사실 조건문적 의존 모형」《철학연구》 제59집(2002) 참조.

보존량 전이와 같은 실질적인 물리적 과정을 자연종(자연관계) 명사 표현으로 '인과'라는 말을 쓰는 입장이 가능하다. 필자는 개인적으로 이런 입장이 '때문에' 표현과 엄격히 구별되는 매우 협소한 의미로 '인과'라는 말을 쓰는 것이 적절할 수 있다는 한 가지 제안으로서 나름대로 설득력이 있다는 것을 인정한다.[24] 그러나 인과 개념을 그와 같이 협소한 개념으로서 사용할 경우, 우리는 심적 속성이 그런 협소한 의미에서 원인이 되지 않는다는 것을 기꺼이 받아들일 수 있다고 생각한다. 그 대신에 우리는 심적 속성 M이 발생했기 **때문에** 물리적 속성 P*가 발생했다는 이야기를 할 수 있다. 예를 들어 나는 물을 마시기를 원했기 때문에 우물로 갔다고 말할 수 있다. (그리고 나는 내가 물을 마시기를 원하지 않았더라면 우물에 가지 않았을 것일 경우에 이와 같이 말할 수 있다.) 물을 마시기 원한다는 심적 속성이 인과적 효력을 가진다는 우리의 직관적 판단은 사실 이런 '때문에' 문장의 참에 대한 우리의 직관에 기인한다고 여겨진다. 그리고 심적 인과 문제에서 기반으로 해야 할 데이터는 바로 이런 직관이다. 우리는 심적 인과가 존재한다는 것을 알 수 있게

---

24 필자는 사실 반사실 조건문적 분석이 인과 문장('야기하다'를 포함하는 문장)보다는 설명 문장('때문에'를 포함하는 문장)에 대한 분석으로서 더 적절하다고 생각한다. 그리고 우리가 인과 문장에 대해 가진 많은 직관이 사실은 설명 문장에 대한 직관에서 기인한다고 생각한다. 그 점에서 필자는 설명 개념이 인과 개념에 선행한다는 베이커와 같은 의견이다. 그러나 루이스 등의 철학자들은 이 의견에 동의하지 않을 것이고, 김재권의 논의는 이들 철학자들에 대해 더 강한 선결문제를 요구하는 것이 될 것이다.

해 주는 다른 인식적 통로를 가지고 있지 않다. 더 나아가 '때문에'에 의해 표현되는 이 설명적 관계는 여전히 사실들 사이의 객관적 관계이다. 우리의 과제는 이 객관적인 설명적 관계가 성립한다는 것을 가능하게 해 주는 이론을 구성하는 것이고, 여기에 배제의 문제는 장애가 되지 않는다.

3.3 지금까지 필자는, 반사실 조건문적 분석과 같은 필요조건 분석을 통한 인과 개념을 받아들일 경우, 배제 논변의 핵심 전제는 설득력 있는 방식으로 정식화될 수 없다는 논변을 제시했다. 위에서 보았듯, 과잉결정 없이도 (A1)과 (A2)가 성립한다는 의미에서 M과 P가 모두 P*의 원인일 수가 있다는 것을 논변했다. 그런데 이제 과연 (A1)이 정말로 성립할 수 있는가 하는 또 다른 의문이 제기될 수 있다. 이 의문은 배제 논변과는 구별되는 또 다른 논변을 통해서 심적 인과의 가능성에 대한 문제를 제기할 단서가 될 수 있다.

(A1) 즉 "심리적 속성 M이 발생하지 않았더라면 물리적 속성 P*가 발생하지 않았을 것이다"는 참인가? 예를 들어 철수가 물을 마시기 원함이라는 속성을 가지지 않았더라면 그가 우물로 가지 않았을 것이라는 것은 참인가? 심리적 속성 M이 물리적 속성 P와 동일하지는 않으면서 그것에 수반한다고 해 보자. 그러면 위의 반사실 조건문이 참인지 보기 위해 우리는 M이 발생하지 않으면서 현실 세계와 가장 가까운 세계 W를 살펴볼 필요가 있다. 그러면 그 세계 W에서 속성 P*가 발생하지 않는가? (A1)이 참이라고 생각할

근거는 그 세계에서 속성 M의 수반 기초인 속성 P도 발생하지 않을 것이고, (같은 층위에서 인과관계에 있는 P와 P*에서) 속성 P*는 속성 P에 반사실 조건문적으로 의존할 것이므로, 그 세계에서 P*가 발생하지 않을 것이라는 것이다.

그런데 그 세계에서 정말 속성 P가 발생하지 않을 것인가? 'M이 발생하지 않았더라면 P가 발생하지 않았을 것이다'라는 것을 받아들이는 것은 일종의 역행적 반사실 조건문(backtracking counterfactuals)을 받아들이는 것이 아닌가? 즉 이는 '내가 시험에 합격했더라면 나는 열심히 공부했었을 것이다'와 같은 반사실 조건문을 참으로 받아들이는 것과 유사하지 않는가? 그리고 이런 역행적 반사실 조건문은 일반적으로 부적절한 것으로 간주된다. 'M이 발생하지 않았더라면 P가 발생하지 않았을 것이다'라는 조건문의 경우에 전건에서 서술되는 시점이 후건에서 서술되는 시점보다 시간적으로 더 나중인 것은 아니지만 의존의 방향에서 역행하는 것처럼 여겨진다.

그렇다면 역행적 반사실 조건문은 왜 부적절한가? 루이스는 이에 대해 가장 유력하고 우아한 설명을 제시한 바 있다.[25] 간단히 말해서 그것은 일반적으로 정보의 전달이 시간에 대해 비대칭적이기 때문이다. t 시점에 한 사건이 발생하면 그 사건이 발생한 흔적들의 정보는 사방으로 확장되기 때문에 그 사건이 발생되지 않은 경우와

---

25 D. Lewis, "Counterfactuals and Time's Arrow", *Noûs* 13(1979).

같은 상태로 미래를 만들려면 수많은 기적들이 일어나야 한다. 반면 그 사건이 발생하기 이전의 과거와 관련해서 과거 전체를 그 사건이 발생하지 않은 세계와 같게 만들려면 그 사건이 발생하기 직전의 시점에서 하나의 기적이 일어나는 것으로 충분하다. 따라서 과거와 관련해서는 그것이 고정되어 있는 것처럼 간주하고 미래와 관련해서는 고정되어 있지 않은 것처럼 간주하여 반사실 조건문의 평가를 위한 유사성을 결정하는 것이 적절하다는 것이다.

그런데 이런 고려들은 수반적 의존과 관련해서는 적용되지 않는다. 미시 층위가 거시 층위를 결정하는 방향과 관련해서는 정보의 시간적 비대칭성에 상응하는 비대칭성이 존재하지 않는다. 특정 사건이 거시 방향과 관련해서는 다양한 방향의 정보를 파급시키고 미시 방향과 관련해서는 일의적 정보 전달이 있는 것은 분명 아니기 때문이다. 그렇다면 수반적 의존의 방향과 관련해서 역행적 반사실 조건문을 구별하는 것이 적절하지 않을 것이다.

더 나아가 미시-거시 수반이나 심신 수반과 관련해서 'M이 발생하지 않았더라면 P가 발생하지 않았을 것이다'라는 조건문이 거짓이기 어려운 더욱 중요한 이유가 있다. M이 P에 수반할 때 이런 수반은 단순히 법칙적 필연성을 가지는 것이 아니라 논리적-형이상학적 필연성을 가진다. 또 좀 더 엄밀히 말해서 이들 수반이 위반되는 논리적-형이상학적 가능 세계는 존재하지 않는다.[26] 이를

---

26 이 점과 관련해 김재권은 "우리는 심신 수반이 논리적으로 또는 형이상학적

우선 거시적 속성이 미시적 속성에 수반되는 경우를 예로 들어 이야기해 보겠다.

바둑돌들이 어떠어떠한 위치로 배열되어 있을 경우에 전체 모양은 원형일 수가 있다. 바둑돌들의 배열이 원형 모양이라는 거시적 속성은 예를 들어 바둑돌들 a_1, a_2, a_3, a_4, a_5 등이 x_1, x_2, x_3, x_4, x_5 등에 위치한다는 미시적 속성들에 수반한다. 그러면 바둑돌들 a_1, a_2, a_3, a_4, a_5 등이 x_1, x_2, x_3, x_4, x_5 등에 위치하면서 그 바둑돌들의 배열이 원형 모양이 아닌 논리적-형이상학적으로 가능한 세계는 존재하지 않는다. 그런 세계는 단지 법칙적으로 배제되는 것이 아니라 상상할 수조차 없는 세계이다.[27] 따라서 바둑돌들의 배열이 원형이 아니면서 바둑돌들 a_1, a_2, a_3, a_4, a_5 등이 x_1, x_2, x_3, x_4, x_5 등에 위치하는 논리적-형이상학적으로 가능한 세계는 존재하지 않기 때문에 (그리고 논리적-형이상학적으로 가능한 세계들이 가능 세계들의 전체이기 때문에), 바둑돌들의 배열이 원형이 아닌 가능 세계는 (그것이 현실 세계와 가깝건 멀건 간에) 바둑돌들 a_1, a_2, a_3, a_4, a_5 등이 x_1, x_2, x_3, x_4, x_5 등에 위치하지 않는 (최소한 일부 바둑돌의 위

으로 필연적일 가능성을 제쳐 놓을 수 있다. 왜냐하면 그런 관점은 본질적으로 환원주의적이기 때문이다"라고 말하는데(Jaegwon Kim, 앞의 책(2005), 49쪽), 이는 두 가지 점에서 잘못이라 할 수 있다. 첫째, 논리적-형이상학적 수반이 꼭 환원주의를 함축하는 것은 아니다. 둘째, 심신 수반이 논리적-형이상학적 필연성을 가질 가능성을 제쳐 놓았을 때 남게 되는 수반은 그렇게 많지 않다.

27 상상 가능성과 논리적 가능성 간의 관계에 대해서는, 선우환, 「통세계적 동일성의 문제와 양상 인식론」, 《철학연구》 제65집(2004) 참조.

치가 조금이라도 다른) 가능 세계이다. 즉 '바둑돌들의 배열이 원형이 아니었더라면 바둑돌들 a_1, a_2, a_3, a_4, a_5 등이 x_1, x_2, x_3, x_4, x_5 등에 위치하지는 않았을 것이다'라는 반사실 조건문이 참이다. 즉 그 거시적 속성이 발생하지 않았더라면 그 미시적 속성도 발생하지 않았을 것이다.

심신 수반의 경우에도 상황이 훨씬 더 복잡하기는 하지만 기본적으로 같은 내용이 성립한다. 최소한 기능적인 심적 속성들과 관련해서는 미시 물리적 속성들이 고정되고 나면 다른 심적 속성을 가질 논리적–형이상학적 가능성이 존재하지 않는다. 미시 물리적 사실들이 모두 주어지고 나면 기능적 속성인 번식 속성이 발생하는지 하지 않는지가 논리적 필연성을 가지고 고정되듯이, 기능적 속성들인 심적 속성들의 발생 여부도 논리적 필연성을 가지고 고정되는 것이다. 그러나 이는 기능적인 심적 속성들이 미시 물리적 속성들에 환원된다고 이야기하는 것과는 다르다. 예를 들어 바둑돌들의 배열이 원형인 것이 논리적 필연성을 가지고 미시 속성에 의해 결정되지만 그렇다고 해서 원형 배열이라는 거시적 속성이 어느 특정한 미시 속성과 동일한 것은 아니다.

따라서 특정한 심적 속성 M에 대해 그 수반 기초가 물리적 속성 P라면, P가 발생하면서 M이 발생하지 않는 논리적–형이상학적 가능 세계는 존재하지 않고 따라서 'M이 발생하지 않았더라면 P가 발생하지 않았을 것이다'라는 반사실 조건문은 참일 수밖에 없다. 그리고 이를 통해 'M이 발생하지 않았더라면 P*가 발생하지 않았을 것이다'라는 반사실 조건문과 'P가 발생하지 않았더라면 P*가 발생하지 않았을 것이다'라는 반사실 조건문이 둘 다 참일 것이다. 즉 반사실 조건문적 분석에 따를 경우 심적 속성 M과 물리적 속성 P가 둘 다 P*에 대한 원인으로서의 지위를 가지는 데 아무 문제가 없게 된다.

다만 이와 같은 이야기는 기능화되지 않는 심적 속성인 감각질 (qualia)에 대해서는 적용되지 않는 것이고, 감각질이 물리적 속성에 수반한다면 그것은 논리적 수반일 수는 없고 법칙적 수반이어야 할 것이다. 그럴 경우 감각질과 관련해 그것의 인과적 효력을 입증하는 것은 좀 더 어려운 일이 될 것이다. 그러나 이는 감각질이 존재한다고 하더라도 그것이 부수현상적(epiphenomenal)일 수밖에 없을 것이라는 우리가 가진 기존의 철학적 상식에 일관적인 것이며, 심적 인과와 관련된 근본적인 문제를 제기하는 것은 아닐 것이다.

3.4 이제 마지막으로 김재권이 베이커의 논의에 대해 (그리고 반사실 조건문적 접근 일반에 대해) 제시한 또 다른 대응을 살펴보자. 그는 반사실 조건문적 접근을 비판하기 위해 다음과 같은 논변을 펼친다.

어떤 신경 상태 N이 〈자신이 서점 카운터에 열쇠를 놔두고 왔다〉는 질(Jill)의 생각과 그녀가 서점에 되돌아가는 사건의 원인이라고 주장하는 부수현상론자가 있다고 해 보자. 그 부수현상론자는 인과 문장에 대한 베이커의 설명적/반사실 조건문적 해석의 두 구절을 얼마든지 받아들일 수 있다. 왜냐하면 그는 다음과 같이 추론할 수 있기 때문이다. "질의 생각이 발생하지 않았더라면 질은 신경 상태 N에 처하지 않았을 것이다. 그리고 질의 생각이 발생했다면 N이 발생했었어야 한다. 그리고 이것이 질의 귀환을 불가피하게 만든다." … 요점은 이런 부수현상론적 설명이 베이커의 제안에 의해 배제되지 않는다는 것이다.[28]

김재권의 논변에 의하면, 심적 속성 M이 물리적 속성 P*에 대해 원인이 아니라고 (그리고 M과 P*가 신경 속성 N을 공통 원인으로 하고 있다고) 주장하는 부수현상론자도 'M이 발생하지 않았더라면 P*가 발생하지 않았을 것이다'라는 반사실 조건문의 참을 ('M이 발생하지 않았더라면 N이 발생하지 않았을 것이다'라는 반사실 조건문의 참을 근거로 하여) 받아들일 수 있기 때문에, 그 반사실 조건문의 참은 심적 속성 M이 정말로 인과적 효력을 가지고 있음을 보여 주지 못하게 된다.

그러나 N이 정말로 M의 원인이라면 (이는 반사실 조건문적 인과 개념의 관점에서 볼 때 약간 단순화하자면 'N이 발생하지 않았더라면 M이 발생하지 않았을 것이다'가 참임을 의미하는데) 이는 N이 M보다 시간적으로 우선하고 있음을 요구한다. 그렇다면 (김재권 자신도 인정하듯이) 'M이 발생하지 않았더라면 N이 발생하지 않았을 것이다'

28 Jaegwon Kim, 앞의 책(1998), 70~71쪽.

라는 반사실 조건문은 명백한 역행적 반사실 조건문이 된다. 우리는 '레닌의 혁명 운동이 없었더라면 러시아 10월 혁명은 성공하지 못했을 것이다'를 참으로 받아들인다고 해서 '러시아 10월 혁명이 성공하지 못했더라면 레닌의 혁명 운동이 없었을 것이다'를 참이라고 받아들이지는 않는다. 즉 우리는 역행적 반사실 조건문이 적절하지 않다는 직관적 판단을 하고 있고, 또한 앞에서 보았듯 루이스는 그런 직관적 판단을 옹호해 주는 이론적 설명을 제공하고 있다. 그리고 인과에 대한 반사실 조건문적 분석은 응당 반사실 조건문에 대한 루이스 식의 표준적 분석에 기반을 두고 있다. 따라서 우리가 표준적 반사실 조건문 분석에 반대해 선결문제 요구의 오류를 범하지 않는 이상, 심적 속성 M에 대한 부수현상론이 참이라면 'M이 발생하지 않았더라면 P*가 발생하지 않았을 것이다'라는 반사실 조건문을 참으로 받아들일 수 없다. 결국 반사실 조건문적 접근을 비판하는 김재권의 논변은 성공적이지 못하고, 이 논변의 성공에 의존하는 배제 논변 역시 무시할 수 없는 구멍을 지니고 있다고 할 수 있다.

4 결론

이제 우리는 반사실 조건문적 분석과 같은 필요조건 분석의 관점에서 이해된 인과 개념에 기반을 두면 심적 인과와 관련해서 배제의 문제가 생겨나지 않는다는 것을 확인하였다. 결국 배제 논변은 충분조건 분석을 통해 이해된 특정한 인과 개념을 기반으로 해서만 제대로 정식화될 수가 있다. 게다가 우리가 앞 절에서 보았듯이 충분조건적 인과 개념을 받아들이는 사람에게조차도 심적 인과가 과잉결정의 경우라는 대안을 선택할 출구는 봉쇄되지 않고 남아 있으므로, 배제 논변의 결론은 누구에게도 그다지 불가피하게 받아들여야 할 결론이 아니다. 필자의 관점에서는 특히 매우 의심스러운 인과 개념에 기반을 두고 있다는 것이 배제 논변이 지닌 문제의 핵심이고, 바로 이 때문에 배제 논변은 (비환원주의를 배경으로 해서도) 심적 인과의 가능성에 대한 심각한 위협일 수가 없다.

제4장

인과적 배제의 문제와
인과적 양립주의

하종호

'인과적 배제'는 김재권의 이론에서 일관되게 사용되는 중요한 개념이다. 김재권은 인과적 배제 원리를 다음과 같이 서술한다.

> **인과적 배제의 원리:** 사건 e가 t 시점에서 c라는 충분 원인을 갖는다면, (인과적 중복결정의 진정한 경우가 아닌 한) c와 구별되는 어떠한 사건도 t 시점에서 e의 원인이 될 수 없다.[1]

이 원리는 그가 제시하는 '수반 논변(배제 논변)'에서 중요한 전제가 된다. 이 논변은 다음과 같다.[2]

---

[1] 김재권, 『물리주의』(아카넷, 2007), 33쪽.

(1) 심성적 속성 M은 다른 심성적 속성 M*의 원인이 된다.[3] (가정)

(2) 임의의 물리적 속성 P*에 대해서, M*는 P*를 자신의 수반 기초로 갖는다. (수반 논제)[4]

(3) M은 M*의 수반 기초인 P*의 원인이 됨으로써 M*의 원인이 된다.

(4) M은 물리적 수반 기초인 P를 갖는다.

(5) M은 P*의 원인이고, P도 P*의 원인이다.

(6) M과 P는 동일하지 않다. (심물 비환원주의)

(7) M과 P가 모두 P*의 원인이 될 수는 없다. (인과적 배제의 원리)

(8) 그러면 P*의 원인으로 M과 P 중에서 하나를 택하고 다른 하나는 버려야 하는데 물리계의 인과적 폐쇄 원리[5]에 따라 M이 배제되어야 한다. 즉 P*의 원인은 M이 아니라 P가 된다.

(9) 따라서 M은 M*의 원인이 아니다.

---

2 아래의 논변은 김재권이 앞의 책 65–71쪽에서 제시한 것을 간추린 것이다.

3 김재권이 앞의 책 65–66쪽에서 밝혔듯이 속성들끼리 인과관계를 맺지는 않는다. 속성들 간에 인과관계가 성립한다는 것은 그것들을 예화한 사례들 간에 인과관계가 성립한다는 뜻이다.

4 수반 논제는 다음과 같이 표현된다.

"심성적 속성들은 물리적(생물학적) 속성들에 강하게 수반한다. 즉, 임의의 체계 s가 t 시점에서 심성적 속성 M을 예화한다면, s가 t 시점에서 예화하는 물리적 속성 P가 필연적으로 존재하며, 어느 시점에서든지 P를 예화하는 것은 필연적으로 바로 그 시점에서 M을 예화한다"(김재권, 같은 책, 57쪽).

5 물리계의 인과적 폐쇄 원리는 다음과 같다. "어떤 물리적 사건이, t 시점에서 발생한 원인을 갖는다면, 그것은 t 시점에서 발생한 물리적 원인을 갖는다"(김재권, 같은 책, 71쪽).

그런데 김재권이 '부수현상론적 결론'[6]이라고 부른 9는 전제 1과 상충한다. 이러한 결론은 위의 전제들 중 어느 하나가 다른 것들과 양립할 수 없는 데에 기인한다. 이 논변을 구성하는 전제들로는 수반 논제, 심물(心物) 비환원주의 논제, 인과적 배제의 원리, 물리계의 인과적 폐쇄 원리가 있다. 수반 논제는 심물 환원주의자이든 비환원주의자이든 물리주의자라면 기본적으로 받아들여야 하는 논제이고, 물리계의 인과적 폐쇄 원리는 자연과학, 특히 물리학의 기본적인 전제라는 점에서 부정되기 어렵다. 그렇다면 심물 비환원주의 논제와 인과적 배제의 원리가 남는데 김재권은 인과적 배제의 원리를 보존하되 심물 비환원주의에 대해서는 등을 돌린다. 그가 이런 선택을 하게 된 이유는 인과적 배제의 원리가 "일반적인 형이상학적 규제이고, 이 원리에 도전해서 성공하기는 어렵다"고 말한 데에서 드러난다.[7] 그의 저서 『물리주의』는 바로 이와 같은 선택을 방어하는 논리를 담고 있다.

그러나 과연 인과적 배제의 원리는 논의의 여지가 없을 정도로 확고하게 정립된 일반 원리일까? 또한 심물 관계에 대해서도 인과적 배제의 원리를 예외 없이 적용할 수 있다고 보아야 하는가? 바꿔 말해서 심물 관계는 인과적 배제의 원리를 적용하기 어려운 경우라고 볼 여지는 없을까? 베넷은 이러한 의문을 품고 인과적 배

6 같은 책, 72쪽.
7 같은 책, 40쪽.

제의 원리에 도전하였는데 4절에서 그의 논변을 구체적으로 살펴보겠다.[8] 그런데 김재권이 인과적 배제의 원리를 구성하게 된 배경에는 맬컴의 논문[9]과 이에 대한 골드만의 반론[10]이 자리를 잡고 있다. 1절과 2절에서는 이들의 주요 논지가 각각 소개될 것이다. 맬컴은 이 논문에서 인과적 배제와 관련된 문제를 처음 제기했는데 두 사람의 논의는 인과적 배제의 문제에 관한 배경으로서 가치가 있을 뿐만 아니라 그 자체로서도 검토의 대상이 될 만하다. 3절에서는 김재권이 양자의 논의를 분석하면서 처음으로 자신의 인과적 (설명적) 배제의 원리를 본격적으로 구성한 논문[11]을 다루겠다. 마지막으로 5절에서는 김재권을 지지하는 입장에서 베넷의 도전에 대해 어떻게 대응할 수 있을지 논하겠다.

---

8 K. Bennett, "Why the Exclusion Problem Seems Intractable, and How, Just Maybe, to Tract It", *Noûs* 37(2003), 471–497쪽. '그녀'라는 표현이 우리 어법에 맞지 않는다는 지적에 따라 이 글에서는 남녀 구분 없이 삼인칭 대명사로 '그'를 사용하겠다.

9 N. Malcolm, "The Conceivability of Mechanism", *The Philosophical Review* 77(1968), 45–72쪽.

10 A. I. Goldman, "The Compatibility of Mechanism and Purpose", *The Philosophical Review* 78(1969), 468–482쪽.

11 Jaegwon Kim, "Mechanism, Purpose, and Explanatory Exclusion", *Philosophical Perspectives* 3, ed. James E. Tomberlin(Atascadero: Ridgview, 1989), 77–108쪽.

1 메커니즘의 착상 불가능성

맬컴은 '메커니즘'이라는 개념을 도입하면서 자신의 논지를 전개한다. 그는 신경체계를 갖춘 인간을 포함한 모든 유기체에 물리적 결정론을 적용하는 것을 메커니즘이라 칭한다.[12] 메커니즘은 외부 힘에 의해서 발생한 운동을 제외한 인간의 신체적인 모든 운동을 설명하고 예측하기에 적합한 신경생리학 이론을 가정한다. 이러한 메커니즘적 관점에서 인간의 운동을 설명할 때에는 체계적이고 완전하며 비목적적(nonpurposive)이면서 인과적인 설명이 제공된다. 여기서 비목적적 설명이라 함은, 인간의 행동을 설명할 때 인간의 욕구, 목표, 목적, 동기, 의도 등을 고려하지 않는다는 뜻이다. 맬컴의 논문은 과연 이런 메커니즘이 착상 가능한(conceivable) 것인지에 대해 의문을 제기하는 것을 목적으로 삼고 있다.

맬컴은 메커니즘에 의한 비목적적 설명과 대비되는 것으로 목적적 설명을 꼽는다. 목적적 설명은 인간의 행동을 그 사람의 목적이나 의도를 근거로 설명하는 것으로 행동에 대한 일상적인 설명이 대부분 이에 해당한다. 앞에서 언급한 신경생리학적인 비목적적 설명은 체계적이고 포괄적인 이론에 속하는 반면에, 목적적 설명은 비체계적이어서 이론으로 구조화되지 않는다. 그리고 신경생리학적 설명은 우연적인 법칙을 구현하지만 목적적 설명은 법

---

12 N. Malcolm, 앞의 논문, 45쪽.

칙을 구현하지 않는다. 맬컴은 두 설명의 형식을 다음과 같이 추출한다.[13]

〈신경생리학적(비목적적) 설명의 형식〉

S라는 구조를 갖춘 유기체가 q라는 신경생리학적인 상태에 있을 때는 언제든지 그 유기체는 m이라는 운동을 할 것이다.

구조 S를 갖춘 유기체인 O가 q라는 신경생리학적 상태에 있다.

그러므로 O는 m을 행할 것이다.

〈목적적 설명의 형식〉

G라는 목표를 가진 유기체 O가 이 목표를 성취하기 위해서는 B라는 행동이 필요하다고 믿을 때는 언제든지 O는 B를 행할 것이다.

O는 G를 가졌고, G를 성취하기 위해서는 B가 필요하다고 믿었다.

그러므로 O는 B를 행했다.

맬컴은 위의 두 설명 형식에서 첫 번째 전제를 비교해 볼 때 목적적 설명의 전제에 '세테리스 파리부스(방해 요인들이 없다면)'라는 절이 붙을 경우 그것은 선험적인 원리가 되는 반면에, 비목적적 설명인 신경생리학적 설명에서는 신경 상태에 대한 기술과 행동에 대한 기술 사이에 의미상의 연결이 없으므로 그것은 선험적인 원

---

13 같은 논문, 47쪽.

리가 되지 못한다고 진단한다.[14] 맬컴에 따르면, 이런 차이점은 신경생리학적 설명이 목적적 설명보다 더 근본적이어서 종국에 가서는 목적적 설명이 쓸모없게 될 것이라는 관점을 반박하는 데에 중요한 논거가 된다. 그 이유는 목적적 설명에 나오는 의도(목적)와 행동 간의 선험적인 연결이 성립하는 한, 이것은 우연적인 규칙성에 의존할 수 없으므로 신경생리학적 설명이 목적적 설명보다 더 근본적인 설명이 될 수 없기 때문이다.[15]

맬컴은 신경생리학적 법칙과 목적적 원리 사이의 논리적인 차이로 생기는 두 번째 중요한 결과로 목적적 원리가 경험에 의해 확증되거나 반박될 수 없다는 점을 꼽는다.[16] 왜냐하면 목적적 원리는 그것의 의미로 인해 선험적으로 참이 되는 개념적 진리이기 때문이다. 따라서 맬컴은 우리가 신경생리학적 이론에 대한 검증을 바탕으로 어떠한 목적적 원리들도 논박할 수 없다고 본다.

맬컴은 이상과 같이 신경생리학적 설명과 목적적 설명을 구분한 후 동일한 사건을 설명할 때 이 두 설명 방식이 상호 충돌한다는 점을 지적한다.[17] 신경생리학적 설명을 옹호하는 사람들은 신경생리학적 이론만으로도 행동을 충분히 인과적으로 설명할 수 있다고 본다. 그래서 신경생리학적 설명은 신경생리적 상태와 과정 이외

---

14 같은 논문, 47–48쪽.
15 같은 논문, 50쪽.
16 같은 논문, 51쪽.
17 같은 논문, 52쪽.

에는 선행 조건으로서 어떠한 것(욕구, 의도 등)도 허용하지 않는다는 의미에서 폐쇄적인 체계라 할 수 있다.

맬컴은 바람에 날려서 지붕 위로 올라간 모자를 찾으려고 사다리를 오르는 사람의 경우를 들어 이 점을 예시한다.[18] 신경생리학적 설명 방식에 따르면, 사다리를 타고 지붕에 올라가는 행동은 그의 신체 안에서 벌어지는 전기 화학적 및 기계적인 과정에 의해 완전히 설명되므로 자신의 모자를 찾아오려는 그 사람의 욕구나 의도는 그의 행동을 설명하는 데에 전혀 필요가 없다. 다시 말해서 그 사람의 신체에서 일어나는 선행(先行)하는 신경 상태가 전제되고, 사지 운동 및 근육 수축을 그 신경 상태와 상호 연결시키는 일반 법칙들이 전제되면, 그의 행동이 모두 설명되는 것이다.

그러나 맬컴은 이러한 메커니즘이 착상 가능하지 않다는 것을 입증하기 위해 목적적 행동과 지향적 행동을 구분한다.[19] 즉 행동 중에는 목적적이지는 않지만 지향적인 것이 있다는 것이다. 맬컴은 벽에 도색 작업을 하기 위해 페인트 통에 붓을 담그는 행위는 목적적이지만, 특별히 목적하는 바가 없이 그저 앞에 있는 페인트 통에 붓을 넣어 보는 행위는 목적적이지 않되 지향적이라고 규정한다. 맬컴은 목적적 행동과 지향적 행동의 구분에 덧붙여서 행위(action)와 활동(activity)을 구분한다.[20] 지향적 활동은 여러 개의 지

18 같은 논문, 53쪽.
19 같은 논문, 65쪽.

향적 행위들을 구성 요소로 갖는데 이때 지향적 요소들은 목적적 행위가 된다고 한다. 왜냐하면 전체 활동을 완수하기 위해 그런 행위를 하기 때문이다. 따라서 지향적 활동이 전혀 없다면, 지향적 행위도 없게 된다. 또한 목적적 행위가 있을 수 없다면, 지향적 활동도 있을 수 없을 것이다. 그런데 앞에서 메커니즘과 목적적 행동이 양립 불가능하다는 점을 확인했다. 따라서 메커니즘은 지향적 활동과도 양립 불가능하고 모든 지향적 행동(행위)과도 양립 불가능하다는 결론이 나온다.

이제 맬컴은 메커니즘이 착상 가능하지 않다는 점을 다음과 같이 논증한다.[21] 우리의 발화(發話) 행위는 지향적 행위이다. 그렇다면 메커니즘에 관해 말하는 것 역시 발화 행위이다. 그런데 앞에서 지향적 행위는 메커니즘과 양립할 수 없다는 것이 입증되었다. 따라서 메커니즘 자체가 자기 모순적이지 않더라도 메커니즘에 관해서 말하는 것은 자기 모순적이게 된다. 바꿔 말해서 메커니즘이 옳다면 메커니즘에 관해 말하는 것이 성립하지 않게 된다. 그러므로 메커니즘은 착상 가능하지 않다는 결론이 나온다. 이러한 결론을 피하기 위해, 내가 메커니즘이 옳다고 말할 때에는 적어도 나의 발화행위에 대해서만큼은 메커니즘과 지향 행위가 양립하지 않는다는 전제가 적용되지 않는다고 주장하면 어떨까? 이에 대해 맬컴은

20 같은 논문, 66쪽.
21 같은 논문, 67–68쪽.

그것은 유아론(solipsism)으로 귀착되므로 어차피 메커니즘은 착상 가능하지 않게 된다고 응수한다.

2 동시적이면서 법칙적인 동치자

골드만은 위에서 소개된 맬컴의 논변이 다음 두 논제를 근거로 한다고 보고서 이 논제들이 성립할 수 없다는 점을 논증하는 데에 초점을 맞춘다.

(1) 인간의 신경생리학적 상태가 행동(운동)의 충분조건이 되면, 욕구나 의도는 행동(운동)의 **충분조건**이 되지 못한다.

(2) 인간의 신경생리학적 상태가 행동(운동)의 충분조건이 되면, 욕구나 의도는 행동(운동)의 **필요조건**이 되지 못한다.

(1)이 정당하지 못하다는 골드만의 논거는 다음과 같다.[22] 한 사건의 인과적인 충분조건이 같은 시점에서 여러 개 있을 수 있다는 것은 맬컴도 인정한 바이다. 따라서 하나의 행동(운동)의 인과적 충분조건이 되는 신경생리학적 상태가 있다고 해서 욕구나 의도가 그 행동(운동)의 충분조건이 되지 못한다는 결론이 나오지는 않는다. 모든 인간의 행동(운동)이 두 종류의 충분조건들의 집합——하

---

22 A. I. Goldman, 앞의 논문, 469쪽.

나는 신경생리학적 상태를 포함하는 집합이고 다른 하나는 욕구나 의도를 포함하는 집합——을 갖는 경우를 얼마든지 생각해 볼 수 있기 때문이다. 따라서 맬컴이 이런 경우가 전혀 불가능하다는 것을 입증하지 못한다면 (1)을 주장할 근거는 없다.

골드만은 (2)를 반박하기 위해 '동시적이면서 법칙적인 동치자(simultaneous nomic equivalent)'라는 개념을 도입한다. 이 개념을 설명하기 위해 골드만은 다음과 같은 필요충분조건을 상정한다.[23]

H라는 종류의 임의의 대상과 임의의 시점 t에 대해서, 그 대상이 Φ 라는 속성을 t 시점에서 갖기 위한 필요충분조건은 그 대상이 t 시점에서 Ψ 라는 속성을 갖는 것이다.

이제 위의 조건을 만족하는 a라는 대상이 특정 시점 t_1 에서 속성 Φ 와 Ψ 를 모두 갖는다면, 'a가 t_1 에서 Φ 를 가짐'은 'a가 t_1 에서 Ψ 를 가짐'의 동시적이면서 법칙적인 동치자가 된다.

골드만은 (2)의 논제가 다음 원리를 근거로 한다고 본다.[24]

(3) t_1 에서 발생하는 사건들 C가 t_2 에서 E가 발생하기 위한 충분조건이라면, t_1 에서 발생하는 다른 어떤 사건도 t_2 에서 E가 발생하는 데에

---

23 같은 논문, 473쪽.
24 같은 곳.

필요하지 않다.

(3)의 원리가 성립하지 않는다는 것이 입증되면 (2)의 논제도 성립하지 않는다는 것이 입증된다. 골드만은 이것을 다음과 같이 논증한다.[25] 먼저 특정 사건들의 집합 C와 C*가 동시적이면서 법칙적인 동치자라고 가정하자. 이것은 C가 C*의 충분조건이고 C*가 C의 충분조건임을 의미한다. 또한 그것은 C가 C*의 필요조건이고 C*가 C의 필요조건임을 의미하기도 한다. 이제 t_1보다 뒤에 오는 시점인 t_2에서 E라는 사건이 발생하고 C가 E의 발생에 충분하면서 필요하다고 가정하자. C와 C*가 동시적이면서 법칙적인 동치자이므로 C*는 C의 필요조건이 되는데 C가 E의 발생을 위한 필요조건이라고 가정했으므로 C*도 E의 발생을 위한 필요조건이 된다. 이것은 C가 t_1에서 발생하지 않았다면 E가 t_2에서 발생하지 않았을 것이며, 마찬가지로 C*가 t_1에서 발생하지 않았다면 E가 t_2에서 발생하지 않았을 것임을 의미한다. 그렇다면 E가 발생하기 위한 충분조건이 되는 사건이 있음에도 E가 발생하기 위한 필요조건이 되는 동시적이면서 별개의 사건이 있으므로 (3)은 반박된다.

골드만은 의도(욕구)와 신경생리적 상태가 동시적이면서 법칙적인 동치자가 될 수 없다고 보아야 할 이유는 없다고 주장한다. 임의의 사람과 임의의 시점에 대해서, 그 사람이 그 시점에서 특정한

25 같은 논문, 473-474쪽.

의도(욕구)를 가질 필요충분조건은 그가 그 시점에서 특정한 신경생리적인 상태에 있는 것이라고 규정하는 법칙이 논리적으로 가능하다고 골드만은 본다. 그렇다면 우리가 특정 행동에 대한 의도(욕구)를 갖는 것은 우리가 그 행동과 관련된 신경생리적 상태에 있는 것과 대등한 인과적 지위를 갖는다고 볼 수 있다. 따라서 골드만은 메커니즘과 목적(의도, 욕구 등)의 양립 가능성을 생각할 수 없다는 맬컴의 주장은 논박된다고 본다.

3 인과적 배제

김재권은 골드만이 상정한 상황, 즉 두 사건 C와 C*가 동시적이면서 법칙적인 동치자여서 서로에 대한 필요충분조건이 되는 동시에 다른 사건 E에 대한 설명항을 구성하는 상황은 '본질적으로 불안정한 상황'이라고 진단한다.[26] 이렇게 진단하는 이유는 무엇인가? 김재권은 두 가지 이유를 제시한다. 첫째, C와 C*가 각각 E의 충분 원인이라면, E가 중복결정된(overdetermined) 것이 아니라고 볼 수 있는 이유가 무엇인지 분명치 않다는 점이다.[27] 표준적인 중복결정의 경우에는 두 원인이 법칙적으로 서로 관련이 없는 반면에, 골드만이 상정한 상황은 C와 C*가 법칙적인 관계를 맺기 때문

---

26 Jaegwon Kim, 앞의 논문, 85쪽.
27 같은 논문, 86쪽.

에 표준적인 중복결정의 경우에 해당하지 않는다. 그렇다면 C와 C^*에 근거를 두고 각각 E를 설명할 때 그 설명들 간에는 법칙적 동치성이 성립하기 때문에 두 설명이 별개의 독립적인 설명이라고 할 수 없게 된다.

둘째, C와 C^*가 법칙적 동치자들이라는 말은, 이 두 사건들 중 하나가 발생하는데 다른 사건은 발생하지 않는 경우는 법칙적으로 불가능하다는 뜻이다. 그렇다면 이 두 사건이 각각 별도로 충분 원인들이 되기보다는 둘이 합쳐서 하나의 충분 원인을 형성한다고 보아서는 안 될 이유가 무엇이냐는 의문이 제기될 수 있다.[28] 다시 말해서 C와 C^*가 각기 E의 부분적인 원인이 되어서는 안 되는 이유가 무엇인지 분명치 않은 것이다.

김재권은 이 문제를 해결할 수 있는 방안에는 두 가지 있는데 하나는 C와 C^*를 동일한 사건으로 보거나 다른 하나는 두 사건 중 한 사건을 나머지 사건으로 환원하는 방안이라고 주장한다. 그는 심물 인과관계의 경우를 생각해 보면 왜 이런 방안이 필요한지를 분명히 알 수 있다고 말한다.[29] C가 심성적인 사건이고 C^*가 이것의 신경생리적인 상관자이며 E를 신체적인 운동이라고 할 때, C가 E를 발생시키기 위해 신체에 직접 영향을 준다고 보기는 어렵다. 맬컴이 말한 목적적 설명에 나오는 의도나 욕구와 같은 심성적 사건

---

28 같은 곳.
29 같은 논문, 87쪽.

C가 운동을 발생하기 위해서는 C*에서 시작하는 물리적인 인과 연쇄를 통해 작용해야 한다고 보는 것이 타당하다. 그러면 C와 C*가 각기 E에 대한 독립된 설명을 구성한다고 보기는 어렵다. E를 발생하는 데에서 발휘되는 C의 인과력은 그것의 물리적인 상관자인 C*에 의존한다고 보아야 한다. 이런 점에서 E에 대한 설명으로서의 C의 인과력은 결국 배제된다.

김재권의 이러한 관점은 그 후 인과적 배제의 원리에 의해 정형화되고 심성 인과의 문제에 대한 환원주의적인 해결책(기능적 환원주의)을 모색하는 방향으로 전개된다. 그러나 김재권과 달리 베넷은 인과적 배제의 원리에 대해 의문을 제기했는데 이제 그의 논의를 살펴보겠다.

4 인과적 양립주의

베넷은 인과적 배제의 문제가 다음 두 주장 간의 긴장 관계에서 생겨난다고 진단한다.[30] 하나는 심성적 사건(또는 속성)이 인과력을 갖는다는 주장이고, 다른 하나는 그것이 결과를 중복결정하지 않는다는 주장이다. 그래서 우리가 심성적인 것의 인과력을 확립하려고 애쓰면 애쓸수록 그것으로 인해 발생하는 결과는 중복결정된 것처럼 보이고, 중복결정을 부인하려 들면 들수록 심성적인 것은

---

30 K. Bennett, 앞의 논문, 472쪽.

인과적인 효력이 떨어져 보이면서 물리적인 것과의 구분이 흐려지게 된다.

이러한 인과적 배제의 문제에 직면해서 물리주의자들이 택하는 길은 심성적인 것과 물리적인 것을 동일시하거나 전자를 후자로 환원하는 것이다. 그러나 베넷은 인과적 배제의 원리가 근거로 두고 있는 전제에 대해 의문을 제기한다. 그것은 어떠한 결과도 그것이 중복결정된 것이 아니라면 하나 이상의 충분 원인을 가질 수 없다는 전제이다.[31] 베넷은 이 전제를 부인함으로써, 다시 말해서 중복결정되지 않은 결과이더라도 하나 이상의 충분 원인을 가질 수 있다는 것을 보여 줌으로써 인과적 배제의 문제를 해결하려고 시도한다. 그는 이런 입장을 '인과적 양립주의(causal compatibilism)'라고 부른다.[32]

베넷은 심성적인 것과 물리적인 것 간의 인과는 교과서적인 중복결정의 경우와 다르다고 본다.[33] 이를테면 두 명의 저격수가 동시에 인질범에게 총을 발사해서 인질범이 심장에 두 발의 총알을 맞고 사망한 경우가 전형적인 중복결정의 사례인데 심물 간의 인과를 여기에 빗대는 것은 적절치 못하다고 베넷은 진단한다. 왜냐

---

31 같은 논문, 473쪽.
32 베넷은 인과적 양립주의가 물리계의 인과적 폐쇄성, 심성적인 것과 물리적인 것의 구분, 심성적인 것의 인과적 효력을 긍정하되, 중복결정은 부정하는 입장이라고 규정한다. 같은 논문, 472~473쪽.
33 같은 논문, 474쪽.

하면 심물 간의 관계는 두 발의 총알과는 달리 매우 '단단하게' 묶여 있기 때문이다. 그러면 심물 간에 단단히 묶여 있는 관계는 어떤 종류이며, 그런 단단한 관계가 있다고 해서 중복결정의 위협이 무력화된다고 볼 이유가 무엇이냐는 물음이 제기된다.

이에 답하기 위해 베넷은 '필연적으로 요구하는(necessitate)' 관계라는 개념을 끌어들인다. 베넷은 한 결과의 두 원인들이 서로 단단하게 묶여 있다는 것은 그 두 원인들 중 어느 하나가 다른 하나를 필연적으로 요구하는 것과 같다고 본다.[34] 이것이 의미하는 바를 달리 표현하면, 두 원인 중 하나가 다른 하나 없이도 발생하는 것이 형이상학적으로 불가능하다고 할 수 있다. 이러한 관계는 두 발의 총알이 발사되는 사례와 같은 전형적인 중복결정의 경우에는 성립하지 않는다. 따라서 심성적인 원인과 물리적인 원인이 이처럼 단단한 관계로 묶여 있다면 비록 하나의 결과에 원인이 둘 있더라도 중복결정이라고는 할 수 없게 된다.

이제 베넷은 인과적 양립론자가 이처럼 단단히 묶여 있는 심성적인 것과 물리적인 것에 대해서는 중복결정의 형식적 조건이 해당되지 않는다는 것을 입증하면 인과적 배제의 문제에서 벗어날 수 있을 것이라고 본다. 베넷은 인과적 양립론자가 이 임무를 수행할 수 있다는 점을 보이기 위해서 먼저 중복결정의 형식적 조건을 다음과 같이 구성한다.[35]

---

34 같은 논문, 479쪽.

원인 c_1과 c_2에 의해 결과 e가 중복결정되기 위한 필요충분조건은,

(O1) c_2가 발생하지 않고 c_1만 발생했더라도 e는 여전히 발생했을 것이다. 그리고

(O2) c_1이 발생하지 않고 c_2만 발생했더라도 e는 여전히 발생했을 것이다.

앞에서 중복결정의 전형적인 사례로 든 인질범의 경우는 이 두 조건을 만족시킨다. 두 저격수 중 한 명이 총을 발사한 사건을 c_1이라 하고 다른 한 명이 총을 발사한 사건을 c_2라고 하고 인질범의 사망 사건을 e라고 하면, (O1)과 (O2)가 모두 만족된다는 점을 확인할 수 있다. 베넷은 위 두 조건이 중복결정을 규정하는 조건으로 적합하다는 점을 보이기 위해 c_1과 c_2가 동일한 인과 연쇄를 구성하는 경우도 고려한다.[36] 즉 c_1이 c_2에 대해 인과적 충분조건이 되고 c_2는 e에 대해 인과적 충분조건이 될 때 e가 c_1과 c_2에 의해 중복결정되었다고 말하기 어려운 이유를 위의 두 조건에 의해 설명할 수 있는 것이다. 그 이유는 이 경우에 (O1)과 (O2)가 충족되지 않기 때문이다.

중복결정을 이상과 같이 규정했을 때 인과적 양립론자가 인과적 배제의 문제에서 벗어날 수 있는 길은 심물 인과의 경우 위의 반사

---

35 같은 논문, 476쪽. 베넷은 (O1)과 (O2)를 다음과 같이 기호화한다.

(O1) $(c_1 \,\&\, \sim c_2) \;\Box\!\!\rightarrow e$

(O2) $(c_2 \,\&\, \sim c_1) \;\Box\!\!\rightarrow e$

36 같은 논문, 478쪽.

실문들 중에서 하나가 거짓이 된다는 것을 보이거나 아니면 공허하다는 것을 보이는 것이다.[37] c_1을 심성적 원인을 나타내는 m으로 바꾸고, c_2를 물리적 원인을 나타내는 p로 바꿔서 (O1)과 (O2)를 고쳐 쓰면 다음과 같다.[38]

> (O1) p가 발생하지 않고 m만 발생했더라도 e는 여전히 발생했을 것이다. 그리고
>
> (O2) m이 발생하지 않고 p만 발생했더라도 e는 여전히 발생했을 것이다.

베넷은 심물 인과의 경우 (O1)과 (O2) 중에서 하나가 거짓이거나 공허하다는 것을 입증하기 전에 먼저 그 두 반사실문이 그렇지 않은 것처럼 여겨지는 이유를 고찰한다. 우리도 이 순서에 따라 베넷의 논변을 살펴보도록 하자.

인과적 양립론자가 (O1)과 (O2)를 거짓으로 보기는 어려울 것처럼 여겨지는 이유의 하나는, m과 p가 갖는 인과적 충분성 때문이다. 인과적 양립론자는 p뿐만 아니라 m도 e를 발생시키기에 충분

---

37 (O1)과 (O2)의 영어 원문은 "If~, then~" 형식이지만 우리말의 자연스러운 표현으로 옮기다 보니 가언문 형식에서 벗어나게 되었다. 본문에서 그 두 조건을 '반사실문'이라고 부를 때에는 원문의 형식을 염두에 둔 것이다.

38 같은 논문, 480쪽. 베넷은 (O1)과 (O2)를 다음과 같이 기호화한다.
  (O1) (m & ~p) □→ e
  (O2) (p & ~m) □→ e

한 인과력을 가지고 있다고 보기 때문에 양립론의 입장에 서 있는 것이다. 그렇다면 (O1)과 (O2)를 부정하기는 어렵다는 결론이 나온다. 특히 (O1)의 경우에는 p가 발생하지 않더라도 p와 밀접하게 연관되어 있는 다른 물리적 사건 p*가 발생하고 이것이 m이 e를 발생시키는 데에 효력을 발휘할 수 있기 때문에 양립론자가 (O1)을 부정할 수 없다는 견해도 제시된다.[39]

(O1)이나 (O2)가 공허하다고 말하는 것은 곧 각 반사실문의 전건이 참이 되는 것이 불가능하다고 말하는 것과 같다. 그런데 (O1)의 심성적 속성이 그것과 관련된 물리적 속성 없이 발생하는 것이 불가능하다고 주장하는 것은 물리주의가 필연적으로 참이라고 주장하는 셈이 된다. 하지만 물리주의는 우연적 진리이지 필연적 진리일 수는 없다. 왜냐하면 우리의 현실 세계에서는 영혼이 존재하지 않더라도 다른 가능 세계에서는 물리적 속성이 없는 영혼이 존재할 수 있기 때문이다. 따라서 양립주의자는 (O1)이 공허한 반사실문이라고 말하기가 어렵게 된다는 견해가 제시될 수 있다고 베넷은 지적한다.[40]

배넷은 인과적 양립주의자가 (O2)를 공허하다고 말하기 어려운

---

39 베넷은 이런 견해를 표방한 예로, E. Lepore and B. Loewer, "Mind Matters", *Journal of Philosophy* 84(1999), 639쪽, E. Mills, "Interactionism and Overdetermination", *American Philosophical Quarterly* 33(1996), 109쪽; Paul M. Pietroski, "Mental Causation for Dualists", *Mind and Language* 9(1994), 358−359쪽을 든다.

40 K. Bennett, 앞의 논문, 483−484쪽.

이유로 다음 두 가지를 꼽는다. 첫째로, 심성적 상태들(mental states)은 그 내용을 본질적으로 갖는다. 예컨대 심성적 상태의 한 종류인 믿음이 그 내용을 본질적으로 갖는다 함은, 그 믿음의 내용 이외의 다른 것에 관한 믿음이 될 수 없다는 뜻이다. 그런데 심성 내용(mental content)은 외부 세계에 관한 여러 사실들에 의존한다는 외재주의가 전제되면, 심성적 상태는 외부 세계와 본질적으로 일정한 관계를 갖는다고 보아야 한다. 하지만 그렇다고 해서 심성적 상태가 가장 밀접하게 관련을 맺는 물리적 사건들이 외부 세계와 본질적으로 그런 관계를 맺는다는 결론이 나오지는 않는다. 이것은 심성적 사건이 발생하지는 않았지만 물리적 사건이 발생하는 것이 논리적으로 불가능하지 않다는 것을 보여 준다.[41]

둘째로, 베넷은 속성의 경우에도 사건이나 상태와 마찬가지로 (O2)가 공허하다고 말하기 어려운 이유가 있다고 본다. (O2)가 공허하다고 말할 수 있으려면, m 속성 없이 p 속성이 존재하는 것이 불가능해야 한다. 그러나 p 속성이 있지만 m 속성이 없는 경우는 얼마든지 가능하다. 예를 들어, 'C-신경섬유의 자극'이라는 속성이 예화되더라도 '고통'이라는 속성은 예화되지 않는 경우가 가능하다. 즉 물리적 속성이 심성적 속성을 필연적으로 발생시키지 않을 수 있는 것이다. 따라서 (O2)에 대해 공허하다고 말하기 어렵다. 베넷은 이것을 성향에 관한 열쇠와 자물쇠의 예를 들어 설명한다.

---

41 같은 논문, 484쪽.

내 방의 열쇠는 그 방의 자물쇠를 여는 성향을 갖는다. 그런데 열쇠의 물리적 속성이 변하지 않더라도 자물쇠를 여는 열쇠의 성향은 변할 수 있다. 즉 방문을 여는 성향을 갖지 못할 수 있는 것이다. 자물쇠를 다른 것으로 바꾼 경우가 그 예이다. 이것은 곧 1차 성질인 물리적 속성이 예화된다고 해서 2차 성질인 성향적 속성이 예화되는 것이 보장되지는 않음을 보여 준다.[42] 1차 성질인 신경생리적 속성과 2차 성질인 심성적 속성도 마찬가지이다. 따라서 (O2)의 전건이 참이 되는 것이 불가능하지 않는 한, (O2)가 공허하다고 말하기 어렵다.

　베넷은 인과적 양립주의에 대한 위와 같은 공격에도 불구하고 양립주의자가 위의 반사실문들 중 적어도 하나가 거짓이거나 공허하다는 것을 보여 줄 수 있다고 보고 (O2)에 초점을 맞춘다. 먼저 베넷은 (O2)가 공허한 반사실문임을 다음과 같이 논증한다. (O2)의 경우 심성적 사건(속성) m이 발생하지 않더라도 물리적 사건(속성) p가 발생하는 것이 불가능하지 않지만, 다른 물리적 사건(속성) p^*가 m을 필연적으로 발생시킨다면 m 없이 p가 발생하는 경우는 불가능해진다. 이렇게 되면 (O2)의 전건은 아예 성립하지 못하게 되어 (O2)는 공허한 반사실문이 된다.[43] 즉 우리가 처음에 고정한 물리적 사건(속성)이 심성적 사건(속성)을 필연적으로 발생시키지 않

42 같은 논문, 485쪽.
43 같은 논문, 486쪽.

더라도 그것을 가능케 하는 좀 더 풍부한 물리적 사건(속성)이 있을 수 있다는 것이다. 베넷은 앞에서 거론했던 열쇠와 자물쇠의 사례를 들어 설명하기를, 이는 내 방의 열쇠가 갖는 복잡한 물리적 속성이 자물쇠를 여는 성향을 갖는 것을 보장하지 않더라도 그런 성향을 갖는 것을 보장해 주는 더 복잡한 속성이 있는 것과 같다고 한다.

반사실문이 거짓이라는 것을 보여 주기 위해서는, 전건이 참이더라도 후건이 거짓이 된다는 점을 보여 주면 된다. 베넷은 (O2)의 경우 물리적 사건(속성) p가 심성적 사건(속성) m이 없이 발생한다면 p가 더 이상 e의 원인이 되지 못한다는 것을 양립론자가 논증할 수 있다고 본다. 통 속의 뇌가 바로 그런 경우에 해당한다. 통 속의 뇌에서는 C-신경섬유가 활성화되더라도 고통이 발생하지 않는다. 그리고 그러한 신경생리적인 작용이 몸을 움츠리는 것과 같은 결과를 발생시키지 않는다. 즉 (p & ~m)의 세계가 e의 세계가 아닌 것이다. 1차 속성과 2차 속성의 구분에 의해 이 점은 다음과 같이 표현될 수 있다. 1차 속성이 그것과 관련된 2차 속성을 실현하지 않는 세계에서는 2차 속성을 정의하는 인과적 역할에 의해 특정된 결과를 1차 속성이 야기하지 않는다.[44] 베넷은 (O2)가 거짓이라는 점은, p가 e를 발생시키기 위한 물리적 조건들이 기본적으로 p가 m을 필연적으로 발생시키는 조건들과 같다는 것을 뜻한다고 해석

---

44 같은 논문, 488쪽.

한다. 그래서 p가 m 없이 발생한다면, p가 e를 발생시키는 조건들이 성립하지 않게 되어 p가 e를 야기하지 못하게 되는 것이다.[45]

5 인과적 양립주의 논변의 오류

앞 절에서 살펴본 바와 같이 베넷의 인과적 양립주의는 다음 두 사항을 논증하는 데에 주력한다. 첫째, 심물 사건(속성)들은 서로를 필연적으로 요구하는 관계에 있다. 즉 심성적인 것은 물리적인 것을 필연적으로 요구하고 물리적인 것은 심성적인 것을 필연적으로 요구한다. 따라서 신체 운동과 같은 결과가 두 개의 원인을 가질 수 있다. 둘째, 심물 사건(속성)들에 의해 발생하는 결과는 중복결정된 것이 아니다. 베넷의 논증이 성공하면 수반(배제) 논변은 무너지고 김재권의 환원주의적인 전략이 타격을 입게 된다. 그러면 과연 베넷의 인과적 양립주의 논변이 성공했다고 볼 수 있는지 검토해 보자.[46]

위의 첫 번째 사항에 대한 베넷의 논증은 어떠한가? 이것과 관련해서 베넷은 심성적인 것과 물리적인(신경생리적인) 것 간에 필연적으로 요구하는 관계가 성립한다고 말할 뿐 왜 그런지에 대해서는 구체적으로 설명하지 않고 있다. 예컨대 '고통'과 'C-신경섬유의

---

45 같은 논문, 489쪽.
46 김재권은 지금까지 인과적 양립주의를 구체적으로 거론하지 않았다. 이하의 논의는 『물리주의』에서 표방된 그의 관점을 옹호하는 하나의 시도이다.

자극(활성화)’ 사이에 필연적으로 요구하는 관계가 성립한다고만 말할 뿐 왜 그런 상관관계가 양자 사이에서 성립하는지에 대해서는 구체적으로 논하지 않는다. 이 필연적인 상관관계가 인과적 양립주의에서 핵심적인 자리를 잡고 있는 데에 반해서 아무 설명이 없다는 것은 납득하기 어렵다. 심성적 인과(mental causation)의 문제는 궁극적으로 이것을 설명할 것을 요구하는데 베넷은 설명되어야 할 사항을 중요한 전제로 삼고서 논의를 전개한 것이다. 또한 베넷은 분명히 인과적 양립주의가 물리계의 인과적 폐쇄성을 받아들인다고 말했다.[47] 그렇다면 물리적인 것과 비물리적인 것 사이에 필연적으로 요구하는 관계가 성립한다는 그의 주장을 인과적 폐쇄 원리와 어떻게 양립시킬 수 있는지에 대해 답변해야 한다. 그러나 이에 대한 그의 답변은 찾을 수 없다.

첫 번째 사항과 관련된 또 다른 의문은, 필연적으로 요구하는 관계에 있는 심불 사건(속성)들이 골드만의 ‘동시적이면서 법칙적인 동치자’와 다를 바가 있느냐는 것이다. 필연적으로 요구하는 상관관계가 동시적이면서 법칙적인 동치성 관계와 크게 다르지 않다면 김재권이 골드만에 대해 제기했던 두 가지 비판은 공히 베넷에게도 적용될 수 있다. 다시 말해서 심물 사건(속성)들이 표준적인 중복결정에 해당하지 않는다면, 그것들을 근거로 결과(신체 운동)를 설명할 때 두 설명은 별개의 독립적 설명이 될 수 없으며, 심성적

---

47 K. Benntt, 앞의 논문, 472쪽.

사건(속성)과 물리적 사건(속성)이 그 결과의 부분적인 원인이라고 봐서 안 될 이유가 없는 것이다. 이것은 베넷이 인과적 배세의 문제를 해결했다기보다는 문제의 원점으로 되돌아온 것과 다름없는 결과를 낳는다. 그렇다면 베넷은 그 후의 논의에서 김재권이 말한 심물 동일성이나 심물 환원을 해결책으로 삼아야 한다. 그런데 베넷 자신이 인과적 양립주의의 전제로서 심성적인 것과 물리적인 것의 구분과 심성적인 것의 인과적 효력을 꼽았기 때문에[48] 골드만의 문제점에 대한 김재권의 환원주의적 해결책을 수용하기는 어렵다. 따라서 베넷은 골드만에 대한 김재권의 비판을 그대로 감수하거나 이에 대한 별도의 답변을 제시해야 한다.

원인이 되는 심물 사건(속성)들과 그것의 결과는 중복결정된 것이 아니라는 것을 보여 주는 베넷의 전략에 대해서는 먼저 다음과 같은 의문이 제기될 수 있다. 앞서도 언급했듯이 인과적 배제 원리를 옹호하는 사람이라고 해서 심성적 인과가 중복결정의 사례라고 주장하지는 않는다. 김재권이 그 예이다. 그렇다면 베넷이 심성적 인과의 경우에는 중복결정의 반사실문적 조건들을 공허하거나 거짓이 된다는 것을 굳이 입증해야 할 이유가 무엇인가? 김재권처럼 중복결정 관계를 인정하지 않고서도 인과적 배제 원리를 옹호할 수 있다면, 베넷이 장황하게 중복결정을 부정해도 인과적 양립론을 옹호하는 데에 특별히 도움이 될 것은 없어 보인다. 물론 심성

---

48 같은 논문, 472–473쪽.

적 인과의 두 원인들과 결과가 중복결정의 사례라고 할 경우 인과적 양립주의가 타격을 입을 것 같아서 심성적 인과가 중복결정의 한 사례일 수 있다는 반론을 사전에 차단하기 위해서 그렇게 했을 수는 있다. 하지만 그것은 김재권의 인과적 배제 원리를 반박하는 데에는 불필요한 작업이 된다.

일단 베넷의 중복결정에 관한 논의가 필요한 작업이었다고 치고 그의 논변이 타당한지 살펴보자. 베넷은 (O2)가 공허한 반사실문임을 보이기 위해 p가 아닌 p*가 m을 필연적으로 발생시킴으로써 m 없이 p가 발생하는 것이 불가능해질 수 있다고 주장했다. 그런데 (O2)의 어디에도 p*에 대한 언급이 없는 상태에서 p*와 m 사이의 관계에 의해 p와 m의 관계에 대한 반사실문이 공허하다고 입증할 수 있을까? 베넷의 논리가 성립하려면 p*는 굳이 명기될 필요가 없을 정도로 m과 매우 밀접한 관계를 맺고 있고 p를 포괄하는 속성이라는 것이 암묵적으로 전제되어야 한다. 하지만 심물 간에 그처럼 너무도 명백한 필연적인 상관관계를 가진 속성들이 무엇인지 설명하지 않고서 그렇게 전제하는 것은 설득력이 없다.

베넷은 인과적 양립주의자가 (O2)를 공허하다고 주장하기 어렵다고 보이는 경우를 논한 대목에서 'C-신경섬유의 자극'이 예화되더라도 '고통'이 예화되지 않는 경우를 거론했다. 그러면 이런 경우에 '고통'을 필연적으로 요구하는, 'C-신경섬유의 자극'이 아닌 다른 물리적 속성으로 무엇을 생각할 수 있는가? 베넷이 이 물음에 대해 어떻게 답변할 것인지 예상하게 해 줄 단초는 그의 논문

어디에서도 찾을 수 없다. 설령 그런 속성이 있다고 하고 그것을 속성 'x'라고 부르자. 그러면 m 없이 x가 발생하는 것이 불가능하다고 해서 (O2)가 공허하다고 말할 수 있느냐는 물음이 다시 제기된다. 베넷의 주장을 정리하면 다음과 같다.

(a) m 없이 p가 발생하는 것은 가능하다.

(b) p보다 더 풍부한 속성인 p^*가 m 없이 발생하는 것은 불가능하다.

(c) 따라서 m 없이 p가 발생하는 것은 불가능하다.

(d) 그러므로 (O2)는 공허하다.

여기서 (a)와 (c)는 명백히 모순 관계에 있고, 따라서 (O2)가 공허하다는 결론 (d)는 도출될 수 없다.

물론 베넷이 이처럼 터무니없는 논리를 구사함으로써 인과적 양립주의를 옹호하려 들지는 않았을 것이다. 그러나 베넷은 자신이 이런 논리에 빠져 있지 않다는 것을 어디에서도 보여 주지 않고서 단지 열쇠와 자물쇠의 예를 들어 간단히 설명했을 뿐이다. 열쇠의 물리적 속성이 자물쇠를 여는 성향의 속성을 보장하지 않더라도 더 복잡한 물리적 속성이 그 성향의 속성을 보장해 주는 것과 같은 이치라고 말했다. 그러나 자물쇠를 열 수 있게 해주는 열쇠의 물리적 속성 이외의 어떤 물리적 속성이 그런 성향을 보장할 수 있으며, 설령 그런 속성이 있다 하더라도 그것이 열쇠의 1차적 물리적 속성과 2차적 속성인 성향과의 관계를 규정하는 데에 어떤 역할을 할 수 있는지는 분명치 않다. 만일 베넷이 그런 역할을 전제했다면 이에 관해 상당히 면밀한 논의를 전개했어야 함에도 불구하고 그는 지극히 간략히 예시하는 데서 그치고 말았다. 따라서 그의 논증이 (O2)가 공허한 반사실문이라는 것을 입증했다고 보기는 어렵다.

베넷은 (O2)가 거짓임을 보이기 위해 '통 속의 뇌'를 예로 들었다. 통 속의 뇌는 'C-신경섬유의 활성화'라는 속성(p)을 갖고 '고통'이라는 속성(m)을 갖지 않는데 '몸을 움츠림'이라는 결과(e)가 발생하지 않으므로 (O2)가 거짓이라고 베넷은 예증했다. 나는 베넷의 이런 예증이 타당한지를 따지기보다는 설령 타당하더라도 얼마나 설득력이 있을지 의심스럽다는 점을 지적하고 싶다. '몸'이 아예 없는 물체에 대해 '몸을 움츠림'이라는 속성이 예화하지 않는다고 해서 거기서 어떤 결론을 도출하는 것이 과연 이치에 맞는가? 만일 누군가 위의 (p), (m), (e)의 예를 그대로 천사에게 적용해 놓고서 (O1)이 거짓이라고 주장한다면 과연 베넷이 그런 주장을 설득력 있다고 인정할지 의심스럽다. 물론 (O1)과 (O2)에 들어 있는 양상 개념을 가능세계 개념을 끌어들여 설명할 수 있기에 여러 가지의 가능 세계를 상정할 수 있겠지만, 임의의 대상이 예화하는 것이 아예 논리적으로 불가능한 속성을 사용해서 그 대상이 그 속성을 예화하지 못한다는 이유로 어떤 결론을 도출하는 것은 설득력이 떨어질 수밖에 없다. 부연하자면, 우리가 심성적 속성이 여러 종의 대상들(사람, 문어, 외계인 등)에 의해 다수 실현되는 경우를 예로 들어 말할 때는 그 대상이 그 속성을 갖는 것이 논리적으로나 형이상학적으로 가능하기 때문이다. 그런데 몸이 없는 대상이 몸을 움직이지 못한다고 해서 속성의 실현과 관련하여 어떤 결론을 내린다면, 그 결론은 별로 특별한 의미를 갖지 못할 것이다.

그런데 통 속의 뇌는 몸이 없더라도 정상적인 사람이 몸을 움직일 때에 활성화되는 신경섬유는 가지고 있을 것이다. 그렇다면 (e)를 그 신경섬유의 활성화로 놓을 경우 통 속의 뇌도 (O2)를 만족시킬 것이다. 따라서 베넷은 (O2)가 거짓이라는 것을 입증하기 위해서는 다른 방도를 찾아야 한다. 이런 문제점들을 감안할 때 베넷의 인과적 양립주의는 김재권의 인과적 배제의 원리와 수반(배제) 논변을 무너뜨리기에는 역부족이라는 판정을 받을 수밖에 없다.

김재권은 인과적 양립주의에 대해 아무 대응도 하지 않고 있다. 그러나 우리가 베넷의 문제점들을 감안할 때, 인과적 배제의 원리에 대한 도전은 성공하기가 어렵다는 김재권의 판단은 정당해 보인다. 다만 1절에서 소개된 메커니즘의 착상 불가능성에 대한 맬컴의 논변에 대해서 그가 어떤 반론을 전개할지 궁금하다. 왜냐하면 맬컴의 논변은 물리주의 일반에 대해 타격을 가할 수 있고, 김재권의 이론도 예외는 아니기 때문이다.

II부

환원과 물리주의

제5장
유형 물리주의와 기능주의 환원론의 만남

홍창성

김재권의 최근 저서 『물리주의』는 지금까지의 그의 철학을 환원론으로만 알고 있었던 많은 학자들에게 다소 충격으로 다가온다. 저서의 제목이 말해 주듯이 김재권은 이 책에서 철두철미한 물리주의 환원론이 우리의 심리 현상을 모두 설명해 줄 수는 없다고 결론짓고 있다. 그는 특히 감각질 현상을 물리주의로 설명해 보려는 일군의 학자들의 유형 물리주의의 문제들을 지적하면서 자신의 기능주의 환원론이 포섭해 설명할 수 없는 감각질은 물리주의의 한계밖에 있다고 보아야 한다고 논의한다. 그래서 물리주의가 모든 것을 포괄적으로 설명해 줄 수 있는 완전한 진리는 아니라는 것이다.

필자도 물리주의가 불완전함을 부정하지는 않지만, 그렇다고 해서 유형 물리주의가 김재권의 지적처럼 문제가 많다고 보지도 않는다. 흥미로운 것은, 유형 물리주의를 그것에 대해 지금까지 논의된 문제점들을 극복할 수 있는 형태로 발전시켜 보면 실제로는 김재권의 기능주의 환원론의 논의와 결국은 동일한 결론에 도달하게 된다는 점이다. 본고는 유형 물리주의와 기능주의 환원론이 수렴됨을 보이는 것을 목표로 한다.

1 환원하는 이유

필자는 환원을 실재하는 것을 실재하는 것으로, 그리고 실재하지 않는 것을 실재하지 않는 것으로 보여 주는 것으로 정의(定義)한다. 한편 실재한다는 것은 이 세계에 인과적으로 어떤 차이를 만들어 냄을 의미한다. 아무런 인과력이 없는 대상을 실재로서 받아들일 수는 없기 때문이다. 그래서 환원이란 인과적 차이를 만들어 내는 존재가 인과적 차이를 만들어 냄을 보여 주고 또 그렇지 못한 것을 그렇지 못하다고 보여 주는 것이다. 우리가 존재 세계에서 실재와 허상을 구별해 존재의 옥석을 가려내기를 원한다면 '환원'이라는 작업을 반드시 거쳐야 한다. 이것이 환원론의 존재 이유이다.

심리철학과 과학철학에서 일어난 환원 논쟁의 역사를 살펴보는 것이 우리가 환원의 의미를 더 깊이 이해하는 데 도움이 되겠다. 반 세기 전 오펜하임과 퍼트남이 발표한 논문 「작업가설로서의 과학의 통일」[1]은 분과 과학이 그것의 하층 과학으로, 그리고 궁극적으로는 기초 물리학으로 환원되는 것을 과학의 진보라고 받아들이

던 당시 과학자들의 일반적 동의 아래 씌었다. 따라서 어떤 분과 과학의 환원 가능성이 실제로는 그 분과 과학의 과학으로서의 가능성의 기준으로 여겨졌다. 그러나 이러한 일반적 동의는, 최소한 철학자들 사회에서는, 퍼트남과 포더의 분과 과학 속성들의 다수 실현 가능성 논변에 의해 급속히 사라져 갔다.[2] 블록의 지적처럼, 1970년대와 1980년대 철학자들의 사회에서는 비환원주의로 의견이 일치하게 되었다.[3] 그래서 환원주의는 마치 정치적으로 잘못된 견해처럼 여겨져 비웃음과 비아냥의 대상으로까지 전락했다. 그러나 이러한 경향은 1990년대부터 또다시 변해서 이제는 환원주의적 접근 방식을 과학철학과 심리철학 분야에서 더 이상 소수만의 움직임이라고 볼 수 없게 되었다. 환원론의 가장 고전적이고 기본적인 형태인 유형 물리주의(또는 유형 동일론)가 다시금 대담하게 주장되고 있기 때문이다.

최근에 주목을 받으며 '신물질주의(new wave materialism)'라고도

---

1 P. Oppenheim, and H. Putnam, "The Unity of Science as a Working Hypothesis", *Minnesota Studies in the Philosophy of Science*, vol. 2 (Minneapolis, University of Minnesota Press, 1958).

2 퍼트남과 포더의 다수 실현 논변에 대해서는 다음의 두 논문을 참조하시오. (1) H. Putnam, "The Nature of Mental States", in Philosophical Papers, vol. 2 (Cambridge: Cambridge University Press, 1975). 이 논문은 원래 1967년에 "Psychological Predicates"라는 제목으로 발표되었다. (2) J. Fodor, "Special Sciences—or the Disunity of Science as a Working Hypothesis", *Synthese 2/* (1974), 97-115쪽.

3 N. Block, "Antireductionism Slaps Back", *Noûs*, Supplement(1997), 107-132쪽.

붙리는 새로운 형태의 유형 물리주의는 실은 스마트가 이미 1950년대 말에 그 원형을 제시하였다.[4] 스마트에 따르면 마음과 그깃의 물질적 토대인 몸(두뇌)의 상태를 존재적으로 동일하다고 보아야 심리철학과 과학철학의 여러 문제들을 존재와 사유의 경제성의 원칙(오컴의 면도날)에 맞게 해결하고 설명할 수 있다. 한때 철학자들은 스마트의 유형 동일론이 마음과 그것의 물질적 토대의 관계에 대한 문제를 환원에 의해 가장 쉽고 단순한 방식으로 모두 해결하는 것으로 여겼다. 그런데 이 환원주의 동일론은 채 10년이 되지 않아 제시된 퍼트남의 다수 실현 가능성 논변에 의해 철저히 반박되어 의외로 일찍이 사멸했다. 하나의 심성적 속성, 예를 들어 '통증'이, 그것의 물질적 토대와 동일하다는 환원주의 동일론이 옳다면, 여러 다른 종(種)에 속하는 생명체들도 모두 같은 물질적 토대를 가지고 있어야 한다. 그러나 인간과 파충류나 다른 포유류 동물, 그리고 있을지도 모를 외계인이 통증을 느낄 때 이들이 모두 동일한 두뇌 구조와 상태를 가질 수는 없다. 따라서 환원주의 동일론이 옳지 않다는 것이 다수 실현 가능성 논변에 의해 귀류법으로 보인다. 대부분의 철학자들은 곧 다수 실현 가능성 논변을 받아들여 유형 동일론과 환원론을 포기하기에 이르렀다. 그러나 우리가 여기서 주목해야 할 점은 이미 1970년대부터 김재권이 다수

---

4 J. J. C. Smart., "Sensations and Brain Processes", *Philosophical Review* 68 (1959), 141–156쪽.

실현 가능성 논변이 실은 개별 종적(個別種的) 동일성 이론을 가정한 토대 위에서만 가능하다는 통찰력 있는 주장을 제시해 왔다는 것이다.[5]

　김재권의 개별 종적 동일성 이론을 살펴보기 위해 우선 통증이 실현되는 물리적 토대의 예를 인간의 두뇌, 개의 두뇌, 그리고 화성인의 두뇌, 이 셋으로만 한정해 보자. 퍼트남의 다수 실현 가능성 논변은 통증이 실현되는 토대가 종에 따라 다르기 때문에 모든 다른 종에 공통된 물질적 토대가 존재할 수 없어서 유형 동일론이 옳지 않다는 것이었다. 그러나 이 논변은 암묵적으로 각 종마다 통증이 실현되는 고유한 물질적 토대가 있음을 가정하고 있다. 단지 각 종에 고유한 통증 실현의 토대가 다른 종들과는 다르다는 것을 이야기하고 있을 뿐이다. 한편, 퍼트남의 기능주의에서 통증은 통증을 야기하는 전형적인 원인인 상처와 또 통증이 초래하는 전형적인 결과인 노피 행동을 연결시켜 주는 인과적 매개체로 이해된다. 그런데 인간과 개, 그리고 화성인 사이에는 각각 통증의 전형적인 원인과 그 도피 방식들이 다르고, 따라서 이러한 인과관계에 의해 정의되고 이해되는 그들의 통증 자체도 실은 다른 심성적 상태로 보아야 한다. 그래서 우리가 일반적으로 말하는 통증은 실제로 인간의 통증, 개의 통증, 그리고 화성인의 통증 등으로 구별되

---

5 Jaegwon Kim, "Phenomenal Properties, Psychophysical Laws and the Identity Theory", *Monist* 56, No. 2(1972), 177-192쪽.

는 것이다. 이렇게 개별 종에 고유한 통증이 그 종에 고유한 물질적 토대에 실현되는 것인데, 이것은 실제로 개별 종에 고유한 통증과 그것에 고유한 물질적 토대가 존재적으로 동일하다는 개별 종적 동일성 이론으로 귀결된다. 개별 종적 동일성 이론은 일종의 유형 동일론이기 때문에 다수 실현 가능성 논변이 유형 동일론을 회생의 여지없이 반박할 수는 없었다.

그러나 학자들은 개별 종적 동일성 이론조차도 다수 실현 가능성 논변에 의해 반박될 수밖에 없음을 다시금 주장한다. 한 종에 속하는 여러 개체들의 뇌 구조에는 개체들 간에 차이가 있다. 또 간혹 상처를 입은 뇌가 그 기능을 회복하는 경우에는 다른 뇌와는 많이 다른 구조를 가지게 됨에도 불구하고 정상적인 기능을 수행할 수 있다. 그래서 한 종의 여러 개체 사이에도 통증이 실현되는 토대가 서로 다르므로 개별 종적 동일성 이론이 설 자리가 없게 된다. 김재권은 이와 같은 비판에 대해 개별 종을 단위로 하기보다는 뇌의 개별 구조에 주목해서 개별 구조적 동일성 이론을 선택해야 한다고 본다. 그러나 반대자들은 또다시, 도대체 어떤 한계의 미시 구조까지 내려가야 개별 구조적 동일성 이론을 위해 적절한 물질적 토대를 확보할 수 있느냐는 실질적인 경험적 질문을 던진다. 물론 이것은 우리가 답할 수 없는 문제이다. 물리적 토대의 미시 구조를 소립자 단계로까지 내려가 검토해 보면, 이 세계에 동일한 두 구조가 존재할 수 없기 때문이다. 이렇게 해서 유형 동일론은 1970년대 초반에 일단 사장되어 버린다.

2 김재권의 기능주의 환원론과 그 결론

앞서 간단히 논의했듯이, 기능주의는 어떤 심성적 속성 M을 세포의 손상과 같은 전형적인 감각적 입력과 도피 행동과 같은 전형적인 출력을 이어 주는 인과적 매개체로 이해한다. M은 상이한 구조를 가진 각각의 개체들에서 그 인과적 역할을 수행함에 있어 서로 간에 '극히 이질적인' 물리적 토대에서 실현된다. 그래서 기능주의자들은 M이 그것의 토대가 되는 어떤 물리적 속성에 '실현'되는 것이지 결코 그것과 '동일'한 것은 아니라고 주장한다. 이것이 스마트의 고전적 유형 동일론을 궁지로 몰아 환원주의에 결정적 타격을 가한 기능주의의 다수 실현 가능성 논변이다. 그러나 김재권은 기능주의를 비환원론으로 해석하는 철학계의 주류 의견에 반대하면서, 놀랍게도 기능주의가 심성적 인과의 가능성을 보여 주는 환원주의로 이해되어야 함을 새로이 주장한다.[6] 그의 논증은 다음과 같은 세 단계로 요약할 수 있다.

〔1단계〕 어떤 심성적 속성 M을 다음과 같은 이차 기능적 속성으로 해석 또는 재해석하자:

---

6 김재권의 논증은 1998년에 나온 자신의 *Mind in a Physical World* 4장과 2005년에 나온 *Physicalism, or Something Near Enough*의 1장에 상세히 전개된다.

M을 가짐 = (정의) 주어진 인과적 작업 C를 수행하는, 물리적 토대의 영역에 있는 어떤 속성 P를 가짐

〔2단계〕 물리적 토대의 영역에 있으면서 인과적 작업 C를 수행하는 속성들은 M의 실현자들이다. M의 실현자들을 찾자.

〔3단계〕 주어진 심성적 인과에 있어서 P가 M의 실현자인 경우에 M을 가진다는 것은 P를 가진다는 것 이상의 아무것도 아니다. 여기서 나타나듯이, 예화된 속성으로서는 M이 P와 존재적으로 농일하며, 따라서 라이프니츠의 법칙에 의해 M은 P와 동일한 인과력을 갖는다.

한 가지 예를 들어 이해를 돕고자 한다. 길동이가 못을 박다가 실수로 손가락을 다쳐 통증을 느끼고 있다고 가정해 보자. 그의 통증은 피부 세포의 손상으로 야기되었고, 그 통증은 길동이가 몸을 움츠리며 아프다는 소리를 지르도록 만들었다. 그리고 또 과학자들의 연구로 동일한 세포의 손상에 의해 야기되고 또 같은 움츠림과 비명을 지르게 한 것이 길동이의 뇌에 있는 C-신경섬유가 자극된 탓이었음이 발견되었다고도 가정해 보자. 김재권은 이 경우에서 이 예화된 통증이 예화된 C-신경섬유의 자극 이상의 아무것도 아니라고 주장한다. 다시 말해, 예화된 통증은 예화된 C-신경섬유 자극과 존재적으로 동일하다는 것이다. 김재권은 여러 다양한 형태의 비환원론적 물리주의에 대한 철저한 검증을 마친 후 심성적

인과를 우리에게 조명하고 설명해 줄 수 있는 것은 자신의 기능주의 환원론뿐이라고 결론짓는다.

필자도 심성적 인과의 현상을 이해하기 위해서는 환원주의적 접근 방식이 필수적이라는 데에 동의한다. 다른 어떤 비환원주의적 시도로도 심성적 인과에 관련된 문제들을 해결할 수 있을 것 같지 않다. 그러나 김재권의 기능주의 환원론은 몇 가지 해결해야 할 문제들을 안고 있다. 먼저, 그가 스스로 인정하고 있듯이 심성의 어떤 중요한 부분이 물리현상으로 환원되지 않는다는 문제가 있다. 믿음이나 의도 같은 지향적 속성들은 기능주의적으로 해석되고 환원되는 것이 원칙적으로 가능하지만, 우리 심성에서의 현상적인 특성들, 즉 감각질들은 기능주의적으로 해석할 수 없고 따라서 김재권의 기능주의 환원론으로 포섭해 환원할 수가 없다. 그래서 감각질의 존재를 부정할 수는 없지만 환원이 불가능하기 때문에 감각질에 인과력을 인정할 수도 없다는 결론에 이르게 된다. 이와 같은 이유로 감각질에 관해서는 부수현상론을 받아들일 수밖에 없고, 물리주의 체계 안에 감각질을 환원해 받아들일 수 없는 한 물리주의를 모든 심성적 현상을 포괄해 설명하는 완전한 진리라고 볼 수도 없다는 것이다. 아마도 그래서 김재권이 자신의 견해를 나타내는 최근의 저술을 『물리주의, 또는 그것에 충분히 가까운 어떤 것(Physicalism, or Something Near Enough)』으로 이름붙였는지도 모른다.

그러나 필자가 보기에는 김재권의 환원론 전체를 달리 해석하게 만들지도 모를 다른 문제가 하나 숨어 있다. 김재권이 말하는 예화된 속성(property instance)은 그가 스스로 인정하고 있듯이, 어떤 시점에 어떤 물체에 예화된 속성, 즉 하나의 개별 사건(Token event)이다. 따라서 김재권의 철학에서 심성적 인과의 문제를 해결해 주는 예화된 속성 간의 동일성이란 실은 그 결론만을 볼 때 개별 사건 동일론(token event identity 또는 token physicalism)의 주장과 크게 달라 보이지 않는다. 다시 말해, 예화된 심성적 속성과 예화된 물리적 속성 간의 동일성이 개별적인 심성적 사건과 개별적인 물리적 사건 사이의 동일성의 문제로 귀결되는 것이다. 그런데 필사가 보기에 우리가 김재권 자신의 사건 동일성의 기준을 따르면, 그의 기능주의 환원론이 사실은 개별 사건 간의 동일성을 보여 주지 못한다는 어려운 문제에 직면하게 된다. 이 문제를 살펴보기 위해 먼저 김재권의 사건 동일성의 기준이 무엇인가를 검토해 보자.

x와 y를 물체들로, t와 t'를 시점들로, 그리고 P와 Q를 속성의 유형들로 가정해 보자. 김재권의 견해에 의하면 사건이란 어떤 주어진 시점에 주어진 물체에 어떤 속성이 예화되는 것이다. 그리고 사건들 간의 동일성은 다음과 같은 조건을 만족시켜야 성립한다:

$x = y$, $t = t'$, 그리고 $P = Q$이어야만, 오직 그 때만, $[(x, t), P] = [(y, t'), Q]$이다.[7]

---

7 Jaegwon Kim, "Causation, Nomic Subsumption, and the Concept of

152

두 개의 사건이 동일함을 보이려면, 두 사건 각각의 세 원소들이 모두 동일해야 한다: 즉, 예화되는 두 속성들, 이 속성들이 예화되는 두 물체들, 그리고 이 속성들이 예화되는 두 시점들이 모두 같아야 한다. 예를 들어 김재권의 사건 동일성의 기준을 좀 더 설명해 보겠다. 어떤 시점 t에 길동이의 뇌에 C-신경섬유 자극이 일어났다.

사건 p = 〔(길동, t), C-신경섬유 자극〕

그런데 같은 시각에 길동이가 통증을 느꼈다고 가정하자.

사건 m = 〔(길동, t), 통증〕

이제 예화된 속성들 간의 동일성을 옹호하는 학자들이 이 두 사건이 동일하다고 주장한다고 해 보자: $p = m$. 이 두 사건은 동일한 시점에 동일한 물체에 일어났으므로, 두 사건 p와 m이 동일한가를 알려면 C-신경섬유 자극이라는 속성과 통증이라는 속성이 존재적으로 동일한가를 알아야 한다. C-신경섬유 자극과 통증은 존재적으로 동일한가?

Event", reprinted in Kim, Jaegwon, *Supervenience and Mind*(Cambridge University Press, 1993), 9쪽.

아니다, 이 둘은 하나의 동일한 속성이 아니다. 통증은 C-신경 섬유의 자극에 실현되는 것이지 그것과 동일한 것이 아니다. 비로 다수 실현 가능성 논변이 이 두 속성 유형 간의 동일성의 가능성을 가로막는다. 김재권의 사건 동일성의 기준이 속성 유형 동일성을 요구하는 한 결코 예화된 속성들, 즉 개별 사건들이 동일한 경우를 찾을 수 없다. 그러나 만약 예화된 속성들의 동일성이 확보되지 못한다면 환원이 불가능하고, 환원이 불가능하면 심성적 인과도 불가능하다. 그렇다면 김재권의 기능주의 환원론이 실제로는 환원이나 심성적 인과가 가능함을 보여 주지 못한다는 결론에 이르게 된다. 만약 이 결론이 옳다면, 김재권의 기능주의 환원론은 수많은 비환원주의 물리주의들을 절망케 하고 부수현상론으로 전락시켰던 그 자신의 수반/배제 논변에 의해 일종의 부수현상론으로 이해될 수밖에 없게 된다. 그러나 이것이 김재권이 원하는 결과일 수는 없다.

실은 김재권 자신도 예화된 속성들 간의 동일성에 관한 자신의 견해와 자신의 사건 동일성 이론이 조화를 이루기 어렵다는 것을 알고 있었던 것 같기도 하다.[8] 그는 우리가 심성적 속성을 사건을 이루는 구성적 요소들에서 배제하는 것이 좋겠다고 하는데, 이렇

---

8 이 점에 관해서는 김재권의 「심성적 인과에 대한 후기」를 참조하라. Jaegwon Kim, "Postscript on mental causation", *Supervenience and Mind* (Cambridge University Press, 1993), 358-367쪽. 특히 364쪽과 365쪽에 나오는 주석 5를 주목하라.

게 되면 필자가 위에서 지적한 문제점들을 피할 수 있게 될 것 같다. 심성적 속성들이 사건의 구성 요소가 아니라면 사건 동일성 기준을 충족시키지 못하는 데서 비롯되는 예화된 속성들의 동일성 문제가 처음부터 존재하지도 않게 되기 때문이다. 그러나 필자로서는 만약 우리가 통상 그렇게 하듯이 심성적 속성들을 사건을 구성하는 제대로 된 속성들로 받아들이지 않는다면 심리철학에서의 중요한 문제들, 즉 수반, 심성적 인과, 환원, 감각질, 그리고 심신 동일론과 같은 논의들을 제대로 정합적으로 이해할 수 없게 될 것으로 우려된다. 그래서인지 실은 2006년 4월 미국 시카고에서 열린 미국 철학회가 마련한 김재권의 철학을 논의하는 토론회에서 김재권 스스로 이제는 40여 년 전에 제시한 자신의 사건 이론과 거리를 둘 의향이 있음을 밝히기도 했다. 그래서 김재권은 자신이 거의 반 세기 전에 발표한 사건 이론보다는 심성적 인과의 문제를 해결하기 위해 철저히 논증한 예화된 속성들 간의 동일성에 관한 자신의 주장을 유지할 것으로 생각된다. 그의 결론을 다시 요약하자면, 기능주의 환원론은 예화된 심성적 속성들이 우리가 이미 인과력을 가지고 실재한다고 믿고 있는 예화된 물리적 속성들과 동일시됨으로써 그 인과력과 실재성을 인정받음을 보여 준다. 어떤 사람이 통증을 느낀다면 이 사람에게 일어나고 있는 사건은 사실은 단지 하나뿐이고, 그 사건이 예화된 통증이고 동시에 또 예화된 C-신경섬유의 자극이다.

김재권은 기능적 속성들의 특성에 대해 실은 무척 놀랍고 통찰력 있는 견해를 제시하고 있다. 그는 이차 기능적 속성 같은 것들은 원래 존재하지도 않는다고 주장한다. 기능적 속성이란 실제로 우리가 그것의 실현 토대가 되는 물리적 속성들을 골라서 지적하기 위해 사용하는 이차 기능적 개념, 용어, 또는 지칭어일 뿐이다. 김재권의 이차 기능적 '개념'에 관한 견해는 그의 다음과 같은 논증을 기초로 하고 있다. 어떤 것이 이차 기능적 속성 M을 갖는다는 것은 그것이 M의 인과적 역할을 수행하는 어떤 주어진 영역 안의 일차 속성 하나를 갖는 것, 즉 M을 정의하는 인과적 명세 사항들을 충족시키는 어떤 속성을 가짐을 의미한다. 말하자면 M은 주어진 속성들의 영역에 대한 특칭적 양화(existential quantification)에 의해 정의된다. 그러나 유의할 점은 우리가 여기서 하나의 새로운 이차 '속성'을 만들어 내는 것은 아니라는 것이다. 왜냐하면 어떤 주어진 속성들의 영역에 대한 특칭적 양화라는 논리적 작업으로는 우리의 존재 세계에 어떤 변화도 가져올 수 없기 때문이다. 어떤 것이 M을 가진다는 것은 그것이 M의 실현자들 중의 하나를 가짐과 같다. 이 상황에서는 M이 그것의 실현자들 중의 하나를 가진다는 것 이상의 아무런 사실관계도 존재하지 않는다. 따라서 우리가 M이 그 스스로 하나의 '속성'이라고 생각할 필요가 없다. 그래서 M을 이차 속성이라고 하기보다는 속성들에 대한 이차 기술 또는 이차 지칭어, 아니면 이차 개념이라고 하는 것이 오해를 줄일 수 있겠다. 예를 들어 기능적 개념인 '통증'이 인간에 있어서는 C−신경 섬유 자극을, 실리콘으로 이루어져 있는 화성인의 뇌에 있어서는 어떤 다른 화학적 속성을, 그리고 다른 종과 구조들에 있어서는 또 다른 속성을 찾아 골라내어 지칭하게 된다. 이와 같이 기능적 개념은 우리가 사용하기에 편리한 도구로서 만들어졌다.

이차 기능적 속성과 이차 속성 일반을 단지 개념 또는 편리한 도구로 보아야 한다는 김재권의 논증을 반박할 수는 없다. 우리는 특칭적 양화를 통한 단순한 논리적 작업으로는 이 세계에 그 어떤 새로운 속성도 창조해 낼 수 없기 때문이다. 김재권이 어디까지 동의할지는 모르겠지만, 분과 과학 속성들의 대다수를 차지하는 이차 속성들도 실제로는 이차 개념 또는 어떤 편리한 도구로서 간주되어야 할 만하다. 이제 필자와 함께 지금까지의 이 모든 논의로부터 존재 세계에 대한 어떤 새로운 그림이 그려지는지를 살펴보기로 하자. 우리는 먼저 심성적 속성을 이차 기능적 속성으로 해석하면서 논의를 시작했고 예화된 심성적 속성이 예화된 물리적 속성과 존재직으로 동일함이 보여짐으로써 그 인과력과 실재성을 확보하게 됨을 보았다. 필자는 이 예화된 속성 동일성 또는 개별자 사건 동일성이 이 새로운 그림의 중심에 있다고 본다. 예화된 속성 동일성이 심성적 인과의 문제를 해결하려는 지금까지의 논의의 결론이지만, 이것은 다른 한편으로는 우리가 존재론을 구성함에 있어 의거해야 할 중심점이기도 하다. 우리의 존재론은 여기서 출발해야 하는데, 간단한 예를 들면 이 점이 분명해질 것이다. 어떤 사람이 어떤 특정한 경우에 심한 통증을 가지고 있을 때, 이 경우에 이 통증이라는 예화된 속성 또는 개별 사건을 직접 들여다보면, 그것이 실제로는 C-신경섬유 자극의 예 또는 개별 사건에 불과하다는 것을 확인하게 된다. 통증을 가진 사람을 보았을 때 직접 들어다보라. 거기에 C-신경섬유 자극 이외에 무엇이 더 있는가? 그래서 이 경우에 통증과 C-신경섬유 자극이 존재적으로 동일한 것이다.

그런데 위에서 상세히 논의했듯이 김재권의 이차 속성에 대한 논리적 분석은 이차 속성들이 실제로는 단지 개념에 불과할 뿐 실재하는 속성들이 아니라는 것을 보여 준다. 김재권의 분석은 어떤 개별적으로 예화된 속성들의 차원까지는 포괄하지 않고 심성적 속성과 물리적 속성 모두 속성 유형들의 차원에서만 이루어지고 있다. 필자는 김재권의 이러한 논리적 분석을 더 철저히 그리고 더 포괄적으로 적용해 보아야 한다고 생각한다. 그렇게 해 보면 우리는 속성 유형들이 심성적이든 물리적이든 근본적으로 모두 이차 개념들이라고 판단하게 된다. 기능적 심성적 속성이 이차 개념인 이유는, 비록 필자는 김재권과는 다른 이유에서 그것이 이차 개념이라고 보고 있지만, 이미 위에서 충분히 논의되었으니 더 이상 논의하지 않겠다. 실은 물리적 속성 유형이 단지 개념에 불과하다는 필자의 논의가 심성적 속성 유형도 개념에 불과할 뿐이라는 것을 동시에 보여 줄 것이다. 이제 물리적 속성 유형의 예로 C-신경섬유 자극을 들어 보자. 이 세계에 우리가 C-신경섬유 자극이라고 기술하는 현상 중에서 서로 질적으로 완전히 동일한 두 C-신경섬유 자극 현상이 존재하는가? 물리현상의 특성상 우리가 존재의 최하층으로까지 내려가 소립자들의 세계까지 기술해야 한다면, 어떤 두 C-신경섬유 자극 현상도 질적으로 완벽하게 동일할 수는 없다. 이렇게 지나치게 극적인 경우를 상정하지 않고 실제로 사람들 간의 두뇌 구조가 많이 다르다는 것만 지적해도 'C-신경섬유 자극'이라고 기술되는 수많은 현상들이 물리적으로 모두 상이한 현상들임을 쉽게 알 수 있다. 그래서 우리는 'C-신경섬유 자극'이라는 이차 개념 또는 이차 지칭어로 사람에 따라 제각기 다른 물리현상들을 찾아내 기술하고 지적하는 것이다. 다시 말해 C-신경섬유 자극을 갖는다는 것은 상이한 여러 물리현상들 중의 하나를 가지는 것과 같다. 이것이 C-신경섬유 자극도 통증과 같은 심성적 특성과 마찬가지로 이차 속성으로 보아야 하는 이유이며, 이차 속성은 실제로 이차 개념일 뿐이므로 'C-신경섬유 자극'도 개념으로 이해되어야 하는 것이다. C-신경섬유 자극이라는 속성 유형으로서의 추상적인 형이상학적 대상은 실재하지 않는다. 단지 개념으로서의 C-신경섬유 자극이 우리에게 편리한 도구로 이용되고 있을 따름이다. 이렇게 지금까지의 논의의 구조를 따르면 심성적 속성 유형이 이차 개념에 불과하다는 것도 직접적으로 보게 된다. 질적으로 완벽하게 동일한 두 경우의 통증은 존재하지 않는다. 단지 우리는 '통증'이라는 이차 지칭어로 여러 상이한 심성적 현상들을 편리하게 기술하고 지적하고 있을 뿐이다. 이 논문의 결론 부분에서 이 논의를 계속하며 새로운 그림을 완성해 보겠다.

3 퍼트남의 존재론적 전회(轉回)와 기능주의의 존재론적 오류

네이글의 고전적인 환원론은 환원되는 이론의 술어를 환원하는 이론의 술어와 연결시키는 '교량 법칙'에 의존한다.[9] 환원되는 이론은 교량 법칙을 매개로 해서 환원하는 하층 이론으로부터 논리적으로 도출되게 되어 있다. 그러나 환원에 대한 교량 법칙적 접근 방식이 가진 문제점들은 이미 많이 지적되어 왔다. 가장 주목받는 문제는 네이글의 환원론에 반드시 필요한 교량 법칙들이 상위 이론 술어들의 다수 적용 가능성(multiple applicability) 때문에 현실적으로는 거의 존재하지 않는다는 점이다. 존재하지도 않는 교량 법칙을 이용해 과학 이론들 간의 환원을 이루어 낼 수는 없는 것이다. 퍼트남이 심리적 용어들의 다수 적용 가능성에 관한 견해를 제시한 논문 「심리적 술어들(Psychological Predicates)」은 심리철학에서의 고전적인 유형 동일론뿐만 아니라 교량 법칙을 이용하는 네이글의 환원론조차도 거의 사장시켜 버렸다. 그런데 무척 흥미로운 것은 퍼트남이 이 논문을 다시 출판할 때 제목을 「심성적 상태의 본성(The Nature of Mental States)」으로 바꾸어 편집한 점이다. 필자는 퍼트남의 이 결정이 동일성과 환원에 대한 논쟁이 우리 존재 세계에 있는 대상들의 관계에 관한 것이지 단지 술어들 또는 개념

---

9 이 점에 관해서는 네이글의 다음의 저술을 참조하라. E. Nagel, *The Structure of Science*(harcourt, Brace & World, Inc., 1961), 특히 338-397쪽.

들 사이의 관계에 관한 것만은 아니라는 점을 분명히 한 것으로 해석한다. 이러한 퍼트남의 재치로 환원 논쟁의 성격이, 학자들의 특별한 주목을 끌지 않을 정도로 조용히, 존재론적으로 바뀌게 된다. 이러한 존재론적 전회가 설득력 있게 받아들여지는 이유는 결국 우리가 과학 이론에서 사용하는 술어들이 이 세계에 존재하는 대상들을 기술하기 위해 사용하는 것들이라고 믿기 때문이다. 네이글이 술어들을 이용해 의미론적 차원에서 환원의 문제들을 다루었을 때도 그가 하고 있던 작업은 실은, 그가 선명히 의식하고 있었든 아니든, 과학 이론들 간의 술어들의 관계를 살핌으로써 존재하는 대상들 간의 관계를 파악하려 했던 것으로 보아야 할 것이다.

그런데 환원 논쟁에서의 존재론적 전회가 너무 조용히 이루어진 탓인지는 몰라도 이미 오래 전에 지적되었어야 할 심각한 문제가 지금까지도 충분히 논의되지 않고 있다. 퍼트남의 논문 「심성적 상태의 본성」에 나오는 심리적 술어들 모두가 다 우리 세계에 존재하는 속성들을 지칭하지는 않는다는 점이 바로 그 문제이다. 예를 들어, 심성적 상태 또는 심성적 속성 유형이라고 여겨지는 통증이 다수로 실현이 가능한 기능적 속성 유형으로 해석되면 고전적인 투사 가능성 테스트를 통과하지 못한다.[10] 이렇게 투사 가능하지 못한 속성을 과학적으로 인정할 수 있는, 이 세계에 존재하는 종으로

10 이 점에 관해서는 김재권의 다음의 논문을 참조하라. Jaegwon Kim, "Multiple Realization and the Metaphysics of Reduction", *Supervenience and Mind*(Cambridge University Press, 1993). 특히 319-320쪽을 주목하라.

서 받아들일 수 있는지는 많은 논쟁을 불러올 문제이다. 이보다도 더 심각한 문제는, 이 세계에 존재하는 기능적 속성들에 대응하는 것으로 여겨지는 심리적 술어들이 실제로는 실재 세계에 그 직접적 지시체를 가지고 있지 못한 단순한 개념으로만 남아 있게 될지도 모른다는 우려이다. 기능적 속성들이 실재하지 않는다는 점은 두 가지 방식으로 보일 수 있다. 심성적 속성들뿐 아니라 분과 과학의 다른 속성들도 포함하는 기능적 속성들은 그것들이 그 물리적 실현 토대로 환원되지 않는다면 인과적으로 완전히 무력하다. 환원되지 않는 심성적 속성들이 인과력을 가질 수 없다는 점은 김재권의 저술들에 의해 이미 오랫동안 철학계에서 널리 알려지고 받아들여져 왔다. 그리고 또 실재하는 것의 징표가 있다면 그것이 인과력을 가지고 있다는 것인데, 심성적 속성들이 인과력을 가지고 있지 못하다면 그것들이 이 존재 세계에 실재한다고 볼 수도 없다. 따라서 그것들은 단지 개념들에 불과할 뿐이라고 결론지어야 한다. 한편 또 다른 방식으로도 기능적 속성들이 실재하지 않음을 볼 수 있다. 위에서 필자가 논의한 김재권의 기능적 속성들에 대한 이차 개념 또는 이차 지칭어로서의 분석은 우리에게 기능적 심성 속성들과 과학에서의 기능적 속성들이 실제로 이 세계에 존재하지 않는다는 것을 깨닫게 해 준다. 그래서 기능적 속성들은 실은 주어진 영역 안에 있는 일차 속성들을 가려내 골라 주는 기능적 개념 또는 편리한 지칭어로 이해되어야 한다. 기능적 속성들은 실재하지 않는다.

심리적 술어들의 특성을 분석함으로써 심성적 속성들의 본성을 연구하는 것은 분명 우리에게 심성 현상에 관한 많은 통찰을 가져다 주었다. 그러나 의미론적 차원에서 행해진 연구 결과를 무비판적으로 존재론적 차원에서의 진리로 받아들여서는 안 되겠다. 심리적 술어들의 적용 방식은 우리가 심성 현상을 이해하는 데 많은 도움이 되었으나, 모든 심리적 술어들이 이 세계에 그것들이 지칭하는 대상들을 가지고 있다고 가정하는 것은 오류이다. 심성적 속성들의 '다수 실현 가능성'은 심리적 술어들의 '다수 적용 가능성'으로만 남아 있어야 했다. 약 40년 전 기능주의자들은 존재론적 오류를 범했다. 이제 이것을 바로잡아야 하겠다.

4 유형 동일론과 기능주의 환원론의 만남

김재권은 『물리주의』에서 최근에 다시 전개되기 시작한 새로운 형태의 유형 물리주의를 상세히 논의하고 비판한다.[11] 최근의 새 유형 동일론이 제시하는 가장 중요한 논점은 심신 유형 동일론이

---

11 김재권의 논의는 그의 『물리주의』 5장에서 전개된다. 최근의 유형 물리주의에 관해서는 다음의 저술들을 참조하라. C. Hill, *Sensations* (Cambridge University Press, 1991); C. Hill, and B. McLaughlin, "There Are Fewer Things in Reality Than Are Dreamt of in Chalmers' Philosophy", *Philosophy and Phenomenological Research* 59(1999), 445–454쪽; N. Block, and R. Stalnaker, "Conceptual Analysis, Dualism, and the Explanatory Gap", *Philosophical Review* 108 (1999), 1–46쪽.

우리가 여러 심리 현상을 설명해 주는 데 불가결하다는 것이다. 일군의 유형 동일론자들은 심신 동일론이 마음과 봄의 상관관계를 가장 잘 설명해 주기 때문에 받아들여야 한다고 본다. 다른 그룹의 유형 동일론자들은 심신 동일론이 마음과 몸의 상관관계에 대한 설명을 아예 처음부터 불필요하게 만든다면서, 실은 심신 동일론이 심리 현상을 신경생물학 등으로 설명하기 위해 필요한 전제들 중의 하나라고 주장한다. 김재권은 이 두 가지 유형 동일론이 동일성 명제가 설명의 과정에서 가지는 역할을 제대로 보지 못하고 있으며, 또 한편으로는 우리에게 잘 알려진 유형 동일론의 많은 문제들——심성의 다수 실현 가능성과 여러 인식론적 문제들——을 해결하지 못하기 때문에 받아들일 수 없다고 비판한다. 필자는 유형 동일론자들의 논변이 김재권의 비판처럼 문제가 있는 것 같지는 않지만, 이것에 관한 논의는 본고의 논의 방향과는 다르기 때문에 다음 기회로 미루기로 한다. 그 대신 유형 동일론을 발전시켜 세련된 형태로 진화시켜 보면, 결국 김재권의 예화된 속성 동일론과 같은 결론에 이르게 된다는 점을 밝혀 유형 동일론을 옹호하기로 한다.

필자는 위에서 유형 물리주의 또는 유형 동일론을 반박하기 위해 출현한 기능주의의 다수 실현 가능성 논변이 실제로는 개별 종적 동일론을 가정해야만 성립한다는 점을 설명했다. 이제 유형 동일론이 개별 종적 동일론으로 진화해야 하는 이유를 위에서와는 다른 각도에서 논의해 보겠다. 필자는 다수 실현 가능성 논변을 언급하지 않더라도 우리의 심성적 속성이 처음부터 개별 종에 고유하다고 믿는다. 다시 말해, 기능주의자들이 암묵적으로 가정하고 있듯이 모든 종에 걸쳐 공통으로 동일한 보편적인 심성적 속성은 처음부터 존재하지 않는다고 본다. 이 주장을 다음과 같이 증명해 보이겠다. 우리는 박쥐가 심성적 속성을 가지고 있다고 믿는다. 박쥐가 통증을 느끼는 것과 같은 그 무엇이 존재한다고 믿으며, 또 한편으로 박쥐는 벌레 한 마리가 가까이 날고 있다는 것을 보고 알며 또 목이 마르면 물을 찾는 욕구가 있다고도 믿는다. 분명 박쥐에게도 심성적 상태가 있다. 그러나 박쥐는 우리와 전적으로 다른 감각기관과 행동 방식, 그리고 생리적 구조를 가지고 있기 때문에 우리는 박쥐의 심성 상태가 어떠할 것이라는 데 대해 아무런 이해나 경험도 가질 수 없다. 한 마디로 우리는 박쥐의 관점을 취할 수가 없다. 그래서 박쥐들의 심성적 상태들이 우리와는 분명 다르다. 이와 같은 논점은 다른 종들에도 그대로 적용된다. 개, 사자, 침팬지, 그리고 화성인은 각자 그들만의 고유한 심성적 상태를 가지고 있겠지만, 우리는 그것이 어떠할 것이라는 데 전혀 이해나 경험이 없다. 그리고 박쥐가 느끼는 통증의 감은 예를 들어 공룡이 느끼는 통증의 감과는 매우 다를 것임도 분명하다. 이 점을 의심할 수는 없다. 그래서 필자는 '통증'이라는 심성적 상태가 개별 종마다 고유하게 다르다고 결론지어야 한다고 믿는다.[12]

우리는 여러 종들 사이의 어떤 심성적 상태들을 기술하기 위해

'통증'이라는 단어를 두루 사용한다. 그러나 이것이 이 여러 종들의 생물체들이 모두 같은 유형의 심성적 상태를 가지고 있다는 의미는 아니다. 우리가 '인디애나'라는 이름을 미국의 한 주(洲)와 애완견의 이름으로, 또 영화의 주인공 이름으로도 사용한다. 그러나 그렇다고 해서 이 이름이 지시하는 것들이, 같은 이름으로 지시된다는 사실 이외에, 모두 어떤 공통된 속성을 가지고 있다는 것은 아니다. 물론 이것은 전혀 놀라운 사실이 아니다. 마찬가지로 여러 다른 종들의 생명체들 사이에 '통증'이라는 하나의 이름으로 불리는 여러 다른 심성적 속성들이, 같은 이름으로 불린다는 사실 이외에 아무런 공통된 특성이 없다고 해도 놀라울 것이 없다. 비록 우리가 여러 종의 생명체들 사이에 상이한 심성적 상태들을 골라 내어 기술하기 위해 관습적으로 같은 단어나 표현들을 사용하지만,

---

12 한편 환원론적 물리주의에 반대하는 토마스 네이글조차 실은 심성적 상태의 개별 종적 고유성을 인정한 점에 주목해 보면 흥미로울 것이다. 그에 의하면, "나는 여기서 경험이 경험하는 사람에게만 사적(私的)으로 알려짐을 말하는 것이 아니다. 문제가 되는 관점은 오직 어떤 한 개인에게만 접근 가능한 것이 아니다. 그것은 오히려 어떤 하나의 '유형'이다. 자신의 관점과 다른 관점을 취하는 것이 종종 가능하며, 따라서 그러한 사실들을 이해하는 것이 자신의 경우에만 제한되는 것이 아니다. 현상적인 사실들이 완벽하게 객관적이라고 볼 수도 있는 이유가 있다: 한 개인이 다른 사람의 경험이 질적으로 어떠하다는 것을 알 수도 또 말할 수도 있다. 그러나 현상적인 사실들은 이러한 경험의 객관적인 기술조차도 오직 기술의 대상에 충분히 유사한 사람에게만 그의 관점을 취하는 것이 가능하다는 점에서는 주관적이다 — 말하자면, 이 기술을 삼인칭적 관점에서뿐 아니라 일인칭적 관점에서도 이해하는 것이 가능하다는 점에서"(T. Nagel, "What Is It Like To Be a Bat?", *Philosophical Review* (1974), 441–442쪽).

심성적 상태들은 각각의 종에 고유하며 서로 다르다. 40년 전에 기능주의자들은 단지 우리가 같은 단어를 사용한다는 이유만으로 모든 다른 종들에 걸쳐 공통된 일반적인 심성적 속성들이 존재한다고 가정하는 중대한 오류를 범했다.

지금까지의 논점을 더 분명히 하기 위해 예를 하나 더 들어 보겠다. 벌레 한 마리가 가까이 날고 있다는 소크라테스의 믿음과 벌레 한 마리가 날고 있다는 박쥐의 믿음(물론 그것이 믿음을 가지고 있다면) 사이에 우리에게 관심사가 될 만한 어떤 공통된 속성이 존재하는가? 필자는 "그런 것은 전혀 없다, 단지 우리가 '벌레 한 마리가 날고 있다'는 우리의 언어로 마치 박쥐의 심성적 상태가 우리의 심성적 상태와 같은 양 기술하고 있다는 점 외에는"이라고 답하겠다. 소크라테스는 자신의 두 눈을 이용해 벌레들을 보며 분명 그것들을 쫓으려고 할 것이다; 그러나 박쥐들은 초음파를 이용해 벌레들을 발견하고 그것들을 잡아먹으려 할 것이다. 여기서 소크라테스의 심성적 상태와 박쥐의 심성적 상태 사이에는 아무런 속성도 공유되지 않고 있다. 우리가 박쥐의 심성적 상태를 '우리의 언어'를 이용해 기술해 놓고는 종종 우리가 박쥐의 심성적 상태를 이해한다고 믿는 것이 흥미로울 뿐이다. 박쥐가 만약 그것들 고유의 언어를 가지고 있다면, 그들은 자신의 심성적 상태를 우리가 결코 이해할 수 없는 방식으로 기술할 것이다.[13]

---

13 비트겐슈타인도 비슷한 취지의 말을 한 적이 있다. "만약 사자가 말을 할 수

심성적 상태가 개별 종마다 고유하고 다르다는 점은 충분히 논의되었다고 본다. 그러나 앞서 살펴보았듯이, '통증'이 실세로는 종마다 다른 심성적 속성이라는 점을 인정하더라도 다수 실현 가능성 논변은 여전히 개별 종적 유형 동일론을 반박할 수 있다. 한 종에 속하는 여러 다른 개체들의 두뇌 구조가 상당히 다르다는 것은 잘 알려진 과학적 사실이고 또 한 개체의 두뇌 구조도 시간에 따라 변한다는 사실도 확인되었다. 그래서 예를 들어 '인간의 통증'이 여러 다른 개인들과 또 한 개인에서도 다른 시점들에서는 질적 구조적으로 충분히 다른 물리적 토대에서 실현되게 되어 개별 종적 동일론은 또다시 기능주의의 다수 실현 가능성 논변에 의해 반박될 수 있다. 다수 실현 가능성 논변은 심성 현상이 일어날 수 있는 가장 작은 단위의 대상인 한 개체 안에서까지도 적용되기 때문이다. 이제 필자는 논의의 방향을 바꾸어 지금까지의 심리철학 논의에서 주목하지 않은 개개 심성적 현상의 고유성에 대한 견해를 제시해 보겠다. 우리가 느끼는 통증은 속성 유형으로서의 형이상학적 '통증'을 상정할 수 있을 정도로 그렇게 모두 질적으로 동일한가? 결코 그렇지 않다는 것을 우리는 경험으로 안다. 잠을 이룰 수 없을 정도로 쑤시는 치통과 그저 둔하게 느끼는 치통 사이에는 분명 그 강도에서 큰 차이가 있다. 같은 치통이라고 불리지만

있다 해도, 우리는 그를 이해할 수 없을 것이다." L. Wittgenstein, *Philosophical Investigations*, translated by G. E. M. Anscombe(Basil Blackwell, 1953), 223쪽.

둘은 분명 다른 심성적 상태들이다. 또 통증은 강도에서뿐만 아니라 질적으로도 무척 다르다. 치통과 두통은 그 감이 다르며 발바닥을 다쳤을 때와 손가락을 삐었을 때의 통증도 서로 다르다. 사람에 따라 차이가 있겠으나 훈련과 집중을 통해 우리는 원칙적으로 무수히 많은 종류의 통증을 구별해 낼 수 있다. 통증을 일으키는 몸의 부위가 다르면 그 통증의 감과 종류도 다른 것이며, 그 강도와 부위 등 여러 요소들을 모두 고려한다면 실제로는 어떤 두 개의 통증도 질적으로 완벽히 같을 수는 없을 것이다. 다시 말해 어떤 시점에서 느끼는 통증은 결코 두 번 다시 완벽히 같은 통증으로 재현될 수 없다. 개개의 통증의 경험은 하나하나 모두 다른 것이니, 형이상학적 대상으로서의 추상적인 통증의 유형을 상정하는 것은 실제로 무의미하다. 모든 하나하나의 통증은 고유하고, 이 점은 다른 모든 종류의 현상적 심성 상태의 경우에도 적용된다. 한편, 통증 같은 현상적 심성 상태뿐 아니라 '벌레 한 마리가 가까이 날고 있다'는 믿음과 같은 지향적 심성 상태에 대해서도 같은 논의가 필요하다. 우리 개개의 믿음이 주어진 믿음 체계 안에서 다른 믿음들과의 정합적 관계에 의해 그 내용이 결정되는 이상, 그리고 현실 세계에서 전적으로 동일한 두 개의 믿음 체계가 존재할 수 없는 한, 한 개체의 어떤 믿음도 다른 어떤 믿음과도 그 내용이 전적으로 동일할 수는 없다. 따라서 엄밀히 말해 동일한 믿음이 결코 두 번 반복될 수는 없다. 모든 하나하나의 믿음은 고유하고 서로 다르다.

위에서 논의한 바와 같이 현상적이든 지향적이든 모든 심성적 상태는 하나하나 고유하고 서로 다르다. 이제 필자가 좋아하는 김재권의 논의 방식을 빌려 하나하나 예화된 심성적 속성이 하나하나 예화된 물리적 속성과 동일함을 보이겠다. 어떤 구체적으로 주어진 경우에 통증이 일어났다고 하자. 이 통증은 다시는 반복될 수 없는 고유한 심성적 사건이다. 그런데 이 경우에 일어난 하나의 통증의 예를 구체적으로 들여다보면, 다시 말해 형이상학적인 추상적 사고를 잠시 접어 둔 채 이 경우에 일어난 통증의 예를 직접 보면, 우리는 실제로 이것이 하나의 C-신경섬유 자극이 일어난 것 이상의 아무것도 아님을 보게 된다. 이 경우에 존재하는 것은 C-신경섬유 자극이라는 예화된 물리적 속성 이외에는 아무것도 없다. 따라서 예화된 이 통증의 속성은 예화된 이 C-신경섬유 자극의 속성과 존재적으로 동일함이 보이는 것이다.

필자는 지금까지의 논의에서 유형 동일론이 개별 종적 동일론으로, 개별 종적 동일론이 다시 개별 구조적 동일론으로, 그리고 개별 구조적 동일론이 예화된 속성 동일론으로 진화해 옴을 보였다. 그런데 반갑게도 바로 이렇게 유형 동일론이 그 세련된 형태로 진화하다 보면 김재권의 기능주의 환원론과 마찬가지로 예화된 속성 동일론으로 귀결됨을 볼 수 있다. 필자가 본고의 서두에서 이 논문이 유형 동일론과 김재권의 기능주의 환원론이 그 각각의 발전된 형태에서 같은 결론으로 수렴됨을 보이는 것을 목표로 한다고 했는데, 이제 그 목표에 가까이 온 듯하다. 그런데 유형 동일론에서 진화한 예화된 속성 동일론은 김재권의 기능주의 환원론보다 더 큰 설명력을 가진다고 보아야 한다. 왜냐하면 김재권의 기능주의 환원론이 기능주의에 의존하는 이유로 감각질 현상에 관련된 환원 과 심성적 인과의 문제를 해결할 수 없는 반면, 유형 동일론에서 진화한 예화된 속성 동일론에서는 심성 현상의 모든 부분이 각각 예화됨에 있어 특정한 예화된 물리적 속성과 그것이 존재적으로 동일함을 보여 감각질의 환원 및 심성적 인과의 문제점들이 전혀 없게 되기 때문이다.

5 새로운 존재론의 시도

필자가 본고에서 그려 온 존재론은 예화된 속성(또는 개별 사건) 만이 실재하는 그림이다. 그리고 필자는 어떤 두 예화된 속성도 질 적으로 완벽히 동일할 수는 없다고 본다. 우리가 지금까지 언급해 온 속성들은 실은 모두 유형들인데, 필자는 이 속성 유형들을 형이 상학적으로 실체화(reification)하는 데 반대한다. 김재권의 논의를 연장해 고려해 보면 단지 이차 기능적 속성들뿐 아니라 모든 이차 속성이 이 세계에 형이상학적 실체로서 실재하는 것이 아니라 단 지 이차 개념 또는 이차 지칭어로서 우리가 사용하기에 편리한 도 구에 불과함을 보게 된다. 예를 들어 통증을 가진다는 것은 어떤 형이상학적인 통증 유형이 예화되는 것이라기보다는, 먼저 하나의 구체적인 통증 속성이 특정 시간, 특정 물체에 존재하고 그것을 우 리가 '통증'이라는 개념을 이용해 그 경험을 정리하고 이해하게 되는 것이다. 추상적인 형이상학을 잠시 접어 두고 실재하는 세계를 직접 보자. 존재하는 것은 구체적인 통증과 구체적인 C-신경섬유 자극이라는 사건들이다. 어떤 두 통증도 완전히 동일하지는 않다. 어떤 두 C-신경섬유 자극도 마찬가지이다. 그러나 그럼에도 불구하고 우리는 '통증'과 'C-신경섬유 자극'이라는 개념을 이용해 우리의 일상생활의 경험들을 정리하고 이해하며 또 유사한 사건들에 공통된 본성이 있으리라 믿고 그것을 탐구하기도 한다.

그런데 주목해야 할 문제는 우리가 이러한 개념들을 실체화해서 실제로 존재하는 대상들로 여기려는 경향이 심하다는 것이다. 플라톤 이래의 철학의 역사가 우리의 이런 경향이 얼마나 강한지를 잘 보여 준다. 더 어려운 문제는 우리의 언어 체계 자체가 이런 경향을 토대로 만들어져 있다는 점이다. 예를 들어 길동이가 심한 치통을 앓고 있다고 하자. 우리는 지금 여기서 일어나고 있는 개별 사건을 '통증'이라는 개념을 써서 기술하게 되는데, 바로 이 순간 우리는 마치 이 '통증'이라는 개념이 존재 세계에 유형으로서의 그 자신의 지시체를 직접 가지고 있을 듯이 생각하게 된다. 그러나 유형으로서의 통증은 존재하지 않으며 단지 우리가 사용하는 '통증'이라는 개념이 있을 뿐이다. 존재하는 것으로는 서로 다름에도 불구하고 모두 '통증'이라고 기술되는 개별자 통증 속성들 또는 개별자 통증 사건들이 있을 뿐이다. 우리가 일상생활의 목적을 위해 실용적으로 만들어 낸 개념들을 실체화함으로써 철학에 많은 난제들이 생겨나게 되었다. 심리철학과 과학철학도 예외가 아닌 것 같다.

제6장
김재권의 조건부 환원주의

최훈

1 서론

   김재권이 『물리주의』[1]에서 다루고 있는 주제는 **심성적 인과**(mental causation)와 **의식** 두 가지이다. 심성적 인과의 문제는 근본적으로 물리적인 세계에서 마음이 어떻게 인과력을 발휘할 수 있느냐는 물음이고, 의식의 문제는 물질들로만 이루어진 세계에서 의식과 같은 것이 어떻게 존재할 수 있느냐는 물음이다. 서로 연결

---

1 하종호 옮김(아카넷, 2007). 원저의 제목은 *Physicalism, or Something Near Enough*(Princeton University Press, 2005)이다. 이 논문에서 쓰이는 모든 용어는 번역본에서 쓰인 것을 따르겠다. 그리고 특별한 표시가 없으면 쪽 표시는 이 번역본의 쪽수를 가리킨다.

되어 있는 이 두 가지 문제는 현대 물리주의를 위협하는 대표적인 반론들인데, 김재권은 그 반론들에 대해 대답하고 자신의 논변을 적극적으로 제시함으로써 자신이 생각하는 물리주의를 내놓는다.

첫 번째 문제에 대한 김재권의 대답은 **조건부 환원주의**(conditional reductionism)이다. 그것은 "실제로 심성이 인과적인 영향력을 가져야 한다면, 그것은 물리적으로 환원 가능해야 한다"(245쪽)라는 주장으로서, 달리 말하면 심성이 물리적으로 환원 가능하지 않다면 그것은 부수현상일 수밖에 없으므로, 심성적 인과를 원하는 사람이라면 좋든 싫든 간에 심신 환원을 진지하게 받아들일 준비가 되어 있어야 한다는 것이다. 그런데 그가 환원이라고 할 때는 네이글 (E. Nagel)식의 고전적인 환원이나 심신 동일론적 환원이 아니라 **기능적 환원**이다. 간단히 말하면 어떤 인과적인 역할을 수행하는 속성들을 가지고 있는 속성이라고, 선험적으로 접근 가능한 기능적 정의를 할 수 있을 때에만 그 속성은 기능적으로 환원 가능하다. 이런 생각은 김재권의 이전 저술들에서 이미 제시된 것인데[2], 이 책에서는 인지적 속성이나 지향적 속성들은 그 성격이 기능적으로 규정될 수 있어서 환원이 가능하지만 의식의 현상적 속성들(감각질)은 그런 기능적인 환원이 불가능하다고 적극적으로 주장한다.

결국 김재권의 물리주의에서는 다른 모든 심성은 부수현상론에서 구해 낼 수 있지만, 감각질만은 부수현상론의 위협에 굴복하고

---

2 Jaegwon Kim, *Mind in a Physical World*(The MIT Press, 1998), 4장을 보라.

만다고 인정한다. 그러나 그가 보기에 이것은 물리주의에 결함이 기는 해도 그리 "크지는 않은" 결함이고 이 정도면 "우리가 가질 수 있는 최대한의 물리주의"(265쪽)이다. 왜냐하면 "인지와 행동에서 차이를 낳는 것은 감각질의 유사성과 상이성이지 감각질의 본래적인 성질들(현상적 속성)은 아니"(18쪽)기 때문이다. 그래서 그는 물리주의는 "완벽한 진리는 아니지만 거의 충분한 진리"(265쪽)라고 결론을 내린다.[3]

나는 비물리주의자들이 감각질을 이용해서 물리주의를 괴롭힌 내력을 생각해 보면, 물리계 안에서 수용할 수 없는 감각질이라는 "심성적인 찌꺼기"(258쪽)를 가지고 살아가면서 과연 '충분한' 물리주의라고 안도할 수 있는지 의문이다. 김재권은 감각질이 "어떠한 인과적인 차이도 낳지 않아서 그것이 없어도 별로 아쉽지 않다"(263쪽)라고 생각하지만, 비물리주의자들에게 환원되지 않는 감각질은 인과적인 힘의 여부와 상관없이 심성을 이루는 핵심적인 요소이고 그것만으로도 물리주의에게 위협이 된다고 생각하기 때문이다.[4] 그러나 나는 여기서 김재권이 다룬 두 가지 주제 중 심성적 인과에만 주목하려고 한다. 나는 우선 심성적 인과 문제에 대한 김

---

3 이런 점에서 원저의 제목인 *Physicalism, or Something Near Enough*에서 '완벽하지는 않지만 받아들이기에 거의 충분한'이란 구절은 중요한 의미를 갖는다. 그런데 옮긴이가 번역본에서 '간단히'(267쪽) 하기 위한 의도라고만 말하고 이것을 뺀 점은 아쉽다.

4 나는 감각질을 이용한 반물리주의 논변에 대해서 「의식, 상상가능성, 좀비」, 《인지과학》 제16권 4호(2005), 225-242쪽에서 비판적으로 다루었다.

재권의 해결책인 조건부 환원주의가 어떤 내용인지를 그의 수반 논변을 통해 살펴본다. 그가 염두에 두고 있는 환원은 국지적 환원이다. 그런데 나는 그의 조건부 환원주의는 개체 차원에서는 성공할지 모르지만 종에 제한해서나 종을 넘어선 총체적 차원에서는 실패함을 보여 주겠다. 그러므로 국지적 환원이 종에 제한적인 환원을 말한다면 조건부 환원주의를 통해 심성을 부수현상론에서 구해 낸다는 김재권의 계획은 성공하지 못한다.

2 수반 논변과 기능적 환원

조건부 환원주의가 참임을 보여 주는 논변은 수반 논변(배제 논변)이다. 곧 수반 논변을 통해서 "심성적 현상들이 물리적으로 환원될 수 있을 때에만 심성적 인과가 물리주의적 틀 안에서 가능하다는 것을 입증"(12쪽)하려고 한다. 이 논변을 위해서는 물리주의자라면 누구나 받아들일 심신 수반 원리 이외에 두 가지 원리가 더 전제되어야 한다. **배제 원리**와 **폐쇄 원리**가 그것이다.

배제 원리: 어떠한 단일 사건도 진정한 의미에서의 인과적 중복결정의 경우가 아닌 한, 그것은 주어진 시점에서 충분 원인을 하나 이상 가질 수 없다(71쪽).

폐쇄 원리: 어떤 물리적 사건이, t 시점에서 발생한 원인을 갖는다

면, 그것은 t 시점에서 발생한 물리적 원인을 갖는다(71쪽).

수반 논변은 심신 수반과 이 두 원리 그리고 심신 속성 이원론을 모두 받아들이는 것이 양립 가능하지 않다는 것을 증명한다. 그런데 물리주의자라면 폐쇄 원리를 받아들여야만 하고 배제 원리는 일반적인 형이상학적 규제이므로 거부하기가 어렵다. 그러므로 유일한 선택은 심신 속성 이원론을 버리는 것이고, 그것은 곧 환원주의를 받아들일 수밖에 없다는 것이다.

그러면 김재권이 제시하는 수반 논변을 좀더 구체적으로 따라가 보자.[5] 심성적 속성 M의 예화가 다른 심성적 속성 M*를 예화하게 만든다는 것이 심성적 인과일 것이다. 그런데 심신 수반에 따르면 M*의 예화는 M*가 수반하는 물리적 속성 P*가 예화하기 때문에 생긴다. 그러면 M*을 예화하는 것은 M의 예화인지 아니면 P*의 예화인지 고민스럽다. 이 고민을 해소하는 방법은 M의 예화가 P*가 예화하게 함으로써 M*의 예화가 일어나는 원인이라고 생각하는 것이다(〈그림 1〉 참고). 김재권도 한때 이것이 심성적 인과를 살릴 수 있는 해결책이라고 생각했다. 심성적 속성들이 기초 속성에 힘입어 '수반 인과관계'[6]에 있고, 이 인과관계는 '가상의' 것이 아니라

<hr />

5 수반 논변은 『물리주의』의 35-39쪽과 65-76쪽에 제시되어 있고, *Mind in a Physical World*, 2장 2절에서도 볼 수 있다.

6 Jaegwon Kim, "Epiphenomenal and Supervenient Causation", in *Supervenience and Mind : Selected Philosophical Essays*(Cambridge :

'실재하는'[7] 것이라고 생각하기 때문이다. 그러면 심성적 속성은 물리적 속성에 환원되지 않은 채 인과적으로 효력이 있다고 말할 수 있게 된다.

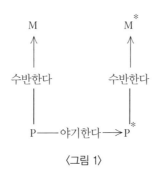

〈그림 1〉

그러나 김재권에게 이제는 환원 없는 물리주의는 '신화'일 뿐이다.[8] 수반 논변으로는 M이 인과적으로 무능하다는, 곧 부수현상이라는 비판을 받게 되기 때문이다. 폐쇄 원리에 따르면 P*의 예화가 일어나도록 실제로 작용하는 것은 다른 물리적 속성 P의 예화이다. 그러면 P*가 예화한 원인은 M의 예화와 P의 예화 두 가지가 있게 된다. 심신 속성 이원론에서는 이 둘은 동일하지 않고 별개의

Cambridge University Press, 1993). 이 논변에 대해서는 최훈, 「수반과 수반 인과 논변」, 《철학연구》 제71집(2005), 179-198쪽을 보라.

7 Jaegwon Kim, 앞의 논문(1993), 102-103쪽.

8 Jaegwon Kim, "The Myth of Nonreductive Materialism"(in *Supervenience and Mind*, 265-284쪽)라는 제목을 보라.

것들이다. 그렇다면 배제 원리에 따르면 그중 하나를 원인에서 실격시킬 수밖에 없다. M과 P 중 어느 것을 실격시켜야 할까? 당연히 M을 실격시켜야 한다. P가 실격되면 폐쇄 원리에 어긋나기 때문이다. 따라서 M은 아무런 인과적인 역할을 하지 못한다. M의 예화와 M*의 예화 사이에 성립한다고 생각되는 인과관계는 결국 "그렇게 보일 뿐이지, 실제로 인과관계가 있는 것은 아니다"(39쪽).

그러면 우리는 어떤 선택을 해야 할까? 부수현상론을 안고 살아갈 수도 있다. 부수현상이면 어떤가? 마치 "한 대의 차가 운전하는 중에 만들어 내는 연이은 두 그림자들 사이에 인과관계가 없"(39쪽)지만 그 그림자들을 받아들이는 것도, 김재권의 말을 빌리면, 형이상학적으로 "간단하고 격조 높은 그림"(39쪽)일 수 있기 때문이다. 심성적 속성에 그렇게라도 애착을 보이는 것이 이해가 가기는 하지만, 이것은 심성적 속성을 살릴 수 있는 최선의 선택은 아니다. 김재권이 자주 인용하는 알렉산더의 격언("어떤 것에서 인과력을 뺏는 것은 곧 그것의 존재를 뺏는 것과 같다.")에 따르면 "심성적 속성은 어떠한 목적도 없는 인과적으로 게으른 '부수물'로서 우리의 존재론에서 추방"(243쪽)되기 때문이다. 심성적 속성을 구하려다가 오히려 제거주의라는 최악의 상황에 빠지게 되는 것이다.[9]

---

9 심신 문제에 관심을 갖는 많은 철학자들이 그렇지만 김재권도 제거주의를 피해 가야 할 이론으로 생각한다. 이것은 심성적 속성의 존재를 당연히 인정하는 직관을 존중하는 것이겠지만, 합리적인 논증의 결론(제거주의)과 직관(심성적 속성의 존재) 중 직관의 손을 들어주는 것은 합리적인 태도가 아니다.

그러므로 심성적 인과를 구하려고 한다면 물리적 환원주의를 차선책으로 받아들일 수밖에 없다. 이것은 "심성의 환원 불가능성과 인과적 효력을 모두 원하는 물리주의자들[에게] 소름이 돋"(40쪽)게 만드는 일이겠지만, 심성적 인과를 수호하려고 한다면 마음에 안 들어도 어쩔 수 없는 일이다. 심성의 자율성은 희생되기는 하지만 어쨌든 심성의 인과적 효력은 구해 낼 수 있으므로 현재로서는 물리적 환원이 최상의 선택이다. 김재권이 환원주의 자체를 옹호한 것은 아니다. 그리고 자신을 '환원주의자'로 부르는 것도 잘못이라고 말한다(246쪽, 주석 8). 그는 "심성적 인과를 믿는 사람이라면 누구나 심신 환원을 받아들일 준비가 되어 있어야 한다"(245쪽)는 조건부 환원주의를 주장한 것이다.

이제 필요한 것은 환원의 구체적인 내용이다. 김재권이 환원의 후보로 거론하는 것은 네이글식의 교량 법칙적 환원, 동일론적 환원 그리고 기능적 환원, 세 가지이다. 이 가운데 네이글의 모델은 철저한 이원론들과도 양립 가능하기 때문에 진정한 환원을 산출하지 못한다는 점이 쉽게 입증된다(4장 2절). 동일론적 환원은 심신 유형 동일론에서 이용된다. 이 환원을 지지하는 세 종류의 논변이 있는데 김재권은 『물리주의』의 5장을 이 논변들이 만족스럽지 못함을 보이는 데 할애한다. 심신 유형 동일론을 적극적으로 옹호하

나는 결론에서 김재권의 주장이 제거주의로 갈 수 있는 여지가 충분히 있음을 지적했다.

는 논변들이라면 심성적인 것과 물리적인 것이 상관관계가 있다는 것에서 동일성으로 넘어가는 근거를 설득력 있게 제시해야 하는데, 그 논변들은 그 역할을 제대로 해 내지 못하기 때문이다.

그래서 김재권은 심성적 속성을 환원하는 방법으로 기능적 환원을 제안한다(43-46쪽, 157-159쪽). 그의 기능적 환원은 심성적 속성을 기능화를 통해 심성적 속성의 기능적 역할과 심성적 속성의 기초가 되는 물리적 속성의 기능적 역할이 동일함을 보여 줌으로써 두 속성이 동일함을 보여 주는 방법이다. 심성적 속성으로 고통을 예로 들어 보자. 고통을 환원하기 위해서는 첫째로 고통을 기능화한다. 곧 고통을 기능화하면 고통의 예화는 세포조직의 손상과 같은 특정한 자극 조건들에 의해서 전형적으로 발생하고 찡그림과 같은 특정한 출력들을 전형적으로 발생시키는 상태에 있는 것이라고 말할 수 있을 것이다. 기능적 환원의 그 다음 단계는 그런 역할을 만족하는 '실현자'를 찾는 것이다. 고통의 경우에는 세포조직의 손상에 의해서 생겨나고 찡그림을 일으키는 내적 상태를 유기체에서 찾아 내면 된다. 인간과 포유류의 경우에는 특정 대뇌피질 부위에서 일어나는 전기적인 활성 상태가 그런 역할을 한다고 알려져 있는데 그러면 그 신경 상태가 고통의 실현자가 될 것이다. 그래서 김재권은 이렇게 말한다.

고통이 이런 식으로 기능화될 수 있다면 고통의 사례들은 고통의 실현자들이 갖는 인과력을 갖게 될 것이다. (…) 이렇게 되면, 즉 고통을 기능화할 수 있다면, 고통의 인과적 효력에 관한 문제가 해결될 것이다(45쪽).

고통이 기능화된다면 고통 사례들에 대해서 심성적 인과의 문제는 해결되는 것이다.

이런 기능적 환원을 통해서는 결과적으로 **국지적 환원**이 나온다는 점이 흥미롭다. 기능화된 인과적 명제를 만족하는 상태를 찾다 보면 특정 집단 또는 특정 개체가 갖는 실현자가 발견될 수밖에 없는 것이다. 그래서 고통의 경우라면 "인간의 고통, 개의 고통, 또는 화성인이 느끼는 고통의 신경 기초를 찾는 것이 우리의 관심거리이다. 또 현재 시점에서 당신이 느끼는 고통, 또는 어제 내가 느낀 고통의 신경 기초를 확인하는 것이 우리의 관심사일 수 있다"(44쪽). 실제로 고통을 실현하는 모든 실현자들을 확인할 수는 없다. 김재권은 이런 점에서 "모든 유기체와 종과 체계를 망라해서 단 한 번에 끝내는 환원이 요구되는"(159쪽) 네이글식의 환원에 비해서 "기능적 환원은 우리에게 여러 과학에서 쓸 수 있는 좀더 현실적인 환원의 모습을 보여"(159쪽) 주는 장점이 있다고 주장한다.

그리고 "오랫동안 모든 특수 과학의 속성들에 대해 일률적으로 적용되는 주문(呪文)이자 만능의 반환원주의적 논변"(90쪽)이었던 **다수 실현 가능성** 논변은 여기서 장애가 되지 않는다. 다수 실현이 일어난다고 해서 환원 불가능한 것이 아니라 다수의 환원 기초로 환원된다고 보면 되기 때문이다. 가령 고통이 다수의 물리적 실현자들을 가지고 그 실현자들이 P_1, P_2, …이라고 할 때, 임의의 고통 사례는 P_1의 사례가 되거나 P_2의 사례가 되거나 … 할 것이다.

3 사례 차원의 인과

김재권의 수반 논변은 고통 사례 차원에서 이야기되고 있음을 주목해야 한다. 물론 이전 저술들에서도 인과가 사례 차원에서 일어난다고 생각하기는 했지만 『물리주의』에서는 철저하게 사례 차원에서 논변을 전개하고 있다. 수반 논변을 시작할 때도

> 속성들 자체는 인과관계를 맺지 않는다. 우리가 "M은 M*의 원인이다"라고 말할 때, 그것은 "M의 사례는 M*의 사례의 원인이다"라든지 "M의 사례는 그 시점에서 M*가 예화되게 한 원인이다"를 줄여서 표현한 것이다(65–66쪽).

라고 말하고 있으며, 수반 논변의 함축도 "모든 고통 사례는 그것의 실현자들의 사례들로 환원되는 것이다"(45쪽)라고 꼼꼼하게 설명하고 있다. 그의 말처럼 "결국 인과는 속성 사례들이나 유적(類的) 사례들 간의 관계이지 속성들이나 종류들 자체 간의 관계는 아니"(94쪽)므로 이와 같은 접근법은 옳다고 할 수 있다.

그러면 사례가 아니라 심성적 종류로서 고통 자체가 갖는 인과적 효력에 대해서는 뭐라고 말해야 할까? 다시 말해서 내가 바늘

에 찔렸을 때 느끼는 고통의 사례 말고, 인간의 고통은 있을까? 더 나아가 어떤 존재의 고통이 됐든 고통 그 자체의 인과적 효력은 있을까? 인과는 사례 차원에서 일어나므로, 데이비드슨(D. Davidson)식의 '개별자 동일성'이면 충분하고 고통 자체의 인과적 효력은 관심 밖이라고 말하면 될까?[10] 이것은 김재권이 원하는 대답은 아니다. "M의 사례가 P의 사례와 동일하다고 말할 때 그것이 의미하는 바는, 속성 동일성 M=P를 요구하거나 그것들 사이에 환원관계가 성립할 것을 요구한다"(70쪽, 주석 9)고 보기 때문이다. 김재권은 고통 자체의 인과적 효력에 대해서 다음과 같이 말한다.

(…) 하나의 종(種)으로서의 고통은 인과적으로 이질적이되 그것의 다양한 실현자들의 이질성만큼이나 이질적이라는 것이다. 바꿔 말해서 종으로서의 고통은, 과학적 이론화가 수행될 때에 근거하는 진정한 자연종에 대해 우리가 기대하는 인과적(법칙적) 단일성을 결여하게 된다. 고통이 다수의 다양한 물리적 실현자들을 가진 기능적 속성이라고 전제한다면 우리는 그렇게 되리라 예상해야 한다. '다수 실현들'에서 '다수'라는 말이 뭔가를 의미해야 한다면, 그것은 인과적(법칙적) 다수성을 의미해야 한다. 만일 고통의 두 실현자들이 인과적으로나 법칙적으로 다양하지 않다면, 그것들이 하나가 아니라 둘이라고 생각할 이유

10 데이비드슨의 무법칙적 일원론과 김재권의 물리주의 사이의 관계에 대해서는 최훈, 「데이비드슨의 무법칙적 일원론과 백도형의 심신유명론」, 《철학적 분석》 제10집, 77–108쪽을 보라.

가 없다. 이러한 설명대로 하자면, **고통은 인과적으로 무력하거나 부수현상적이지 않을 것이다. 고통은 인과적으로 이질적일 뿐이다**(46쪽, 필자의 강조).

지금 문제가 되는 것은 인간의 고통, 개의 고통, 화성인의 고통처럼 종에 제한된 고통이나 종에 제한되지 않은 '총체적인' 고통그 자체의 인과력이다. 우리는 포더(J. Fodor)에 의해서 이질적인종의 선접(disjunction)은 설명력과 투사력이 부족하여 법칙이 아니기 때문에 종 술어가 아니라고 알고 있다.[11] 그리고 김재권도 이질적인 선접은 투사 가능하지 않으며 따라서 종이 아니라고 주장했었다.[12] 어떤 속성이 투사 가능하지 않다면 거기에는 인과적인 힘이 없다. 그리고 총체적인 고통은 그 실현 기초가 이질적이므로 투사 가능하지 않다고 알고 있다. 그런데 어떻게 고통은 '인과적으로이질적일 뿐'이며 '인과적으로 무력하거나 부수현상적이지 않을'수 있을까? 인과적으로 이질적이면 인과적으로 무력해야 하지 않는가?

---

11 J. Fodor, "Special Sciences", in *Representations: Philosophical Essays on the Foundations of Cognitive Science*(Cambridge: MIT Press, 1981), 127–145쪽.

12 Jaegwon Kim, "Multiple Realization and the Metaphysics of Reduction," in *Supervenience and Mind: Selected Philosophical Essays*(Cambridge: Cambridge University Press, 1993), 309–335쪽; Jaegwon Kim, 앞의 책 (1998), 108–110쪽.

김재권은 이 주제에 대해 『물리주의』에서 더 이상의 설명을 하지 않고 있다. 따라서 그가 어떻게 해서 이런 결론에 이르렀는지 추측해 볼 수밖에 없다. 나는 김재권이 이질성에 정도차가 있음을 받아들이는 것이 아닌가 생각한다. 다시 말해서 이질적인 선접 속성이라고 해서 반드시 인과적인 힘이 없는 것이 아니라, 그 선접 마디(disjunct) 속성들이 서로 얼마나 이질적이냐에 따라 인과적인 힘이 정해진다는 생각을 따르는 것이다.[13] 그러나 나는 이런 생각을 밀고 나간다면 국지적 환원주의도 결국은 부수현상론에 손을 담글 수 있는 여지가 있다고 생각한다. 그렇다면 국지적 환원을 받아들임으로써 심성 인과 문제를 해결할 수 있다는 김재권의 구도는 삐걱거리고 만다. 지금부터 왜 그렇게 되는지 설명하겠다.

4 총체적 고통과 국지적 고통

김재권은 다음과 같은 원리를 제시한다.

인과적 계승 원리: 만약 M이 P에 의해 실현된다면, M의 이 사례의 인과적 힘은 P의 사례의 인과적 힘(아마도 그 부분집합)과 같다.[14]

---

13 나는 「선언 전략: 선언 속성의 법칙성」, 《철학》 제71집, 133–157쪽에서 이런 주장을 펼쳤다.

14 Jaegwon Kim, "The Nonreductivist's Troubles with Mental Causation", in *Supervenience and Mind: Selected Philosophical Essays*(Cambridge: Cambridge University Press, 1993), 355쪽. 원문 강조.

김재권은 이 원리를 부정하는 것은 물리적 실현의 인과적 힘을 넘어선 인과적 힘이 있다는 것을 믿는 것이기 때문에 마술을 믿는 것이나 마찬가지라고 생각한다. 그래서 "기화기(carburetor)는 기화기로 기능하는 물리적 구조의 인과적 힘을 넘어서는 인과적 힘을 가질 수 없다. 그리고 개별기화기의 인과적 힘은 그것이 실현되는 특정 물리적 장치의 인과적 힘과 정확히 같다"[15]고 말한다. 그런데 여기서 주의할 것이 있는데, 인과적 계승 원리가 말하는 바는 사례들의 인과적 힘이라는 것이다. 앞에서 김재권이 『물리주의』에서 철저하게 사례 차원에서 논변을 전개하고 있다고 말했는데, 인과적 힘은 실제로 구체적 사례에 있음을 강조하기 위해서일 것이다. 따라서 심성적 속성의 인과적 힘에 대해서 말하려면 개별적인 심성적 속성 사례의 인과적 힘을 모아야 하고 그것을 모으는 게 이상할 것 없다. 유형으로서의 물리 속성에 인과적 힘이 있다는 것을 지금 우리는 의심치 않고 있지만 그 인과적 힘도 개별자로서 물리 속성 사례의 인과적 힘을 모은 것이기 때문이다. 심성적 속성 사례의 인과적 힘이 그 사례를 실현하는 물리적 속성 사례의 인과적 힘에서 생긴다면 유형으로서의 심성적 속성의 인과적 힘도 유형으로서의 물리 속성의 인과적 힘과 같은 것이다. 그렇다고 해서 종에 제한되지 않은 총체적인 심성적 속성 일반의 인과적 힘도 있는가? 그것이 있으려면 국지적인 심성적 속성의 인과적 힘들을 모아야

---

15 Jaegwon Kim, *Philosophy of Mind* (Boulder: Westview Press, 1996), 118쪽.

하는데, 포더와 김재권의 논변에 따르면 그 인과적 힘의 근거가 되는 물리 속성의 인과적 힘들이 서로 이질적이기 때문에 한 물리 속성의 인과적 힘을 다른 물리 속성의 인과적 힘으로 투사할 수 없고 그래서 한데 모을 수가 없다. 인과적 힘들이 이질적이라는 것은 다시 말해서 인과적 힘들이 서로 닮지 않았다는 것이다. 그렇다면 총체적인 심성적 속성의 인과적 힘은 없다고 말해야 한다. 그리고 알렉산더의 격언에 따라 심성적 속성은 사실로서 존재하지 않고 '가상의 것'에 불과한 것이다. 그런 가상의 것은 자연에 존재하는 속성이 아니라 우리가 부여한 개념에 불과하다.

그런데 선접 속성이라고 해서 그 선접 마디들이 모두 터무니없이 이질적인 것은 아니다. 김재권이 든 예로 말해 보면 '류머티스성 관절염 또는 루푸스병'[16]은 이질적이고, 우리가 보통 투사 가능한 종이라고 생각하는 옥을 구성하는 경옥과 연옥도 인과적으로 이질적이다.[17] 그러나 '아프리카산 에메랄드이거나 아프리카산이 아닌 에메랄드'[18]는 터무니없이 이질적이지 않다. 두 선접 마디의 차이점인 아프리카산이냐 비아프리카산이냐는 에메랄드의 인과적 힘에 차이점을 만들지 않기 때문이다. 그래서 '아프리카산 에메랄드이거나 아프리카산이 아닌 에메랄드'는 이질적으로 선접적인, 비법칙적인 종을 가리키지 않고 '에메랄드'라는 완벽하게 법칙적인 종

---

16 Jaegwon Kim, 앞의 책(1998), 109쪽.
17 Jaegwon Kim, 앞의 책(1993), 319쪽.
18 Jaegwon Kim, 같은 책, 321쪽.

을 가리킨다. 선접 속성이라고 해서 다 문제되는 것이 아니라 그 선접 마디들이 터무니없이 이질적인 선접 속성이라는 것이 문제이다.

지금 우리에게 중요한 것은 고통이 이질적이라면 어느 정도로 이질적인가 하는 점이다. 김재권은 이전 저술들에서[19] 고통이 터무니없이 이질적이고 그래서 비법칙적이라는 것을 보여 주고 싶어했다. 그러나 고통이 이질적임을 직접 증명하지는 않고 자신이 비법칙적이라고 보인 '경옥 또는 연옥'에 빗대서 이질적일 것이라고 주장했을 뿐이다. 따라서 고통이 선접 속성이라고 해서 그것이 '경옥 또는 연옥'과 같은지 '아프리카산 에메랄드이거나 아프리카산이 아닌 에메랄드'와 같은지 단정적으로 말할 수 없다. 그것을 보여 주는 것은 과학적 탐구이다. 따라서 고통이 이질적이지 않을 가능성은 또는 이질적이라고 해도 조금만 이질적일 가능성은 얼마든지 있다. 블록(N. Block)은 "어떤 것이 어떤 기술을 만족하려고 한다면 자연법칙은 거기에 어떤 물리적인 제약 조건을 부과한다"는 내용의 디즈니 원리(Disney Principle)를 제시한 적이 있다.[20] 월트 디즈니 만화영화를 보면 찻잔이 생각하고 말하는 행동을 한다. 만약 정말로 찻잔이 생각하고 말을 하도록 만든다고 한다면 그 실현 과정에서 어떤 제약 조건이 부과될 것이다. 그런데 결국 그 실현은 무

---

19 "Multiple Realization and the Metaphysics of Reduction"과 *Mind in a Physical World*.

20 N. Block, "Anti-Reductionism Slaps Back", *Philosophical Perspectives* 11(1997), 120쪽.

턱대고 다양하게 이루어지는 것이 아니라 인간과 비슷하게 실현되도록 하지 않겠는가 하는 것이 블록의 생각이다. 이 니즈니 원리를 받아들인다면 총체적 심성적 속성을 실현하는 물리적 토대들에는 공통 구조가 있다고 짐작할 만하다. 그러나 여전히 그 공통 구조의 정도가 국지적인 심성적 속성의 공통 구조에 견주어 볼 때 다소 약할 것이라고 추측할 수는 있다. 그렇지만 그 결집력이 얼마나 약한지 현재로서는 알 수가 없다. 김재권은 위 인용문에서 "하나의 종으로서의 고통은 인과적으로 이질적이되 그것의 다양한 실현자들의 이질성만큼이나 이질적"이라고 말했다. 그도 선접 속성은 모두 이질적이라는 입장을 접고 어떤 선접 속성인지에 따라 다르다는 입장을 받아들이는 것 같다.

단정할 수 없기는 하지만 잠정적인 결론을 심신 속성 이원론자에게 딜레마의 형태로 제시할 수 있다. 김재권이 총체적인 심성적 속성의 물리적 기초에 물리적 동일성이 있다면 유형 동일성이 성립하므로 환원이 이루어진다. 각 영역에 제한해서 국지적으로 유형 동일성이 성립함은 말할 것도 없다. 반면에 총체적 심성적 속성이 이질적으로 실현되었기 때문에 사실은 개념에 불과하다고 말한다면 마찬가지 이유로 국지적인 심성적 속성도 어느 정도 개념의 성격을 띤다. 이 경우 총체적 심성적 속성이 부수현상이라면 국지적 심성적 속성도 어느 정도는 부수현상이다. 이 중 딜레마의 두 번째 뿔을 더 자세하게 설명하겠다.

서로 닮은 인과적 힘을 모으면 그것이 하나의 유형을 이룬다. 그리고 그 인과적 힘이 물리적인 힘이면 유형은 법칙적 종이 된다. 그런데 유형 또는 종에도 정도가 있다. 고통을 (1) 개체(사람의 경우에는 개인), (2) 사람이라는 종, (3) 총체적인 고통의 순서로 그 정도가 어느 정도인지 알아보자.

먼저 가령 A라는 사람의 고통을 보자. A의 고통은 각 시간에 따라 다수 실현된다. 그러나 t_1에서의 C-신경섬유의 발화, t_2에서의 C-신경섬유의 발화 등은 발화율에서 차이가 있기는 하지만 A의 고통이라고 부를 수 있는 원형적 하위 공간에 모여 있다. 그 중심부에서 얼마나 가까운가 먼가의 차이만 있을 뿐 모두 A의 고통이라고 아우를 수 있다. 그런 점에서 A의 고통은 유형을 이룬다. 물론 유형을 구성하는 것들이 모두 똑같은 것들은 아니지만 그것들은 아주 큰 통계적 규칙성을 보인다. A의 고통은 하위의 미시 물리 속성에 다수 실현되기는 하지만 미시 물리 속성으로 환원된다고 말할 수 있다. 그러나 엄격하게 말하면 아주 큰 통계적 규칙성을 보이는 물리 유형으로 환원된다고 말해야 한다. 그 유형의 구성원들의 차이가 무시할 정도이므로 종을 이룬다고 말할 수 있고 따라서 환원이 이루어진다고 말할 수 있다.

이것은 과학의 환원에서는 아주 흔한 일이다.[21] 고전 열역학이 통계열역학으로 환원되면서 '온도＝구성 분자의 평균 운동 에너

---

21 J. Bickle, *Psychoneural Reduction: The New Wave*(Cambridge: MIT Press, 1998)와 P. M. Churchland and P. S. Churchland, *On the Contrary: Critical Essays, 1987–1997*(Cambridge: MIT Press, 1998)을 보라.

지'라는 동일성이 성립되었다. 그러나 이 동일성도 엄밀하게 말하면 구조 또는 영역에 제한적으로 이루어진다. 위 정의는 단일한 입자들이 탄도의 모습으로 자유롭게 움직일 수 있는 기체의 온도에 대해서만 적용될 수 있다. 고체에서는 상호 연결된 분자들이 다양하게 진동할 뿐이므로 온도는 다른 방식으로 나타난다. 플라스마에는 어떤 구성 분자도 없기 때문에 거기서 온도 역시 다른 것이 되며, 진공에서 온도는 이른바 '흑체(blackbody)' 온도로서 입자의 운동 에너지와는 아무 상관이 없다. 그러나 온도의 이런 다양한 실현 때문에 열역학은 환원 불가능한 법칙들과 고유한 별개의 문제영역이 있는 학문이라고 주장하며, 고전 열역학과 통계역학 사이의 교과서적인 환원을 거부하는 이들은 없다. 각 구조마다 온도가 다른 방식으로 실현되기 때문에 총체적인 동일성은 의심받지만, 기체라는 영역으로 제한하면 '기체에서의 온도=그 기체의 평균운동 에너지'라는 동일성이 성립하기 때문이다. 김재권이 다수 실현이 일어난다고 해도 환원 불가능한 것이 아니라 다수의 환원 기초로 환원된다고 보면 되므로 다수 실현 가능성 논변은 환원에 장애가 되지 않는다고 말한 것도 이런 의미에서이다.

그런데 또다시 기체 안에서마저 온도가 실현되는 방식이 다르다는 데서 문제가 생긴다. 기체를 미시 물리적으로 기술할 때 가장 하위 차원에서 보면, 온도는 같은 분자들의 집합에서도 시간이 다르면 아주 다양하게 실현된다. 〈그림 2〉에서 같은 부피의 기체가 서로 다른 시간에 미시 물리적으로 서로 다르게 집합을 이루고 있

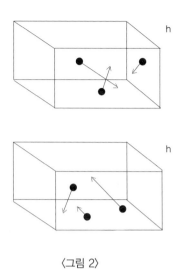

〈그림 2〉

음을 알 수 있다.[22] 각 분자들의 위치도 다르고 벡터 값(화살표)으로 표시되는 방향과 속도도 각기 다르다. 곧 같은 부피의 기체들의 분자들의 집합은 시간에 따라 다수 실현되었다. 그러나 이때 이 부피의 기체들이 시간에 따라 서로 다른 온도를 실현한다고 말하지 않는다. 각각의 평균 운동 에너지는 같다. 분자의 위치, 속도, 방향이 시간에 따라 다수 실현됨은 환원을 위해서는 무시할 수 있는 정도의 불규칙성이다. 결국 구조 안에서의 다수 실현은 기체에서의 온도와 그 기체의 평균 운동 에너지 사이의 환원에 전혀 방해가 되지 않는다는 것을 알 수 있다.

---

22 그림과 설명은 J. Bickle, 앞의 책, 124-126쪽의 것이다.

심성 속성의 환원에서는 위에서 말한 'A의 고통이라고 부를 수 있는 원형적 하위 공간'이 고전 열역학의 환원에서 기체의 평균 운동 에너지에 해당할 것이다. 그러면 환원되는 고통은 실재하는 물리 속성과 무시할 수 있을 정도로 동일하므로 역시 속성이라고 말할 수 있다. 또 다른 사람 B의 고통도 마찬가지로 미시 물리 속성으로 환원된다. 이 단계에서 심성적 속성의 환원은 거의 완벽하게 이루어지고, 따라서 부수현상이 아니다.

김재권이 위 인용문에서 "고통은 인과적으로 무력하거나 부수현상적이지 않을 것이다. 고통은 인과적으로 이질적일 뿐이다"라고 말한 것도 이런 식으로 해석해야 할 것 같다. 곧 한 개인의 고통은 다수 실현된 것은 맞지만 그것은 규칙성을 보이므로 종을 이룬다. 그렇다면 인과적으로 이질적인 것은 맞지만 인과적으로 무력하다고, 곧 부수현상적이라고 볼 수는 없다고 말이다. 그의 이런 입장은 옥에 대한 해석에서도 확인할 수 있다. 그가 보기에 옥은 인과적인 이질성 때문에 "진정한 유(類)"는 아니지만, "선접적인 유" 정도는 되는데, 그러면 "'옥임'은 인과적으로 이질적인 속성이지 인과적으로 무력한 속성은 아니"(94쪽)게 된다.

이번에는 인간의 고통을 가지고 종 차원의 환원을 생각해 보자. 김재권은 『물리주의』 이전 저술에서부터 종에 제한적인 인간의 고통은 국지적으로 환원되고 그래서 속성으로 인정했다.

　… 신경생리학 연구자들 사이에는 심리학적 종이 실현되는 방식에

서 종 안의 개인차가 크지 않다는 믿음이 있기 때문에 신경생리학 연구가 계속되고 있다. 동일종은 중요한 물리적-생리적 유사성을 틀림없이 보이며, 심성 상태의 신경 기저를 종 넓이에서 찾는 게 그럴듯하고 가치 있다고 충분히 생각할 수 있을 만큼의 물리적 실현 토대를 동일종이 공유한다고 생각할 좋은 이유가 아마도 있다.[23]

그러나 정말로 종 차원의 국지적 환원이 성공적일까? 인간의 고통은 A의 C-신경섬유의 발화, B의 C-신경섬유의 발화 등으로 다수 실현될 것이다. 인간의 고통은 다양하게 실현되지만 개체의 고통에서처럼 그 다양한 실현들은 어느 한 원형적인 하위 공간에 모일 것이다. 그러나 우리는 그 하위 공간이 개체의 하위 공간보다 더 크고 느슨하다는 것을 쉽게 짐작할 수 있다. 무엇을 인간의 고통이라고 부를 수 있느냐는 무엇을 A의 고통이라고 부를 수 있느냐보다 더 느슨하다. 그만큼 인간의 고통의 하위 공간은 넓어진다. 따라서 인간의 고통이라는 종을 이루는 구성원들은 통계적 규칙성을 보이기는 하지만 개체의 통계적 규칙성보다는 약할 것이다. 따라서 종에 제한적인 고통이 이루는 종의 결집력은 개체의 고통이 이루는 종의 결집력보다 떨어지게 된다. 그러면 우리는 그 고통을 여전히 속성이라고 부를 수 있을까? 나는 종을 이루는 결집력이 느슨해진 만큼 종에 제한적인 고통을 속성이라고 말할 수 있는 정

---

23 Jaegwon Kim, 앞의 책(1993), 329쪽.

도도 떨어진다고 생각한다. 김재권이 인정한 것처럼 종에 제한적인 고통은 여전히 속성이기는 하다. 그러나 그것이 속성임을 보증해 준 종 제한적 물리 속성이 법칙적 종이 되는 정도가 약간 약해졌기 때문에 그것을 종으로 만드는 힘은 주로 자연에 있지만 개념의 작용도 어느 정도 보태지고 있다. 이는 김재권이 의미 있는 다수 실현을 종 차원에서 멈추게 한 것과 관련이 있다. 다시 말해 그가 다른 곳이 아닌 종 차원에서 심성 속성의 환원을 찾은 근거는 동일종이 공유하는 신경체계의 유사성 때문이기도 하지만 동일종이 보여 주는 심리학적 통일성 때문이기도 하다. 같은 종이 보여 주는 물리적-신경적 유사성에 같은 종에서 직관적으로 찾을 수 있는 심리학적 통일성이 합해져 일종의 반성적 평형(reflective equilibrium)의 역할을 하는 것이다. 그래서 그의 반성적 평형 저울에서 심리학적 통일성이 주는 무게만큼 인간의 고통은 속성이 아닌 개념이 된다고 말할 수 있다.

그러면 종에 제한되지 않은 심성적 속성의 경우는 어떤가? 나는 총체적 심성적 속성도 종들 사이에서 포더와 이전의 김재권이 말한 만큼 그렇게 터무니없이 이질적으로 실현되지는 않는다고 생각한다. 실현되는 물리적 기초들에는 공통 구조가 있을 수 있다. 다만 그 공통 구조의 정도는, 정확한 것은 신경생리학적 연구에 기대해야 하겠지만, 그리고 종에 제한적인 심성적 속성의 공통 구조에 견주어 볼 때 꽤 약할 것이라고 짐작하지만, 상위 차원에서 볼 때는 그 공통점이 더 뚜렷하게 보이기 때문에 그것에서 규칙성을 발견할 수 있을 정도는 된다. 그렇다고 해서 그것을 보고 상위 차원에 속성이 따로 있다고 말해서는 안 된다. 어떤 술어가 어떤 대상들에 옳게 적용된다고 해서 꼭 그 대상들이 공통으로 지니고 있는 속성을 지시함으로써 그러는 것은 아니다. '고통이다'라는 술어가 모든 종들에 적용된다고 해도 모든 종들에 걸친 다수 실현 현상 때문에 그 술어는 단일한 속성을 지시한다고 볼 수 없다. 추상적이고 일반적으로 기술한다고 해서 항상 속성을 부여한다면 우리는 존재론적인 슬럼에 빠지게 된다. 따라서 종에 제한되지 않은 심리학적 종은 법칙적 종으로서 존재하지 않고 우리가 부여한 개념 또는 술어의 역할만 한다. 그러므로 상위 차원에서 규칙성을 찾았다고 해도 그 규칙성은 자연에서 찾은 것이 아니라 우리가 부여한 것일 뿐이고, '고통이다'라는 술어를 적용할 수 있을 정도의 동질성(homogeneity)만 있다. 그렇다고 해서 그 술어가 가리키는 속성이 꼭 있어야 되는 것은 아닐 뿐만 아니라 그 정도의 완벽하게 정확한 동질성은 없다.

나는 여기서 특히 종에 제한적인 고통의 경우와 총체적 고통의 경우의 형평성 문제를 잊지 말아야 한다고 생각한다. 만약 총체적 고통을 속성이 아닌 개념이라고 한다면 그것은 총체적 고통을 실현하는 물리적 기초의 이질성 때문이었다. 그런데 우리는 종에 제한적인 고통을 실현하는 물리적 기초에서도 그보다는 정도가 덜하기는 하지만 역시 이질적인 면을 찾을 수 있다. 종들 사이의 이질성과 종 안에서의 이질성은 정도의 차이만 있을 뿐이지 질적인 차이는 없다. 그렇다면 총체적 고통만큼은 못 해도 종에 제한적인 고통에는 어느 정도 개념이 섞여 있고 또 그만큼 부수현상임을 알 수 있는 것이다.

5 결론

김재권은 종에 제한적인 국지적 환원이 현재로서는 심신 문제에 대해서 가장 그럴듯한 환원이라고 생각한다. 그러나 나는 이 환원의 정체가 그다지 믿음직스럽지 못하다. 위에서 말했듯이 환원되는 심성적 속성은 완벽하게 속성이라고 말하기에는 개념적인 면이 섞여 있기 때문이다. 그 심성적 속성의 인과적 힘은 인과적 계승 원리에 의해 물리 속성이 가지고 있는 인과적 힘을 그대로 전해 받은 것이다. 물리 속성의 인과적 힘은 앞에서 말했듯이 사실은 물리 속성 사례의 인과적 힘을 모은 것이다. 그러나 각 종에 제한적인 물리 속성 유형의 사례들이 보여 주는 인과적 힘은 조금씩 차이를 보이고, 개체의 사례들이 보여 주는 규칙성보다는 못한 규칙성을 보여 준다. 따라서 그 인과적 힘들을 한데 모아 종 차원의 물리 속성 유형의 인과적 힘으로 만든 것은 약간은 엉성한 인과적 힘이다. 그런 물리 속성과 동일한 심성적 속성의 인과적 힘도 역시 약간은 느슨하다.

필자가 말하고자 하는 요지는 이렇다. 종 차원에서 국지적으로 환원된 심성적 속성은 어느 정도 부수현상적인 성격을 띤다. 그 심성적 속성의 인과적 힘은 법칙적, 물리적 힘만으로 모인 것이 아니라 어느 정도 개념이 섞여 있기 때문이다. 그래서 나는 현재 우리가 받아들일 수 있는 가장 나은 이론인 국지적 환원주의에서도 부수현상론의 모습이 나타난다고 생각한다. 그렇다면 김재권의 조건부 환원주의는 '환원주의'로서 성공하지 못하고 그 수준에서는 심성 인과도 구하지 못한다. 유일하게 확실하고 심성의 인과적 힘을 구할 수 있는 환원은 개체 수준의 환원뿐이다. 만약 김재권이 개체 수준의 환원을 생각했다면 한편으로는 다행이다. 그러나 그런 환원은 제거주의와 별로 다를 바 없다. 그 수준에서는 우리가 생각하는 인간의 심성 속성 또는 총체적인 심성 속성 그 자체는 이미 제거되고 없기 때문이다.

제7장
기능적 환원과 물리주의

이종왕

1 서론

현대 심리철학에서 수축주의자들(deflationists)[1]을 제외한 대부분

---

1 수축주의자들은 심적 인과의 문제가 오직 형이상학적 기초들에 의해서 발생하게 되기 때문에 우리가 관심을 가져야 할 참 문제가 아니라고 주장한다. 그들에 따르면 문제는 인식론적인 조망이라는 것이다. 그래서 과학에 기초를 둔 설명적 실천에 집중하게 된다면 정신 인과의 문제에 관한 걱정은 사라진다는 것이다. 특히 주목할 것은 자타가 공인하는 수축주의자인 버지(T. Burge)는 최근 자신의 이전 논문 "Mind-Body Causation and Explanatory Practice", in J. Heil and Alfred (eds.), *Mental Causation* (Oxford: Oxford University Press, 1993), 97-120쪽에서의 논조보다 훨씬 더 강력한 어조로 심적 인과가 제대로 된 철학적 문제가 아니라고 주장한다. 그러나 그는 김재권의 여러 논변들에 관한 어떠한 구체적인 논변도 제시하지 않는 것 같다. 그의 가장 최근의 글 "Postscript to "Mind-Body Causation and Explanatory

의 철학자들——환원주의자이든 비환원주의자이든——은 정신 인과의 문제가 철학적 난제라는 데에 동의한다. 특히 김재권은 우리의 생각이 우리의 행동을 야기한다는 너무나 상식적인 믿음이 철학적 난제가 되는 과정을 새로운 개념들과 논변들을 통해서 입체적으로 보여 주었다. 비환원주의자들이 의지하는 수반이 정신 인과를 보장하는 것이 아니라 오히려 그 가능성에 걸림돌로 작용한다는 수반 논변이 그의 주장의 핵심이다. 이 난제에 대한 그의 처방은 정신적 속성들과 물리적 속성들 사이의 동일성을 통한 마음의 환원을 선택하는 것이다. 즉 비환원주의자들의 논지와는 달리 오히려 기능주의의 원리를 이용하여 그 두 속성들 사이의 동일성을 주장하는 기능적 환원주의가 바로 그의 주 이론이다. 간략하게 말해서 김재권의 기능적 환원은 두 단계의 과정을 통해서 이루어진다. 먼저 환원시킬 정신적 속성을 그것의 기능적 역할로 정의하고, 다음으로 정의된 기능적 역할의 실현자를 발견하는 경험적 과정을 총칭하는 것이다. 이런 기능적 환원의 가능성에 관한 주장은 레빈(J. Levine)과 잭슨(F. Jackson) 등이 제시한 견해들과 유사하

Practice", in *Foundations of Mind* (Oxford: Clarendon Press, 2007)에서 363- 382쪽을 보라. 또 다른 수축주의자는 베이커(L. R. Baker)이며 그녀의 논문 "Metaphysics and Mental Causation" in *Mental Causation* (Oxford: Oxford University Press, 1993), 75-95쪽을 보라. 이런 주장에 대한 김재권의 직접 대응은 "Mental Causation: What? Me Worry?", *Philosophical Issues* 6 (1995), 123-151쪽에 나와 있다. 이 논문은 수축주의와 관련된 주된 문제들을 다루지는 않는다.

지만, 김재권이 좀 더 구체적으로 그 동일 가능성을 제시했다는 것은 주목할 만하다.[2] 또한 주지하다시피 이런 견해는 바로 스마트(J. J. C. Smart), 암스트롱(D. Armstrong) 그리고 루이스(D. Lewis)의 생각에서 기원하는데 특히 루이스는 기능주의와 물리주의를 결합하려고 했다.[3] 김재권도 말하듯이 차머스(D. Chalmers) 또한 이런 기

2 김재권의 기능주의는 주로 *Mind in a Physical World*(Cambridge MA: MIT Press, 1998)에서 제시된다. J. Levine, "On Leaving Out What It's Like", in M. Davies & Humphreys(eds.), *Consciousness*(Oxford: Blackwell, 1993), 121-136쪽; F. Jackson, "Finding the Mind in the Natural World", in R. Casati, B. Smith & S. White(eds.), *Philosophy and the Cognitive Sciences* (Holder-Pichler-Tempsky, 1994). 또한 잭슨의 "Reference and Description Revisited", *Philosophical Perspectives: Language, Mind and Ontology* 12 (1998), 201-218쪽. 기능주의에 대한 중요한 논문은 N. Block, "Introduction: What is Functionalism?", In N. Block(ed.), *Readings in Philosophy of Psychology*, vol 1(Cambridge: Harvard University Press, 1980), 268-305쪽; 김재권은 이것들을 그의 "Multiple Realization and the Metaphysics of Reduciton", 330-335쪽과 *Mind in a Physical World*, 103-112쪽에서 논의한다. 슈메이커의 논문도 기능주의와 관련된 중요한 논문이다: S. Shoemaker, "Some Varieties of Functionalism", *Philosophical Topics* 12(1981), 93-119 쪽. 김재권식 기능주의에 비판적 검토를 시도한 논문으로, M. David, "Kim's Functionalism", *Philosophical Perspectives* 11(1997), *Philosophy and Phenomenological Research* 52(1992), 133-148쪽; 기능주의에 대한 비판으로는, N. Block, "Troubles with Functionalism", in *Readings in Philosophy of Psychology*, vol 1, 268-305쪽을 보라.
3 D. Lewis, "An Argument for the Identity Theory", *Journal of Philosophy* 63 (1966), 17-25쪽; "How to Define Theoretical Terms", *Journal of Philosophy* 67(1970), 427-445쪽; "Psychophysical and Theoretical Identifications", *Australasian Journal of Philosophy* 50(1972), 249-258쪽. 루이스는 자신을 동일론자라고 생각하지만 그가 인과적 역할의 상태 R를 이야기할 때 기능주의자라고 간주되곤 한다.

능주의적 설명에 관한 유사한 밑그림을 제시한다.[4]

이런 기능주의적 동의는 오늘날 많은 과학 분야들에서 실제 영향력을 발휘하고 있다.[5] 그렇다면 이른바 기능적 환원주의는 참된 환원적 물리주의인가? 기능주의는 물리주의와 어떤 관계를 가지고 있는가? 일반적으로 기능적 환원은 '물 = H$_2$O'와 '온도 = 분자 역학 에너지' 같은 유사한 과학 이론적 동일성에 유비를 통해서 물리적으로 마음을 환원시키는 심신 동일론(mind-body identity)과 내조된다. 기능적 환원을 과연 아름다운 단순성(simplicity) 또는 존재론적 경제성(ontological parsimony)을 가진 심신 농일론에 기초를 둔 환원적 물리주의로 볼 수 있는가?[6] 이 논문의 주된 목적은 이런 질문들에 대한 대응을 비판적으로 논의하면서 기능적 환원을 검토하는 것이다.

4 D. Charmers, *The Conscious Mind: In Search of a Fundamental Theory* (Oxford University Press. 1996), 43쪽.

5 데닛은 과학의 기능주의적인 측면에 대해서 논의한다. D. Dennett, "Are We Explaining Consciousness yet?", *Cognition* 79 (2001), 221-237쪽을 보라.

6 기능적 환원에 대해서 근본적으로 비판하는 비환원주의자인 블록은 기능주의와 물리주의를 양립하지 않는 경쟁 관계에 있다고 보면서 그 이유로 형이상학과 존재론 사이의 차이에 관한 평가를 제대로 하지 않은 데에 있다고 본다. N. Block, "Functional Reduction," forthcoming in Festschrift for Jaegwon Kim, *Supervenience in Mind*, (eds.) by Terry Horgan, Marcelo Sabates, and David Sosa. 즉 블록의 이 논문은 앞으로 출간될 마음의 수반이라는 김재권을 위한 논문집에 수록될 것이다.

2 기능적 환원에 대한 동의

김재권은 기능적 환원을 환원적 물리주의의 한 형태로 간주하면서, 이것이 몇 단계들을 통해서 성립된다고 주장한다.[7] 먼저 환원될 속성을 기능적으로 정의하는 첫 번째 단계를 설명하기 위해서 유전자의 속성을 분자 속성에 환원시키는 과학적 예를 살펴보자. 유전자의 속성은 유전적 정보를 암호화하고 전달하는 역할로 정의될 수 있다. 두 번째 단계는 정의된 그 기능적 역할의 실현자(realizer)를 발견하는 것이다. 일반적으로 이 단계의 성립은 필연적인 것이라 표현되지 않고 크립키식의 용어로 경험적이고 우연적인 과정에 의해서 보장된다. 그리고 마지막 단계는 발견된 실현자가 바로 그 기능을 달성하는 메커니즘을 가지고 있다고 설명하는 것이다: 즉 어떻게 DNA 분자가 실제로 유전정보를 암호화하고 전달하는 일을 하는지를 설명하는 과정이다. 김재권은 이런 전 과정이 기능적 환원을 비로소 가능하게 한다고 한다.

또한 환원될 속성의 개념을 인과적 역할의 확인으로 환원의 형태로 만드는 김재권과 유사한 선험적 과정을 제시하는 레빈과 더불어 잭슨도 다음과 같은 과학적 환원의 한 예를 제시한다:[8]

---

7 Jaegwon Kim, *Mind in a Physical World*(MIT Press, 1998); *Physicalism or Something near Enough* (New Jersey: Princeton, 2005). 블록도 이것을 자신이 "Functional Reduction"에서 설명한다. 2-3쪽을 보라.

8 잭슨의 "Reference and Description Revisited", 59쪽을 보라. 이것은 블록의 "Functional Reduction"의 3쪽에서 논의되고 있다.

전제 1 기체 안의 열 = 기체 안에서 열 역할을 하는 것

전제 2 기체 안에서 열 역할을 하는 것 = 분자 역학 에너지 (경험적 밀견)

결론 기체 안의 열 = 분자 역학 에너지

잭슨의 전제 1은 김재권의 첫 단계와, 전제 2는 두 번째 단계와 그리고 마지막 단계는 위의 결론과 각각 유사한 논변 구조를 가지고 있다.

이런 기능적 환원에 대한 아이디어는 루이스가 기능주의와 환원적 물리주의의 결합을 통해서 보이고자 했던 어떤 기능적주의석인 것처럼 보이는 동일화에서 그 기원을 찾을 수 있다.[9] 그는 정신상태 용어들(mental state terms)이 인과적 역할 R를 수행하는 상태의 정의로 분석될 수 있다고 주장한다. 만약 정신 상태 M이 선험적 분석을 통해서 인과적 역할 R를 가진 상태일 수 있다면, 그리고 만약 뇌 상태 B가 경험적으로 인과적 역할 R를 가진 것으로 밝혀진다면 M=B가 도출된다. 이런 의미에서 동일성 명제 '통증=C-신경섬유의 자극'에서 용어 '통증'은 인과적 역할 R를 점유하는 문맥적으로 지시된 속성을 지칭하는 한정 기술구이다. 그래서 인간이 통증에 있을 때는 한 물리적 속성이 지칭될 것이며, 문어가 통증에 있을 때 또 다른 물리적 속성이 지칭될 것이다. 이것은 그가 이런

---

[9] 루이스의 "An Argument for the Identity Theory"; "How to Define Theoretical Terms"; "Psychophysical and Theoretical Identifications"들을 보라. 블록의 "Functional Reduction"의 3–4쪽에서 논의된다.

동일성을 C-신경섬유 자극의 속성과 통증 속성 사이의 '유형-유형' 동일론으로 간주하고 있음을 의미한다. 또한 이것은 그가 한 특수한 통증의 예화와 한 특수한 C-신경섬유 자극의 예화 사이에 존재하는 동일성을 주장하는 것은 아니라는 의미이다. 이 부분에서 논란의 소지가 있는 김재권의 국지적 환원(local reduction)과 전체적 환원(global reduction)의 차이에 관한 설명이 희미하게 나타난다.

루이스가 M=B라고 주장하는 것은 그 스스로가 그렇게 표방하고 있듯이 바로 그가 동일론에 기초를 둔 환원적 물리주의자임을 말하는 것이다. 그러나 동시에 그는 정신 상태 용어들의 선험적인 인과적 역할(R)에 대한 분석을 주장하기 때문에 기능주의자라고 불릴 수 있다. 블록도 이 주장에 동의하면서 만약 물리주의와 기능주의가 형이상학적 논제들이라면 루이스는 물리주의자가 아니라 기능주의자라고 주장한다: 그래서 블록에 따르면 기능주의는 환원적 물리주의와 양립하지 않는다.[10] 그렇다면 기능적 환원을 통해 확립된 동일론적 기능주의는 동일론에 기초를 둔 환원적 물리주의로 간주될 수 있는가? 이 문제에 대답하기 위해서 먼저 기능주의에 대해 동정적인 레빈, 잭슨, 차머스, 루이스, 암스트롱 등의 기능적 환원에 대한 주장을 속성 동일론으로까지 발전시켜 환원적 물리주의로서의 기능적 환원주의를 확립시키려고 시도하는 김재권의 주장을 신중하게 검토해 보아야 할 것이다.

---

10 블록의 "Functional Reduction"을 보라.

3 기능적 동일론

단순성, 존재론적 경제성 또는 '오컴의 면도날' 등의 논증은 심신이론을 다룰 때 심신 동일론을 확보해야 하는 중요한 이유들로서 작용한다. 블록과 스톨네이커가 새롭게 주장하는 크립키류의 동일성도 그 동기는 바로 이러한 것이다.[11] 김재권은 과연 어떤 과정을 통해서 기능적 환원이 환원적 물리주의를 보장할 수 있다고 주장하는가? 어떻게 정신적 속성들을 기능적으로 물리적 속성들에 환원시켜 심신 동일론을 만들 수 있다는 말인가? 김재권의 기능적 환원을 통한 동일성 확보를 위한 논의를 신중하게 검토해 보자.

김재권에 따르면 기능적 환원주의는 먼저 우리에게 환원될 정신적 속성들을 기능화할 것을 요구한다.[12] 중요한 논점은 김재권이 자신의 기능주의적 개념의 기초 위에서 정신적 속성과 물리적 속성의 관계를 동일성인 M=P로 발전시키는 것이다; 그는 자신이 최근에 선보인 책에서 "우리가 환원을 통해서 존재론적 단순화를 얻고자 한다면, 어떻든지 교량 법칙 M↔P를 동일성 명제 M=P로 강화하는 방안을 모색해야 한다"고 하면서 이러한 속성 동일적 동일

11 Block and Stalnaker, "Conceptual Analysis, Dualism, and the Explanatory Gap," *Philosophical Review* 108 (1999), 1–46쪽.

12 Jaegwon Kim, "The Mind/Body Problem: Taking Stock after 40 Years", *Philosophical Perspectives* 11(1997), 185–207쪽; Jaegwon Kim, 앞의 책 (1998), 97–103쪽을 보라.

론(유형 동일론)의 필요성을 강조한다.[13] 어떻게 정신적 속성이 물리적 속성과 동일화되는가를 보이기 위해서 김재권은 다음과 같은 속성 동일에 강한 의지를 보이는 기초적 개념과 원리를 제공한다:

···한 속성 M을 기초 속성들의 영역에 환원하기 위해서 우리는 먼저 환원을 위한 M을 해석 또는 재해석함으로써 관계적으로 또는 외재적으로 만든다. 이것은 M을 관계적/외재적 속성으로 전환한다. 기능적 환원을 위해서 우리는 M을 그것의 인과적 역할에 의해서 정의된 어떤 이차 속성(a second-order property)으로——즉, 그것의 원인과 결과들을 기술하는 어떤 인과적 열거 H에 의해서——해석한다. 그래서 M은 이제 그러그러한 인과적 잠재성들을 가진 어떤 속성을 가짐의 속성이고 속성 P는 정확히 그 인과적 열거에 들어맞는 그 속성으로 판명된다. 그리고 이것이 M과 P의 동일화에 초석이 된다. M은 열거 H를 만족시키는 어떤 속성을 가짐의 그 속성이고 P는 H를 만족시키는 그 속성이다. 그래서 M은 P를 가짐의 그 속성이다. 그러나 일반적으로 속성 Q를 가짐의 속성은 속성 Q와 동일하다. 그래서 'M은 P이다'가 도출된다.[14]

M이 열거 H를 만족시키는 어떤 속성을 가지는 속성이라고 말하

---

13 Jaegwon Kim, 앞의 책(1998), 97-98쪽, 특히 4장을 보라.
14 같은 책, 98-99쪽.

는 것은 M이 이차 속성이라고 말하는 것이다. 기능적 속성은 어떤 다른 속성을 가짐으로써 구성되는 특별한 이차 속성이다. 그리고 남아 있는 속성은 이 기능적 속성을 실현하는 실현자로 알려져 있는 속성이다. 김재권이 P가 열거 H를 만족시키는 속성이라고 말하는 것은 바로 P가 H의 실현자이며, 그래서 P는 일차 속성이라고 말하는 것이다. 이런 논변 위에서 김재권은 이차 속성이 일차 속성과 동일하다고 주장한다. 그렇다면 이차 속성은 기능적 속성과 어떤 관계가 있는가? 위의 주장은 이차 속성이 기능적 속성을 포함하는 어떤 이차 속성——아마 이차 속성의 부분집합——과 동일하다는 것을 자연스럽게 함축한다. 그래서 기능적 속성은 그것의 일차 속성의 실현자와 동일하다는 것이다. 이것은 그의 주장 M=P를 보장한다. M=P는 법칙적으로 필연적이다. P가 M의 실현자인지 아닌지는 주어진 세계에서 지배되고 있는 자연법에 의해서 결정된다. 동일한 법칙이 유지되는 어떤 세계에서도 실현 관계는 동일하게 유지된다.

그렇다면 이 논변이 M과 P 사이를 동일화시켜 기능적 환원을 동일론에 기초를 둔 환원적 물리주의로 만들어 주는가? 일견 이것이 구조 제한적 또는 종 제약적 상관관계 논제에 의존한 국지적 환원의 전략에 대해서 이야기하는 것이라면 그것은 일반적으로 총체적인 정신적 속성들(general global mental properties)의 존재에 대한 설명을 제공하기가 힘들다. 이제 블록은 두 가지 의문들을 제기한다.[15] 먼저 만약 비종 제약적인 정신적 속성들이 없다면 그래서 모든 정신적 속성이 사실 종 제약적이라면, 그러한 정신적 속성들에 공통은 무엇인가? 김의 대답은 그들 모두 기능주의의 기본 원리가 제공하는 "동일한 입력-출력-내적 상태 연결들을 공통으로—— 공통성(commonality)을——가진다"는 것이다.[16] 그러나 이런 주장은 물리주의의 근간을 심각하게 약화시키는 주장이다. 물리주의는 그 공통성으로 물리적인 요소를 제시해야 하기 때문이다. 더 나아가 종 제약적인 정신적 속성들과 관련해서도 우리가 현상적 속성(phenomenal properties)의 문제를 심각하게 고려한다면, 하나의 현상적 속성에 피상적으로 공통적인 기능적 역할 이상의 어떤 것을 요구할 필요가 있기 때문이다. 즉 현상적 속성들 사이를 공통으로 흐르고 있는 물리적 기초를 확립할 필요도 있기 때문이다.

블록은 여기서 현상적 속성과 기능주의와 관련된 한 가지 중요한 논점을 제기한다.[17] 내가 현상적 속성 Q(나)를 가지고 당신은 현상적 속성 Q(너)를 가지고 있고, Q는 현상적으로 유사하다고 가정해 보자. 그렇다면 무엇이 이런 현상적 유사성을 설명할 수 있는가? 물리주의가 Q(나)와 Q(너) 사이의 물리적 유사성을 설명할 수

---

15 N. Block, 앞의 책(1980), 268-305쪽; 김재권은 이것들을 그의 "Multiple Realization and the Metaphysics of Reduciton", 330-335쪽과 *Mind in a Physical World*, 103-112쪽에서 논의한다.

16 Jaegwon Kim, "Multiple Realization and the Metaphysics of Reduction"와 *Mind in a Physical World*. 그러나 그의 *Physicalism or Something Near Enough*에서 이 주장은 약화된다.

17 블록의 "Functional Reduction" 8쪽을 보라.

없다면 물리주의는 설득력이 없는 이론일지도 모른다. 비록 Q(나)와 Q(너)가 공통성에 의해 실현되는 자체는 물리적이지만——즉, 물리적으로 실현되지만——만약 그 둘 사이의 유사성이 기능적 유사성의 근거 위에서만 설명된다면 이 설명은 물리적인 것이 아니라 기능적인 것이다. 그러므로 블록은 Q(나)와 Q(너)의 기능적 역할이 물리적으로 실현된다는 사실은 존재론적으로 중요한 참이지만, 그 둘 사이 유사성의 형이상학적 본성은 표현하지 못한다고 결론을 내린다. 형이상학은 존재의 궁극적 본성을 탐구하는 철학의 한 분과이다. 이 주장은 아주 적절하며 충분한 동의를 이끌어낼 만하다. 이것이 바로 필자가 블록의 첫 번째 질문에 제대로 대응하기 위해서 김재권의 대답 이상의 것이 필요한 이유이다.

이제 블록의 두 번째 질문의 목표는 한 총체적 정신적 속성의 동일화 가능성을 향한다. 국지적 환원의 전략에 따르면 인간의 고통은 인간에게 개의 고통은 개에게 화성인의 것은 화성인에게 환원된다. 즉 다수 실현 가능성 논증이 주장하듯이 하나의 정신적 속성이 다수의 실현자를 가진다면 그들이 가지는 총체적 고통의 개념은 어떻게 동일화되는가? 김재권의 국지적 환원이 이 일반적 고통의 개념을 동일화시키지 못한다면 그것은 설명적으로 약한 물리주의적 주장으로 간주될 수 있을 것이다.

김재권의 대응은 두 가지이다. 첫째 위에서 보듯이, 만약 하나의 정신적 속성 M이 세 개의 물리적 실현자들 P1, P2, 그리고 P3를 가진다면, M은 $P1 \vee P2 \vee P3$와 동일하다는 것이다. 이것은 M이

P1, P2, 그리고 P3의 선접과 같다는 것이다. 그래서 M은 다름 아닌 선접의 이질적 속성(heterogeneous property)과 동일하다는 것이다. 단순히 이질적 속성이 일반적 정신 속성과 동일하다는 주장이 동일론을 변호하기 위한 전제 조건이 될 수 있는가? 세 개의 실현자들로 구성된 이러한 선접적 속성은 투사 가능한 속성인가? 어떤 경우이든 만약 하나의 선접적 물리적 속성이 예화된다면 여기서 인과적 작용은 특수한 하나의 선접항에 의해서 생기는 것이지 세 개의 선접항들로 구성된 전체 속성에 의해서가 아니다. 그래서 그것은 인과적 속성이 되지는 못한다. 이런 상황에서 M이 P1, P2, P3 등과 각각 동일하다고 주장할 수 있는가? 만약 기능적 환원이 속성 동일을 전제한다면 이 대응은 성공적이지 못하다고 생각된다.

블록의 두 번째 질문에 대한 김재권의 또 다른 대응은 일반적 정신 개념들과 참 정신적 속성들을 구별하는 것이다. 전자는 자연계에 존재하는 참 속성들을 비추지 못하는 총체적인 정신적 상태다. 그래서 그 이질적 속성들의 선접은 세계 속에 존재하는 속성이 아니라 자연계에 존재하지 않는 단지 개념일 뿐이다. 그러므로 그러한 속성이 실현하는 어떠한 정신적 속성도 존재하지 않는다. 이런 제거주의적 접근 방법은 김재권의 기능적 환원이 선접적 속성과 정신적 속성 간의 동일화를 보장하지 못한다는 비판에 대한 대응일지도 모른다. 적어도 이런 접근 방법은 블록의 비판에 대한 일시적인 대응일 수 있을 것 같다. 그러나 이미 지적했듯이 필자는 이것이 물리주의와 근본적으로 일치하는 대응 방법인지는 모르겠다.

4 국지적 심신 동일론

김재권은 여기서 기능주의가 동일론에 기초를 둔 환원적 물리주의일 가능성을 그의 국지적 동일론을 통해서 제시한다. 그것은 M=P를 구조 특이적 또는 종 제약적 동일성으로 보는 국지적으로 환원적은 기능적 환원을 심신 동일론으로 만드는 것이다. 한 정신적 속성 M은 그것의 한 종 제약적인 물리적 실현자 P와 동일화될 수 있을 것처럼 보인다. P는 더 이상 선접적 속성을 가지고 있는 이질적 속성이 아니기 때문이다. 그래서 동일화의 요선이 다음과 같이 성숙된 것처럼 보인다: 한 M의 개념=P를 가지고 있음의 그 속성, 그러므로 M=P일 수 있다. 이것이 옳다면 국지적 환원의 모델에서는 한 정신적 속성과 한 물리적 속성 사이의 속성 동일을 유지할 수 있을 것 같다.

다시 말해서 동일성의 전제 조건인 법칙적 동연 관계를 근거로 한 상관관계가 한 정신적 속성 M과 한 종 제약적인 물리적 속성 P 사이에 존재하는 것처럼 보인다. 동일한 법칙이 지배하는 세계에서 한 종 제약적 물리적 속성이 주어진다면 한 정신적 속성 M이 있다. 그러면 이제 그들 사이의 동일성을 주장할 수 있는 근거가 마련된 셈이다. 그러나 어떻게 이차 기능적 속성이 일차 물리적 속성과 동일화될 수 있는가?[18] 비록 그들 사이에 상관관계가 존재한다

---

18 T. Horgan, "Kim on Mental Causation and Causal Exclusion", *Philosophical*

고 하더라도 이것이 M=P를 보장할 수 있는가? 이 전략은 정신적 속성 자체를 각 물리적 실현자에 따라서 나누는 전략이다.

이 시점에서 우리는 속성 동일 자체에 대한 의문을 제기할 수도 있을 것이다. 그러나 크립키식의 물 = H$_2$O 등의 과학적 결과로 경험적 필연성이 부여되는 동일성의 형태는 아마 유효하게 남아 있을 것이다. 그러나 M=P의 등식이 경험적 필연성을 부여받을 수 있을 것 같지는 않다. 왜냐하면 M이 물과 H$_2$O와 같이 자연계에서 지시하는 실체를 가지고 있다고 볼 수 없기 때문일 것이다. 어느 정도 확실한 하나는 결과적으로 김재권의 국지적 환원의 설명적 모델에서도 M=P를 보장할 수 있는 주장치뿐만 아니라 어떤 보조 장치도 없다고 생각한다.

'과연 국지적 환원이 함축하는 것이 물리주의의 근본적인 원리와 일치하는가'를 판단하기 전에 우선 M=P가 주장하는 것이 너무 광범위하게 열려 있고 이것이 중요하지 않은(trivial) 주장이 될 공산이 크다는 것이 문제가 될 수 있다. 국지적 환원의 주장이 모든 물리적 속성은 그 속성을 가지는 주체의 물리적 속성이며 모든 정신적 속성은 동일하게 그 속성을 가지는 주체의 정신적 속성이라는 진술이 과연 얼마나 많은 것을 주장하는지 정확하지는 않다. 더 나아가 김재권의 국지적 전략은 이미 본 것처럼 간단한 다수 실현 가

Perspectives 11(1997), 175쪽. 또한 김재권의 *Mind in a Physical World*, 103-106쪽을 보라.

능성 비판에 대한 대응을 넘어서 더 극단적인 다수 실현 가능성 비판에 대한 대응에서 더욱더 이런 생각을 하게 만든다. 바로 호건의 다음과 같은 비판이 제기하는 논점 때문이다: "한 존재의 한 주어진 정신적 속성의 한 신경 실현자도 성장이나 뇌 손상을 가지는 시간에 따라서 변하고, 한 정신적 속성이 한 주어진 존재 안에서도 다수 실현 가능하다."[19] 그래서 김재권의 국지적 환원은 이런 극심한 다수 실현의 가능성을 배제할 수 없다는 것이 요지이다. 그러나 김재권이 이런 비판에 어떻게 대응할지는 쉽게 짐작할 수 있다. 분명히, 극심한 실현의 다양성이 존재한다 하더라도 그 속에서조차도 그런 구조 특이적인 쌍조건 관계는 성립한다고 할 것이다.[20] 그래서 호건의 비판은 심각하지 않을 수도 있다. 그렇다고 하더라도 김재권이 이 주장이 과연 중요한 의미를 가지는 지혜로운 대응일까?

5 명료화되어야 할 의문들

김재권의 기능적 환원에 기초를 둔 기능적 물리주의는 두 가지 불분명한 부분들을 포함하고 있다. 먼저 현상적 속성들과 관련하여 그의 기능적 환원의 결과가 같은 속성에 대한 다른 인식 주체들

---

19 T. Horgan, 앞의 책(1997), 165–184쪽. 특히 168–169쪽을 보라.
20 Jaegwon Kim, 앞의 책(1998), 94–95쪽.

사이의 현상적 유사성을 보장할 수 있다는 설명을 전적으로 동일한 입출력의 내적 상태들에만 의존해서 시도한다면, 그의 기능주의는 물리주의로 간주하기 힘들지도 모른다. 그것들 사이의 현상적 유사성을 보장하는 어떤 물리적 기초를 제시할 수 없다면 이것이 과연 물리주의와 일치할 수 있는가? 현상적 속성의 유사성이 물리적으로 실현되기 때문에 물리주의적이라는 주장을 넘어서서 유사성 자체가 물리주의적 기초를 근거로 설명되어야 할 것이다. 그렇다면 기능적 환원은 물리주의적 환원이 아닐 뿐만 아니라 스마트류의 유형 동일론은 더욱더 아니다. 기능적 환원이 환원적 물리주의가 되기 위해서는 좀 더 물리주의적인 설명이 뒤따라야 할 것 같다.

그 다음으로 국지적 환원 전략과 선접적 전략의 함축보다 더 강한 속성 동일을 주장해야 할 것 같다. 아마 어떤 사람들은 이 두 가지로 충분하다고 말하면서 스마트의 '통증 = C 섬유소 자극'이 바로 이런 두 전략들과 완선히 일치한다고 주장할 것이다. 그럴 것이다. 그러나 그렇다고 하더라도 물리주의가 참이라면 그리고 강건한 물리주의(robust physicalism)가 확립될 수 있다면 국지적 동일성뿐만 아니라 물리주의적 기초에 근거를 둔 비종 제약적인 총체적 동일성에 대한 설명을 제공할 필요가 있지 않은가? 국지적 동일성이 직관적 호소성은 어느 정도 포함하고 있을지라도 총체적 정신적 속성에 동일화되는 다수 실현자들 사이에 공통되는 물리주의적 기초를 제공해야 할 필요가 있을 것 같다.

6 결론

필자가 다른 곳에서 주장하듯이 물론 김재권의 기능적 환원의 가장 심각한 문제는 국지적 동일성의 논리가 그의 사건 존재론과 거의 일치하지 않기 때문에 이차 기능적 속성인 정신적 속성이 일차 물리적 속성과 동일화되는 것 자체가 이미 불가능하다는 것이다.[21] 비록 이것을 구획의 문제로 이해한다 하더라도 김재권의 기능적 환원은 주의(ism)로까지 말할 만큼 충분히 발전되어 있지는 않은 것 같다. 김재권이 기능적 환원주의를 주장하는 가장 큰 이유의 하나는 아마 유형 동일론의 설명적 간소화를 넘어서서 동일화되는 과정을 적절하게 보여 줌으로써 심리철학에서도 과학적 설명의 정당성을 확보하려는 것일 것이다. 그러나 그렇게 하기 위해서는 성숙한 물리주의적인 기초를 확고하게 가지는 설명이 더 보충되어야 할 것 같다.

---

21 이종왕, 「김재권식 기능주의와 새로운 기능적 환원이론의 가능성」, 《철학》 제66호(한국철학회, 2001년 4월), 157-180쪽을 보라. 필자는 이 주장을 이 논문에서 더 논의하거나 발전시키지는 않을 것이다.

제8장

물리주의와 사건 동일성
김재권 물리주의의 언어성

정대현

1 문제 제기

김재권의 『물리주의』[1]는 오랜 기간 일관되게 추적해 온 심신 관계의 형이상학에 대한 최근 보고서이다. 1970년대에는 분석철학의 주류였던 심신 동일론의 동일성에서 두 항이 무엇인가를 물으면서 사건 개념을 제시하여 물리주의를 명료화하였고, 1980년대 이후에는 심신 관계에 수반 개념을 도입하여 물리주의의 인과론적 구성을 주도하였다. 그러나 이 책은 초기의 강한 물리주의의 관점보다

---

1 Jaegwon Kim, *Physicalism, or Something Near Enough*(Princeton University Press, 2005); 하종호 옮김, 『물리주의』(아카넷, 2007). 이 논문에서 숫자, 예를 들어 (120)은 이 책의 쪽수를 나타낸다.

는 인간적 얼굴을 한 물리주의의 모습을 보이고 있다. 김재권이 창안한 개념으로 구성된 분석적 심리철학에서 이러한 발전은 새로운 것이고 어떻게 심화되어 갈 것인지를 전망하게 한다. 김재권 철학의 오랜 사숙으로 한편으로 철학적 계발을 얻었고 다른 한편으로 물리주의의 언어가 어떤 구조로 되어 있을까에 대한 성찰도 가능하게 되었다.

『물리주의』는 최근에 제기된 차머스의 감각질과 현상 의식, 블록과 스톨네이커의 인과적 배수(causal drainage), 힐과 맥그로글린 등의 유형 동일성 논의에 대해 자신의 입장을 전개한 책이다. 환원과 환원적 설명을 기능적으로 구분하여 믿음, 욕구, 지각과 같은 인지적 속성이나 지향적 속성들은 환원적 설명의 대상이 되고, 감각질이 인지와 행동에서 차이를 생기게 하는 것은 그 유사성과 상이성이지 감각질의 본래적인 성질이 아니라고 하여 조명한다. 인과적 배수 논변은 수반 개념이 아래로 내려갈수록 인과관계를 벗어난다는 것이지만, 수반 논변은 반환원주의에 대한 귀류법으로 제안된 것으로, 반환원주의는 몇 개의 전제가 첨가되면 수용하기 어려운 부수현상론을 필함한다는 것이다. 심물 유형 동일성 논변은 심물 간의 동일성이 설명해 주지 않으면 영구히 설명되지 않은 채로 남을 현상들을 설명할 때 심물 간의 동일성은 필수 불가결한 역할을 한다는 것이다. 그러나 김재권은 이 논변이 기존의 다수 실현성 반론에 직면할 뿐 아니라 설명적 간격을 메우지도 못한다고 한다. 김재권은 최근의 반론들을 심각하게 고려하면서 '조건부 물리적 환원주의'라는 유연한 관점으로 향하는 것을 볼 수 있다.

김재권은 이 책에서도 물리주의와 언어의 관계에 대해 몇 가지 언급[2]은 하지만 본격적 숙고에 들어가고 있지는 않다. 이 책의 제3장에 주목하여 물리주의 체계에 대한 언어적 성찰의 아쉬움을 가지고 문제 제기를 하고자 한다. 이 장은 데카르트의 심신 이원론을 반박하는 데 할애되고 있다. 그 논의를 다음과 같이 재구성할 수 있을 것이다

(1) 마음과 몸의 비인과적 결합이나 융합은 이해가 안 된다;

(2) 마음과 몸의 어떠한 짝짓기도 어려운 반례에 당면한다;

(3) 인과율은 선후, 인접, 연접 같은 시공적 특징을 유지한다;

(4) 마음은 공간적 성질을 갖지 않는다;

(5) 고로 데카르트의 심신 이원론은 성립하기 어렵다.

김재권의 데카르트 반론은 데카르트 전통에서 읽을 때 어려움 없이, 자연스럽게 읽힌다. 그러나 데카르트 전통은 바로 김재권이 반박하고자 하는 이원론적 전통이다. 그의 반론은 물리주의를 지

---

2 "심성을 환원적으로 설명하려면 심성에 관한 진술들이 신경적인(또는 물리적인) 상태와 과정들에 관한 진술들에서 도출되어야 한다", 김재권, 앞의 책, 15쪽; "'참된' 사건이론, 즉 사건들의 선(先) 존재적 구조를 있는 그대로 묘사힘으로써 참이 되는 이론이 반드시 있다고 믿지는 않는다. 여러 가지 존재론적인 접근법들과 이론들은 선택적이라고 나는 생각한다", 김재권, 「추억과 회상」, 김재권 외, 『수반의 형이상학』(철학과현실사, 1994), 27쪽.

지하기 위해 분명 데카르트가 구성한 물질과 마음 개념의 이원적 구성[3]을 그대로 따르고 있다. 데카르트가 불질과 마음을 연장 (extension)과 생각(thinking)으로 규정한 구도를 그대로 따르고 있는 것이다. 시공간(spatiotemporality)은 물성(physicality)을 필연적으로 함축한다(142쪽)는 것이고 물질의 불가입성(impenetrability of matter)에 대해 "이 원리에 따르면, 공간은 우리에게 물체들의 개별화의 기준을 제공해 준다. 그리고 엄밀하게 동일한 공간을 한 시점에서 점유하는 물리적 대상들은 동일한 것"(140쪽)으로 간주하는 것이다.

이러한 언명은 데카르트의 모더니즘 안에서 편하게 해석된다. 그러나 물음은 이것이다: 모더니즘이나 대응론적 진리의 형이상학에서는 물리주의가 가능하지만, 다원주의 체계나 인식적 진리의 형이상학에서 물리주의가 가능할 것인가? 흄이나 칸트의 인식론을 수용하면서 물리주의자가 될 수 있을 것인가? 이원론적 질서 안에서 물리주의 테제는 진술될 수 있을 것인가? 인과 개념은 환원, 비환원, 수반, 폐쇄 원리 등과 같이, 이원적 언어 체계 안에서 비일관성에 저촉되지 않을 것인가?

김재권의 물리주의는 적어도 몇 가지 전제를 가지고 있다고 생각한다

---

3 마음과 물질의 이원적 전통에서는 생명과 윤리, 미적 경험과 종교적 경험 같은 양상들이 쉽게 간과된다. 또한 감각질, 현상 의식 등은 인간 심성적이기보다는 동물 의식 같은 좀 더 넓은 구조에서 접근할 수 있지 않을까? 동물이나 식물에 '의식'을 부여할 수 있다면 이들은 심성 현상인가, 물리 현상인가?

(6) 인과관계라는 물리적 관계는 인간에게 원초적으로 주어져 있다;

(7) 인과언어는 물리적 원초 언어이다;

(8) 인과관계의 사건은 기술 독립적으로, 직접적으로 주어진다.

그러나 인과관계는 김재권이 획기적으로 기여한 사건론 자체를 통해 다시 조명할 수 있을 것이다. 달리 말해, 하나의 물음은 사건의 동일성(identity)과 사건의 동인성(identification)은 분리 가능한가 하는 것이다. 이 글은 양자가 분리 가능하지 않다는 논의를 하고자 한다. 사건의 동일성이 언어 의존적이면 인과관계도 그러하다는 것을 보이고자 하는 시도이다. 김재권의 사건론은 데이비드슨의 사건론과 쌍벽을 이루고 있다는 점에서 서로를 명료화하는 역할을 한다. 그러한 의미에서 데이비드슨을 그 배경으로 먼저 논의하고 그리고 김재권의 관점을 분석하고자 한다. 김재권은 물론 사건 존재론을 형이상학적으로 유예⁴하지만, 폐기하고 있지는 않다. 이 논문의 논제는 물리주의의 언어적 전제를 부각하는 하나의 방식일 수 있다고 생각한다.

---

4 Jaegwon Kim, *Supervenience and Mind*(Cambridge University Press, 1993), ix-x.

2 데이비드슨의 사건 기술성 논변

2.1 **개별자로서의 사건**: 데이비드슨은 사건이 사실처럼 언어적 기술의 대상이지만 양자는 혼동되지 않아야 한다고 한다. 사건은 개별자로서 세계의 부분이지만 사실은 진리 함수적 구조로서 경험의 부분이라고 생각하는 것이다. 개별자로서의 사건은 인과관계로 엮이지만 사실은 총체적 구조에 들어 있는 까닭에 합리성으로 연결된다. 데이비드슨은 사건과 사실을 혼동함으로써 파생되는 오류를 다음과 같이 지적[5]하고 있다: 사건과 사실을 동일시하자; 만일 사실이 문장에 의하여 표현된다면 사건도 그러할 것이다; 스코트의 사망은 웨벌리의 저자의 사망과 동일한 사건이다; '스코트는 사망하였다'라는 문장은 '웨벌리의 저자는 사망하였다'라는 문장과 같은 사건을 지칭한다; 모든 참 문장은 동일한 사건을 지칭하고 참 문장만 사건을 지칭한다; 그렇다면 정확하게 하나의 사건이 있다.

데이비드슨은 사실이 진리 함수적 구조를 유지하는 데 반해 사건은 개별자 구조를 갖는다는 것을 제안하였다. 이를 위해 데이비드슨은 사건의 논리적 형식을, 다음의 행위 문장을 예로 든다면, 다음과 같이 구성하였다.[6]

---

5 D. Davidson(1969), "The Individuation of Events", *Essays on Actions and Events*(London: Oxford University Press, 1980), 169쪽.

6 D. Davidson(1967), "The Logical Form of Action Sentences", *Essays on Actions and Events*(London: Oxford University Press, 1980), 105쪽.

(9) 존스(j)는 자정(M)에 목욕실(R)에서 식칼(K)로 빵에 버터를 바르고(B) 있었다.

(10) (∃x)(Bjx & Mx & Rx & Kx)

(11) x는 j가 빵에 버터를 바르는 것이고, x는 자정에 발생했고, x는 목욕실에서 이루어졌으며, x는 식칼로 수행된 바의 적어도 하나의 사건 x가 존재한다.

2.2 사건 기술론: 데이비드슨은 사건의 기술적 측면에 주목한다. 비록 체계적인 서술은 아니지만 그의 사건의 언어 의존성을 보이는 데는 충분한 것으로 생각한다. "어떤 물리적 술어가 사건에 참이면 이 사건은 물리적이다"[7]라고 하여 물리성의 기준을 제시한다. 그리고 사건이 심성적인 까닭은 이것이 사적, 주관적, 비물질적이기 때문이 아니라 지향성을 나타내기[8] 때문이라고 한다. 심성적인 것도 언어에 기반을 둔 지향성을 중심으로 규정하여, 심성적 사건은 심성적 술어가 참인 경우의 사건으로 이해된다.

데이비드슨은 물리적 술어와 심성적 술어를 구분한다. 그러나 그는 이 구분에 대한 외부로부터의 단선적 기준을 제시하는 대신 내부로부터의 총체적 그림[9]을 시사한다. 이 그림은 두 개의 문장으

---

7 D. Davidson(1970), "Mental Events", *Essays on Actions and Events* (London: Oxford University Press, 1980), 210쪽.

8 같은 책, 211쪽.

9 'A caused B' is true if and only if there are descriptions of A and B such

로 구성되어 있다. 첫째 문장은 인과 사건이라는 것이 이에 대한 단칭인과 문장이 인과법칙에서 연역되었을 때 주어진다는 것이다. 인과적 물리세계가 언어 독립적으로 인간 경험에 주어질 수 없다는 점을 강하게 제안하는 것이다. 달리 말해, 데이비드슨은

(12) 'A가 B를 야기했다'는 참이다 → A*가 B*를 야기했다;

의 형식을 통해 인과 물리 세계가 인간 경험에 개입할 수 있는 언어적 구조를 제시하고 있다고 생각한다. 이 구조 이외의 다른 방식이 어떻게 가능할 것인가?

둘째 문장은 첫째 문장에서 언급한 인과법칙이 어떻게 주어질 수 있는가를 제시한다. 그러한 제시 없이 첫째 문장은 공허할 뿐 성립하기 어렵기 때문일 것이다. 그에 의하면 인과법칙은 선험적 종합 판단도 아니고 계시되는 것이 아니라 경험적인 것으로 제시한다. 특정 가설은 귀납적으로 지지되고 반사실적으로 확인되는 과정을 거치면서 반박될 때까지는 잠정적 인과법칙으로 간주된다

---

that the sentence obtained by putting these descriptions for 'A' and 'B' in 'A caused B' follows from a true causal law. This analysis is saved from triviality by the fact that not all true generalizations are causal laws; causal laws are distinguished (though of course this is no analysis) by the fact that they are inductively confirmed by their instances and by the fact that support counterfactual and subjunctive singular causal statements: D. Davidson (1970), "Actions, Reasons, and Causes", *Essays on Actions and Events* (London: Oxford University Press, 1980), 16쪽.

는 것이다.

2.3 데이비드슨의 비일관성: 그러나 데이비드슨의 사건 기술론에는 문제가 있다. 앞의 두 문장은 순환적이기 때문이다. 첫째 문장은 단칭 인과 문장이 인과법칙에서 연역(follows from)될 것을 요구하면서, 둘째 문장은 법칙적 가설이 귀납적으로 지지(inductively confirmed)될 것을 요청하고 있다. 이 순환성은 허용할 만큼 넓은 원의 순환인가 아니면 너무 좁은 순환일까?

쿠인은 동일성 기준 없이 개체는 없다고 하지만 데이비드슨은 개체 없이는 동일성 기준은 주어질 수 없다[10]고 한다. 두 철학자 사이에 동일성(identity)과 동인성(individuation)의 우선성에 대한 주장이 엇갈려 있는 것이다. 쿠인은 두 대상의 동인성 조건이 주어지지 않고서는 양자가 동일한지를 알 수 없다는 것이고, 데이비드슨은 개체의 동일성이 먼저 주어지지 않는다면 그 대상의 동인성 조건을 구성할 수 없다는 것이다. 그렇다면 사건에 대한 동일성 문장은 그러한 개체에 대한 단칭명사가 없이는 이루어질 수 없다. 예를 들어, 사건을 개체로서 말할 수 없다면 상이한 기술에서의 동일한 행위에 대해 말할 수 없다는 결론이 나온다. 그러한 상황에서는 만족스러운 행동 이론이 제시될 수 없다는 것이다. 동일성을 기초로 한 개체성이 동인성을 위한 동일성보다 우선한다는 것이다.

---

10 D. Davidson(1969), "The Individuation of Events", 164쪽.

데이비드슨은 동일성에 기초를 둔 개체성의 우선성을 어떻게 확보하는가? 그는 시공의 동일성은 사건 동일성의 필요조건이 아니라고 한다.[11] 전통적 외연성의 주장에 대해 그가 제안하는 것은 인과성 기준이다.

$$(13)\ (e1=e2) =def.\ ((z)(Caused(z, e1) \leftrightarrow Caused(z, e2)))$$

$$\&\ ((z)(Caused(e1, z) \leftrightarrow Caused(e2, z))).$$

두 사건이 동일할 수 있는 조건은 이들의 선행 원인들과 후속 결과들이 동일하다는 것이다. 데이비드슨은 사건의 동일성에서 그 사건의 모든 속성들이 제시되어야 한다는 존 스튜어트 밀의 주장을 오류로 규정한다.[12] 인과 계열의 공유로 사건 동일성은 확보된다는 것이다.

그렇다면 콰인에 대한 데이비드슨의 의문은 정당한가? 데이비드슨은 인과관계로써 사건들의 개체성을 어떻게 제시할 수 있는가? 그의 정당성은 이 물음의 답변에 의존하는 것이 아닐까? 콰인은 동일성조건과 동인성 조건은 한 동전의 양면이라고 하는 데 반해 데이비드슨은 양자를 분리하고자 한다. 그러한 분리 가능성은 "사건의 동일성은 인과관계의 동일성에 의존한다"라는 명제로 주어지

---

11 같은 책, 176쪽 이하.

12 D. Davidson(1967), "Causal Relations", *Essays on Actions and Events* (London: Oxford University Press, 1980), 157쪽.

는 것이 아니라, 그러한 사건들이 어떤 기술에서 인과관계에 들어가는가를 제시할 수 있는가에 의존한다고 생각한다.

3 김재권의 사건 반기술성 논변

3.1 데이비드슨 기술론에 대한 김재권의 비판: 김재권은 맥키의 외연 논리적 인과론을 사실적인 것으로 비판한다. 맥키의 외연 논리적 인과론을 일관되게 추구할 때 다음과 같은 상황이 발생한다고 한다.

(14) A: 누전이 있었다.

(15) B: 인화물질이 주위에 있었다.

(16) −C: 살수기가 주위에 없었다.

(17) (A & B & −C)

(18) −(A → (−B ∨ C))

맥키의 사건론에 의하면 (17)과 같은 복합 사건은 어떻게 독특하게 존재하는가? 그리고 사건 (17)과 사건 (18)은 동치이면서 어떻게 같은 사건의 기술로 인지될 수 있을 것인가? 그리고 A와 B가 사건을 나타낼 뿐만 아니라 −C도 사건을 나타내야 한다. 그러나 −C가 나타내는 독특한 사건은 무엇인가? '−C'라는 부정적 기술로는 너무나 많은 사건들이 만족할 수 있을 것이 아닌가?

김재권은 데이비드슨의 기술론적 사건론을 직접적으로 비판하고 있지 않다. 그러나 맥키의 외연 논리적 사건론에 대한 김재권의 비판은 데이비드슨의 기술론적 사건론에 그대로 석용될 수 있다고 믿는다. 사건에 '기술'이라는 표현을 적용할 때 나타나는 개념이 문제스럽다고 생각하는 것이다. 데이비드슨에게 사건은 인과적 관계에 들어가는 후보로 생각되고 그러한 관계는 법칙적 관계이고 이 법칙적 관계는 그 사건이 그 법칙에 포섭된다는 것을 뜻한다. 그러나 법칙은 문장으로서 표현되고 있는 데 반해 사건은 언어적 매개를 갖지 않으므로 법칙에 포섭되기 위해서는 언어적 단위에 연결되어야 한다. 김재권의 관점에서 생각해 보면 데이비드슨은 다음과 같은 명제 (19)를 수용해야 한다.

(19) 법칙 L, 사건들 e와 e′ 그리고 이 사건들에 대한 기술들 D와 D′가 주어지고 L과 D가 합하여 D′를 함축하고 D 홀로는 D′를 함축하지 않는다면 L은 e와 e′를 포섭한다.[13]

예를 들면 '모든 구리는 열이 가해질 때 확장된다'는 법칙은 '이 구리 조각 a는 시간 t에 열이 가해졌다'와 '이 구리 조각 a는 시간 t에 확장되었다'는 문장들이 기술하는 사건들을 포섭한다. 그러나 김재권이 여기에서 주목한 것은 '기술'이라는 표현이 나타내는 개

---

13 Jaegwon Kim(1971), "Causes and events: Mackie on causation", Ernest Sosa, *Causation and Conditionals*(London: Oxford University Press, 1975), 55–62쪽.

념이 제기하는 문제들이다.

이 문제들의 하나는 다음과 같다: 법칙명제 '(x)(Fx → Gx)'가 'c는 F이다'와 'c는 G이다'에 의해 기술되는 두 사건을 포섭한다고 하자(시간 t는 편의를 위하여 생략하자). 그렇다면 만일 'b는 H이다'가 참인 사건 진술 문장이라면 앞의 법칙명제는 'b는 H이다'에 의해 기술되는 사건과 'c는 G이다'에 의해 기술되는 사건을 또한 포섭한다. 왜냐하면 전자의 사건은 '(′x)(x=b & Fc)는 H이다'에 의해서도 기술된다. 그리고 '(′x)(x=b & Fc)는 H이다'는 홀로는 아니지만 앞의 법칙 명제와 더불어 'c는 G이다'를 함축한다. 그렇다면 한 쌍의 사건들을 포섭하는 어떠한 법칙도 다른 어떠한 쌍의 사건들도 포섭하게 된다는 것을 보일 수 있다.[14]

3.2 김재권의 기술 독립적 사건: 김재권에 따르면 사건 개념이 기술론에 입각하여 올바르게 개진될 희망은 없다고 판단된다. 그러면 김재권의 과제는 기술론을 매개로 하지 않은 사건론을 어떻게 전개할 수 있는가이다. 왜냐하면 기술론적 사건론에 대한 유일한 대안은 인과관계를 언어적 중개자 없이 직접 사건들의 관계로 정의해야 하기 때문이다. 김재권은 사건을 특정한 시간에 하나의 성질(또는 n-자리의 관계)를 구현하는 구체적 대상(또는 n-개의 대상

---

14 이 절에서 논의된 것들은 다음의 자료에 근거를 둔 것이다: Jaegwon Kim, 같은 책, 48-50쪽.

들의 응집)으로 생각한다. 이러한 의미에서 사건은 변화와 관련된 좁은 의미의 사건뿐 아니라 상태, 조건과 같은 것들을 포함한다. 음양개념은 데이비드슨-사건적이기보다는 김재권-사건적이다. 그러므로 사건은 사건들과 성질들의 복합체이며 여기에 시점들과 시간 단면들이 첨가되어 사건은 명제적 구조 같은 것을 가진다. 그러므로 대상 x가 시간 t에 성질 P를 구현하는 것으로 구성된 사건은 'x가 t에 P를 가진다'라는 문장에 구조적 유사성을 갖는다. 이러한 구조적 동형 구조는 그리 놀랄 일이 아니다. 왜냐하면 'x가 t에 P를 가진다'는 형식의 문장을 사용하여 사건을 지칭하거나 기술하거나 표상하거나 구체화하기 때문이다.

김재권은 다음과 같은 형식의 표현들을 사용하여 사건을 나타낸다

(20) $[(x_1, \ldots, x_n, t), P_n]$;
(21) $[(x_n, t), P]$.

김재권은 P, (x_n) 그리고 t를 각각 사건 $[(x_n, t), P]$ 의 '구성적 성질', '구성적 대상', '구성적 시간'이라 부른다. 김은 사건 존재의 조건(EE)와 사건 동일성 조건 (EI)을 다음과 같이 제안한다.

(EE) $[(x_n, t), P]$는 존재한다 $\leftrightarrow$ 구체적 대상 xn이 n-자리 경험적 성질 P를 시간 t에 예화한다.

(EI) $[(x, t), P] = [(y, t'), Q . \leftrightarrow . x = y \& t = t' \& P = Q]$.

(EE)는 사건이 세계의 부분이라는 것을 보장하며 이러한 뜻에서 집합론적 세 자리 순서쌍 〈x_n, t, P〉와 대조를 이룬다. (EI)의 함축은 분명하다: 소크라테스의 t 때의 독약 마심이란 사건은 산티페의 남편의 t′ 때의 사약 마심이라는 사건과 동일한 사건이게 되고, 이 액체가 t에 파랗게 되는 것은 이 액체가 t′에 하늘의 색깔과 같은 색깔이 되는 것과 같은 사건이라는 것이다.[15]

4 사건의 동일성과 동인성

4.1 김재권 사건론과 데이비드슨 사건론: 데이비드슨과 김재권은 사건 기술에 대해 상이한 관점을 유지한다. 데이비드슨은 사건들이 물리적으로나 심성적으로 기술될 수 있다고 한다. 데이비드슨은 특정 사건이 물리적 기술을 적용받을 수 있으면 물리적 사건이고 심성적 기술을 적용받을 수 있으면 심성적 사건이라고 말한다. 데이비드슨은 물리적 술어와 심성적 술어가 주어진 것으로 간주하는 것이 아닐까? 그는 데카르트가 마음과 물질의 이원적 실체들이 주어진 것으로 주장했던 것처럼 물리적 술어와 심성적 술어

---

15 김재권의 사건론은 다음의 논문들로부터 구성된 것이다: Jaegwon Kim, "Causation, Nomic subsumption and the concept of event", *The Journal of Philosophy* 70(1973), 217–236쪽; Jaegwon Kim, "Events as property exemplifications", *Action Theory*, eds., M Brand et al.(Dordrecht: Reidel, 1976), 159–177쪽.

의 이원적 언어가 주어진 것으로 상정하는 것은 아닐까?

그러나 김재권은 데이비드슨의 그러한 술어 이원론을 수용하기 어려워한다. 데카르트 철학이 이러한 방식으로 현대화된다고 할지라도 이것은 수용하기 어려운 이원적 실체 속성을 전제하는 것이기 때문일 것이다. 김재권은 이 지점에서 옳았다고 생각한다. 김재권은 그 대신 언어나 기술이 개입되지 않는 사건 자체로의 접근을 시도한다.

김재권과 데이비드슨은 사건론에서 초견적 차이에도 불구하고 중요한 점을 공유한다고 여겨진다. 이 점은 쉽게 간과되어 온 것이지만 두 철학자를 이해하고 평가하는 데 중요한 지점이라고 생각한다.

데이비드슨은 자신의 기술론적 사건론에서 주목할 만한 하나의 구분[16]을 하고 있다

"원인들과 원인들을 기술하고자 할 때 만나는 특징들";

"한 사건이 다른 사건을 야기하였다는 진술이 참으로 말하는가의 여부와 우리가 규정한 방식대로의 사건들을 법칙으로부터 연역할 수 있는가의 여부";

"두 사건들을 포섭하는 법칙이 존재한다는 것을 아는 것과 이 법칙이 무엇인가를 아는 것"

---

16 D. Davidson(1967), "Causal Relations", 155–158쪽.

의 구분이다. 이 구분은 여러 가지 측면에서 이해하기 어려운 구분이다. 그러나 여기에서 필자는 한 가지 가설을 제안하고자 한다. 이 구분의 첫째 연접지들과 둘째 연접지들 사이에는 분명한 차이가 있다. 둘째 연접지들은 우리 인간 언어를 통한 인식에 열려 있다는 점이 선명하다. 그러나 첫째 연접지들은 데이비드슨의 언어로 기술되고 있긴 하지만 정작 그것이 무엇인가를 물었을 때 우리의 이해 언어의 밖에 놓여 있다는 것을 알게 된다. 그렇다면 데이비드슨의 기술론적 사건론은 '사건 물자체' 같은 것을 상정한 구조에서의 기술론일 것인가?

김재권은 기술론의 문제점을 직시하여 인과관계를 언어적 중개자가 없는 사건들 간의 직접적 관계로 파악하고자 한다. 그러나 이러한 전략은 그에게 [(x$_n$, t), P]라는 구성적 대상, 구성적 성질, 구성적 시간이라는 형식을 제안하게 한다. 그렇다면 이것은 정확하세 무엇인가? 언어로 표현되기 전, 이 형식을 만족하는 사건이라는 것은 우리 경험에 어떻게 주어질 것인가? 김재권은 사건 기술론을 사양하였지만 그 자리에 '사건 물자체'론을 도입한 것은 아닐까? 사건 물자체론을 도입한 것이 아니라면, 그의 사건 존재의 조건(EE)은 어떻게 알려질 것이며, 그의 사건 동일성 조건(EI)은 어떻게 주어지는가?

김재권의 반기술적 사건론은 '성질 예화(property exemplification)'로서의 사건론으로 인도하고 이것은 얼핏 외연적 또는 외부적 사건론이기보다는 오히려 내포적 또는 내부적 사건론으로 밀려나는 것이 아닌가 하는 우려를 낳는다. 달리 말해, 속성 동일성이 속성의 이름의 동의성에 의존하는 인상을 주기 때문이다. 김재권은 한편으로 데이비드슨의 기술론적 사건론을 부정할 때는 정당하지만, 다른 한편으로 사건의 비기술론적 표현 방식을 제안할 때는 스스로 비판하는 기술론적 상황에 빠지고 만다.

4.2 김재권 사건론과 베넷 사건론: 베넷이 사건 동일성 원리 또는 사건 비반복 원리에 대해 "김재권의 설명은 사건 이름들의 공지칭성 논제로 환원"하고 있다고 관찰하고, 김재권은 스스로 다음과 같은 오류를 인정한다.

언급된 오류는 사건 형이상학에 관한 사안들과 사건 이름 의미론에 관한 사안들을 혼동하는, 사건 이론가들(나를 포함하여) 간에 만연된, 보다 일반적 오류를 나타낸다.[17]

김재권은 이러한 오류의 중요성은 시사하지만 이 주제에 대해 천착하는 것 같지는 않다. 그러나 이것은 많은 것을 생각하게 하는 언명이다.

베넷은 사건을 "시공 영역(spatiotemporal region)에서의 속성 예

---

17 Jaegwon Kim, "Events: their metaphysics and semantics", *Philosophy and Phenomenological Research*, Vol. LI, No. 3(September, 1991), 641–646쪽, 특히 643쪽.

화"라고 규정[18]한다. 김재권의 사건 개념에서의 시간이 칸트적이라면 베넷의 사건 개념의 시공 영역은 비칸트적이라는 인상을 준다. 이 점에서 '시공 영역'은 더 매력적으로 보인다.

그러나 이러한 베넷의

(21) E_1=T_1인 구조의 속성예화 T1이 E_2=T_2인 구조의 속성예화 T_2인 경우 그리고 이 경우에만 E_1=E_2;

라는 쌍조건문에 대해 김재권은 "언제 T_1과 T_2라는 속성 예화들이 동일한가"[19]라는 물음을 던지고 세밀한 분석을 하였을 때 올바른 지적이라고 생각한다. 그러나 이 물음은 이제 김재권의 물리주의에 제기하고자 하는 것과 같은 종류의 물음이 아닐까?

4.3 동일성과 동인성: 데이비드슨과 김재권은 각기 사건론을 구성함에 있어서 동일성(a=b)과 동인성(x는 a=b를 안다)을 데카르트적으로 전제하고 있다고 생각한다. 동인성이라는 인식의 문맥과 동일성이라는 사태의 문맥은 다르다는 것이다. 인식은 인식과 독립하여 있는 사태를 향하여 추구되는 지성적 활동임에 반하여 사태는 인식과 독립적으로 주어져 있는 세계의 부분일 뿐이라는 것이

---

18 J. Bennett, *Events and Their Names*, Indianapolis/Cambridge: Hackett Publishing Company(1988).
19 Jaegwon Kim, 앞의 논문(1991), 642쪽.

다. 인식주관이 사태에 대하여 '동일하다(a=b)'라고 명석하고 판명(clear & distinct)하게 판단하는 구조에서 동일성과 동인성의 구분이 전제되어 있는 것이다.

여기에서 하나의 가설을 제안하고자 한다: 동일성(identity)과 동인성(identification)의 구분은 논리적으로 가능하나 인식적으로 가능하지 않다. 논리적 가능성과 인식적 불가능성의 구분은 예시될 수 있을 것이다: 유클리드 평면상의 직선은 논리적으로 가능하지만 어떤 공간도 인력이 작용하지 않는다는 것은 물리적으로, 따라서 인식적으로 불가능하다.

이 가설에는 하나의 논변이 필요하다. '금성(the evening star)'과 '샛별(the morning star)'은 각기 하나의 고정 지시어이다. 따라서 크립키의 관찰대로, '금성=샛별'은 현실 세계에서 참이므로 모든 가능 세계에서 참이다. 필연적인 것이다. 형이상학적 실재의 한 경우라고 할 만하다. 그러나 이러한 표현은 그 지시체를 모든 가능한 세계에서 고정적으로 지시하지만, 각 사람의 인식의 체계에서 다른 방식으로 동인, 개별화(individuation)된다. 고정 지시어들이 개인의 경험이나 설명의 체계에 들어올 때 지시체의 동일성을 유지하면서도 상이한 경험 내용을 요구한다고 생각한다. 뉴턴 물리학과 아인슈타인 물리학은 각기 '빛'이라는 고정지시어를 수용하여 동일한 지시체를 지시하지만 이들이 속해 있는 체계에 의하여 각기 다른 뜻을 부여받기 때문이다. 그렇다면 동일성과 동인성은 데카르트가 당연하게 여긴 것과는 달리 분리 가능하지 않은 것이다.

5 후기적 관찰

김재권은 물리주의라는 철학적 주제를 초기에는 정초하고 중기에는 풍요롭게 하고 후기에는 마무리 작업을 하여 일관된 철학적 생애의 작업 모델을 보였다. 분석철학 전통에서 연구와 교수의 모델로 널리 인정되는 자연스러운 분위기에서 그의 교화를 받아 왔다. 그러나 언어철학도로서 물리주의의 언어적 함축의 성찰에 대한 아쉬움을 품고 있다. 그리고 그 까닭을 몇 가지로 추측하게 된다.

첫째, 김재권의 물리주의는 20세기 초의 논리 실증주의의 형이상학을 주류적인 철학으로 상정할 때 가장 설득력 있는 관점으로 해석될 수 있을 것이다. 논리 실증주의 형이상학이 데카르트의 이원론적 형이상학을 중심적 표적으로 선택하였다고 생각한다. 이 이원론적 형이상학은 서양 중세의 신학적 형이상학의 계승자로 볼 수 있기 때문이다. 이들을 이렇게 묶어서 대조할 수 있는 것은 이들이 모두 각기 어떤 종류의 진리 대응론적 실재론을 수용하고 있기 때문이다.

둘째, 김재권은 헴펠의 길을 걷고 있다고 생각한다. 그는 헴펠의 설명 모델을 비판적으로 분석하기도 하지만 중요한 의미에서 헴펠의 논리 실증주의 방향성을 채택한 것으로 보인다. 이 점은 데이비드슨이 콰인의 길을 걷는 것과 대조된다. 사건에 대한 두 사람의 분석에서도 이 점은 분명하게 나타난다. 데이비드슨이 사건을 기술론적으로 구성하고 외연적으로 개체화하고 있는 데 반해 김재권은 이를 반기술적으로 요구할 뿐만 아니라 속성 예화의 사태로 요청하고 있는 점에서 그러하다.

셋째, 분석철학계는 후기 비트겐슈타인-타르스키-콰인을 통해 언어적 전회를 선명하게 겪었다고 생각한다. 그러난 김재권은 이러한 언어적 전회에 대해 특별히 주목하는 것 같지 않다. 이것은 그의 실재론적 형이상학을 수용할 때 납득할 수 있는 철학적 태도일 것이다.

그러나 언어적 전회는 언어가 '자연적으로' 주어진 것이 아니라, '사회적으로' 구성된 것이라는 가설을 기초로 한 것이다. 그리고 이러한 가설을 부정하기 위해서는 모종의 선택을 해야 한다. 그 선택은 실재론적 형이상학이거나 아직 제안된 적이 없는 다른 대안적 형이상학이라야 한다.

마지막으로, 김재권의 물리주의는 하나의 지칭론을 전제한다고 생각한다. 그것은 칸트적 시공론 안에서 러셀적 지칭론 같은 종류일 것으로 믿는다. 절대적 시공 안에서 뜻은 배제된, 외연주의적 지칭인 것이다. 시공이 유일하므로 이름과 대상은 직접적으로 연결되는 지칭적 관계가 성립한다는 믿음을 나타낸다. 이러한 지칭론에 대조될 수 있는 것은 공지칭성(co-reference) 개념이다. 하나의 고정 지시어가 상이한 체계에서 다른 뜻을 갖지만 동일한 대상을 지칭한다는 공지칭성 개념은 동일성(identity)과 동인성(identification)의 분리 불가능성을 함축하면서도 동시에 이 상황으로부터 특별한 돌파구를 시사한다. 체계의 자율성을 허용하면서도 사건의 공유성을 확보한다. 이러한 공지칭성의 형이상학은 이원론도 물리주의도 아닐 수 있다.

제9장

철저하지 못한 물리주의

백도형

1 서론

이 글에서는 김재권의 심신 환원주의로서의 물리주의 입장이 갖는 부담을 최근 저서인 『물리주의, 또는 거의 충분한 물리주의』[1]와 「극단에 선 물리주의」[2]를 중심으로 살펴보도록 하겠다. 그의 저서의 제목에서도 알 수 있듯이 그가 내놓은 최근 결론은 어찌 보면 좀 어정쩡한 입장이라고도 볼 수 있다. 그는 이러한 입장이 나오게 된 생각의 과정을 다음과 같이 정리하고 있다.[3]

---

1 Jaegwon Kim, *Physicalism, or Something Near Enough*(Princeton University Press, 2005).

2 김재권, 「극단에 선 물리주의」(제1회 석학연속강좌, 2000).

(1) 물리주의는 극복해야 할 두 가지 주요한 어려움들이 있는데, 이는 정신 인과의 문제와 의식의 문제이다. 첫째 문제는 정신성이 어떻게 인과적으로 폐쇄된 물리적 세계에서 영향력을 가질 수 있는가를 설명하는 문제이다. 둘째는 근본적으로 그리고 본질적으로 물리적인 세계에 의식과 같은 것이 있을 수 있는가를 설명하는 문제이다.

(2) 한 정신적인 항목이 물리적 세계 내에서의 그 실현자로 기능적으로 환원될 때 오직 그때에만 그 항목과 관련된 정신 인과의 문제는 해결될 수 있다.

(3) 지향적/인지적 속성은 기능화될 수 있으며, 따라서 기능적으로 환원될 수 있다고 믿을 만한 이유가 있다. 반면에 의식은 기능화될 수 없으며, 따라서 환원 불가능하다. 그러므로, 정신 인과의 문제는 지향적/인지적 속성에 관하여는 해결 가능할지라도, 의식 속성들 또는 감각질에 관하여는 해결 불가능하다.

(4) 의식이 기능화될 경우에 오직 그때에만 의식의 문제는 해결 가능하다 또는 설명적 간극이 메워질 수 있다.

(5) 그렇다면 감각질은 물리적 도식 내에 편입될 수 없는 잔여가 된다. 감각질은 물리적인 것에 환원될 수 없으며, 그런 이유 때문에 (i) 감각질은 부수현상이며, (ii) 그들의 존재 그리고 특정한 신경적 또는 물리적 과정과의 관찰된 연관성은 설명될 수 없다.

---

3 김재권, 앞의 글(2002), 102쪽(김기현 역). 원래의 번역어에서 '심적 인과'를 '정신 인과'로, '심적'을 '정신적'으로, 그리고 '심성'을 '정신성'으로 바꾸었다. 이러한 용어들에 관한 나의 상세한 의견은 백도형(1997) 참조.

나는 이 글에서 이러한 그의 입장을 두 가지 방향에서 비판하고
자 한다. 첫째, 그의 입장은 좀 더 약한 물리주의 입장으로의 후퇴
로 볼 수 있는데, 그의 원래의 형이상학의 입장을 일관되게 유지하
면서 굳이 그렇게 어정쩡하게 약한 물리주의 입장을 취할 필요가
없다(2장). 둘째, 물론 그의 철저하지 못한 입장은 심리철학 문제에
대한 깊은 고민에서 비롯하는 것이지만, 그 문제가 토대로 삼고 있
는 전제를 이제는 재고할 필요가 있다. 그것을 재고한다면 심리철
학의 문제는 전혀 새로운 시각에서 새롭게 재조명될 수 있다(3장).

다음 장부터 이러한 두 가지 방향의 비판을 각각 수행할 것이다.

2 환원되지 않는 부수현상, 감각질

위에서 정리한 논변에 따르면, 김재권이 물리주의에 스스로 한
계를 지우는 가장 중요한 이유는 감각질 내지 의식 속성은 기능화
되지 않기 때문에 물리적으로 환원되지 않는 것으로 남으며, 그에
따라 감각질 부분에 대해서는 정신 인과의 문제가 해결될 수 없다
고 생각하기 때문이다.

그는 1980년대 중반 이후로 「비환원적 유물론의 신화」을 비롯한
최근까지 발표한 여러 논문들에서 1960년대 말 또는 1970년대 초
반 이후 심리철학계의 주류 입장으로 받아들여지고 있는 비환원적
물리주의의 형이상학적 토대를 비판하면서, 정신 인과의 문제를
제대로 해결하기 위해서는 심신 환원주의의 입장을 취할 수밖에

없음을 여러 차례 주장하였다. 그러나 처음에 그것은 당위나 요청 차원의 옹호에 불과하였다. 즉 구체적인 정신 현상들이 어떻게 물리 현상으로 환원될 수 있는지를 보이는 것이 아니라, 어떻게든 물리적으로 환원될 수 있을 때에만 정신 인과의 문제가 해결될 수 있음을 주장하는 정도에 불과하였다.[4]

하지만 1990년대 중반 이후, 특히 저서 『물리계 안에서의 마음』을 준비하는 과정에서 그는 기능화를 통해 환원을 이루어 낼 수 있는 기능적 환원주의의 모형을 제시함으로써, 이러한 심신 환원이 당위적으로만 필요한 정도가 아니라 실제로 이루어질 수 있음을 주장하였다. 그리고 최근에 내놓은 『물리주의, 또는 거의 충분한 물리주의』에서는 다른 철학자들의 환원주의 시도를 검토하면서 그런 시도들이 아직 환원주의를 당위 차원에서 옹호하는 것에 불과하거나 기껏해야 최선의 설명으로의 추론 정도의 수준을 벗어나지 못하고 있음을 지적하면서 자신의 기능적 환원주의를 부각시키기도 하고 있다.[5]

그러므로 이러한 배경을 염두에 두고 볼 때, 1장에서 정리한 논변에서 감각질이 기능화되지 못한다는 점은 감각질이 물리현상으로 환원될 수 없다는 것에 다름 아니다. 따라서 그 경우 감각질 부분에서는 정신 인과의 문제를 해결하는 물리주의 입장을 유지할

---

4 기능적 환원을 표방하기 이전의 김재권의 환원주의가 요청 차원에 불과함을 나는 졸고(1995) 이래로 주장하였다. 백도형, 「환원, 속성, 실재론」, 《철학》 제 43집(1995, 봄), 115쪽을 보라.

5 Jaegwon Kim, 앞의 책, ch. 4–5.

수 없다는 귀결이 나올 수밖에 없다. 그리고 바로 그런 이유에서 김재권은 온전한 물리주의를 옹호하지 못하고 물리주의의 한계를 자인할 수밖에 없는 것이다.

감각질은 최근까지의 심리철학의 역사에서 물리주의에 대한 가장 강력한 반론의 근거로 제시되어 왔다. '감각질(qualia)'이란 우리 오감의 감각에서 질적인 부분을 말한다. 사실 감각은 서양 근세 철학의 경험론 이래 우리 인식 과정의 대표적인 전형으로 여겨져 온 관찰의 토대가 되는 것이다. 그리고 이러한 경험론의 생각은 근세 이후 최근까지 자연과학에서 가장 중요한 방법으로 여기고 있는 실험의 방법을 통해 정당화되고 있으며, 이러한 생각은 경험론을 옹호하는 철학자들뿐만 아니라 자연과학자들 사이에서도 (최근 인식론이나 과학철학, 심리학에서는 이러한 소박한 경험론에 대한 비판이 없지 않으나) 대체로 상식으로 받아들여지고 있다.

하지만 이러한 경험론의 상식에서 관찰의 토대로 여겨온 감각이 자연 인식의 전형적인 방법으로 인정받는 것은 관찰을 통해 세계에 대한 양화(수량화)된[6] 객관적인 인식을 얻을 수 있는 경우에 한한다. 세계에 대한 인식을 수량화의 틀 속에서만 이루려는 것이 바로 물리학 등 근대 이후 자연과학의 가장 두드러진 특징이다. 그러

---

6 나는 '양화'란 표현보다는 '수량화'란 표현이 수(number)와의 관련을 더 잘 표현해 줄 수 있다고 생각하지만, 그 동안의 철학계나 논리학계에서 '양화'가 더 널리 쓰여 왔음을 고려하면서 이 글에서는 두 표현을 그때그때 섞어서 쓰려고 한다. 물론 이 두 표현은 동일한 의미를 갖는다.

므로 이러한 물리학적 세계관에 입각하여 세계에 존재하는 모든 존재자는 물리적 존재자임을 주장하는 입장인 '물리주의'는 결국 양화되는 한에서만 존재자의 지위를 부여하는 입장이라고도 볼 수 있는 것이다. 감각질은 감각의 양화될 수 있는 요소가 아니라 감각할 때 감각 주관이 느끼는 질적인 생생한 느낌(raw feeling)을 말하는 것이므로, 이러한 감각질은 본래 객관적으로 파악될 수 없는 것이고 물리주의에 포섭될 수 없는 것이다. 따라서 이러한 감각질이 심리철학에서 물리주의에 대한 반론의 강력한 근거로 제시되는 것은 어쩌면 당연한 일일 것이다. 김재권도 이와 마찬가지 생각으로 감각질이란 질적인 것으로 기능화될 수 없는 부분을 포함할 수밖에 없기 때문에 기능적 환원에서 배제될 수밖에 없다고 지적하는 셈이다.

그런데 감각질이 물리적으로 설명하기 어렵다는 점을 주장하는 철학자들은 대체로 그러한 점을 근거로 해서 물리주의 자체를 비판하려는 입장을 취한다. 반면에 김재권은 물리주의를 옹호하며, 게다가 적어도 당위적인 차원으로라도 '환원주의'라는 강한 물리주의를 옹호하려는 강한 물리주의자이다. 그렇다면 감각질이 설사 물리적인 세계관에서 소화할 수 없는 것이라고 해도 이에 대한 평가는 다른 반물리주의자들과는 달라야 하는 것 아닐까? 더욱이 김재권은 1장의 논변 ⑤에서 보듯, 감각질이 부수현상임을 인정하고 있다.

김재권은 "실재한다는 것은 인과적 힘을 갖는 것"이라고 하는

'알렉산더의 논제'[7]를 주장한다. 따라서 그는 인과적 힘을 갖지 않은 존재는 진정한 실재가 아닌 부수현상이라고 본다. 즉 그의 입장에서 부수현상은 진정한 존재자로 볼 수 없다. 그런데 그런 그가 물리주의를 온전히 옹호하지 못하는 이유가 바로 기능화되지 않아서 부수현상에 불과한 감각질 때문이라고 한다. 과연 김재권은 부수현상에 불과하다는 감각질을 완벽한 물리주의를 포기할 정도로 심각하게 생각해야 할 이유가 있을까?

물론 감각질은 김재권에게뿐만 아니라 최근까지의 심리철학의 역사에서 물리주의에 대한 가장 강력한 반론의 근거로 제시되어 왔고, 의식 속성의 가장 전형적인 요소로서 정신 현상의 가장 대표적인 요소로 부각되었다. 감각질은 본질적으로 질적이며 주관적이고, 사적이며, 일인칭적이기 때문에 근대 이후 물리학 등 수량화에 의해 표기되는 객관적인 자연과학의 틀로는 결코 포착될 수 없기 때문이다. 감각질과 물리현상 간의 이러한 간극은 흔히 "설명적 간극(explanatory gap)"이라는 표현으로 제시된다.[8]

하지만 이렇듯 본질적으로 주관적이며 부수현상의 위상밖에 갖지 못하는 감각질을 꼭 진지하게 다루어야 하는가? 주관적인 의식을 연구 대상으로 삼는 현상학이라면 이러한 질적인 측면을 중요

---

7 Jaegwon Kim, "The Nonreductivist's Troubles with Mental Causation", *Supervenience and Mind*(1993), 348쪽.

8 J. Levine, "Materialism and qualia: The explanatory gap" in *Pacific Philosophical Quarterly*(1983), 이래 여러 논문에서 "설명적 간극"에 대해 논의하였다.

하게 여길 것이다. 이런 관점에서 현상학은 자연과학의 실증적 태도에 거부감을 가질 것이다. 하지만 강한 물리주의를 옹호하면서 이러한 현상학의 관점을 특별히 채용하지 않을 김재권이라면, 부수현상이면서 주관적인 감각질을 존재계에 반드시 편입시켜야 하는 것인가? 나는 그렇게 생각하지 않는다.

감각질을 중시하는 철학자들은 물리현상에서는 볼 수 없는 감각질과 의식 등 주관성에 관해 절실하게 생각하고 있는 것 같다. 물리주의자인 김재권의 최근 입장도 그런 것 같다. 하지만 이러한 절실함은 '설명적 간극'이라는 표현에서도 엿볼 수 있듯이 존재 차원의 것이 아니라 설명 차원의 절실함이다. 그래서 존재 차원에서는 부수현상에 불과하다고 할 수 있는 것이다.

사실 우리의 학문적 상식에 따르면 이런 정도의 설명적 절실함은 의식 등 정신 현상에만 있는 것이 아니다. 가장 근본적이고 기초적인 존재계라고 할 수 있는 미시 물리계 이외의 거시 물리적 현상들, 생명 현상들, 그리고 의식 등 정신 현상보다 오히려 상위에 속한다고 볼 수 있는 사회 현상, 문화 현상 등도 최하위계인 미시 물리계에 관한 설명으로는 결코 포착할 수 없는 나름대로의 고유한 설명적 절실함을 지니고 있다. 만일 이런 정도의 설명적 절실함을 모두 인정한다면 물리주의가 비판되는 정도에 그치는 것이 아니라 모든 존재계층의 실재를 인정하는 존재론의 폭발을 겪을 수밖에 없을 것이다.[9]

---

9 이에 관한 좀 더 상세한 논의로는 백도형(2002), 「참을 수 없는 존재의 가벼

그렇다면 김재권은 자신의 물리주의의 일관성을 유지하기 위해 어떤 선택을 할 수 있을까? 우선 그가 기능화에 회의적인 것은 정신 현상 일반이 아니라 감각질이라는 일부에 불과하다는 점에 주목해야 한다. 기능적 환원을 도입하기 이전에는 김재권의 환원주의는 당위 차원의 주장에 불과하였다. 하지만 기능적 환원을 도입함으로써 정신 현상의 큰 한 축을 이루는 지향적/인지적 속성은 기능화를 통해 환원이 가능함을 주장한다. 그러므로 적어도 그의 이런 주장대로라면 지향적/인지적 속성의 경우에는 더 이상 정신 인과의 문제가 심각하게 제기되지 않는다.

김재권의 주장처럼 지향적/인지적 속성이 과연 기능화될 수 있는지, 그 경우에 (비록 특정 영역에 국한된다는 단서가 붙기는 하더라도) 정신 인과의 문제가 해결될 수 있는지의 문제는 더 따져 보아야 하겠지만 나중으로 미루고 이 글에서는 그 부분을 더 다루지는 않겠다. 여기서는 다만 그러한 김재권의 주장이 맞다고 할 때, 기능화되지 않는 부수현상으로서의 감각질을 그의 이론에서 어떻게 처리할 수 있을까를 생각해 보려고 한다.

내 생각으로는 어차피 김재권 스스로도 감각질이 부수현상임을 인정하고 있다면 앞에서 살펴본 대로 알렉산더의 논제 등 그의 다른 형이상학과 일관성을 이루기 위해서라도, 감각질에 대해서는 더 이상의 미련을 버리고 과감하게 존재자로서의 지위를 포기하는

움-속성 이원론에 대한 비판」, 《철학적 분석》 제2호 참조.

것이 옳다고 본다. 그렇다면 감각질에 국한한 것이지만 부분적으로 제거주의의 입장을 취하는 셈이 된다. 그런데 잘 알려져 있듯이 김재권이 예전에는 당위 차원에서 또 이제는 기능적 환원 방법을 도입해서라도 심신 환원주의라는 어려운 길을 걷고자 하는 이유는, 심신 환원주의만이 물리주의와 정신 실재론을 함께 옹호할 수 있는 유일한 길이라고 생각하기 때문이다. 즉 그의 환원주의는 '제거주의'라는 쉬운 물리주의의 길을 거부하고 정신 현상에 대해 우리가 갖는 상식적인 직관을 옹호해 보려는 의지의 소산이기도 하다. 그러니 감각질이라는 특정 영역에 국한된 것이라고는 해도 제거주의를 옹호한다는 것은 그의 그런 의도를 염두에 둘 때 받아들이기 어려운 제안일 것이다.

하지만 『물리주의, 또는 거의 충분한 물리주의』에서 아직 해결되지 않은 감각질을 제외하더라도 나머지 영역만으로도 물리주의의 근본 주장을 유지하는 데에 큰 장애가 되지 않을 정도로 충분하다는 김재권의 주장에서 보더라도, 감각질은 결국 정신적인 것의 작은 일부에 불과한 것이다. 따라서 그것이 해결되지 않더라도 물리주의의 큰 흐름에 지장이 없다면, 그것을 존재 영역에서 삭제한다고 해서 물리주의와 정신 실재론을 동시에 옹호하기 위해 심신 환원주의를 고수했던 그의 생각에 심각한 훼손을 가져오는 것은 아니라고도 할 수 있을 것이다. 그러므로 굳이 물리주의의 일관성을 훼손하는 방향을 받아들이면서도 애써 그 훼손이 그리 심각한 것이 아니라고 강변하기보다는 오히려 감각질이 갖는 작은 직관을 포기하면서 물리주의라는 큰 입장을 온전하게 보존하는 것이 김재권의 원래 입장에 더 잘 어울리는 것 같다.

3 존재 계층 실재론과 진리 대응설

2장에서 살펴본 김재권의 철저하지 못한 물리주의 입장은 결국 물리주의와 감각질의 생생함이라는 두 가지 직관 사이의 고민에서 비롯된 것으로 볼 수 있다. 2장에서의 내 생각은 이러한 고민을 김재권의 형이상학 내에서는 원만하게 해결할 수 없다는 것이다.

그렇다면 그의 형이상학의 어떤 점 때문에 이런 일이 발생하는가? 나는 그것을 존재 계층 실재론이라고 지적하려 한다. 우리의 다양한 학문적 직관에서 드러나는 여러 존재 계층들을 별 반성 없이 그대로 받아들이는 것이 심신 문제를 해결할 수 없는 미궁에 빠지게 하는 주 원인이라는 것이 나의 생각이다. 하지만 이러한 존재 계층 실재론은 비단 김재권과 같은 환원주의에게만 해당되는 것이 아니라 김재권의 비판 대상이었던 주류 심리철학 입장인 비환원적 물리주의, 심지어는 제거주의자들도 모두 공유하는 생각이다. 즉 지금까지의 모든 심리철학자들이 당연한 것으로 공유하는 입장이었다고 해도 과언이 아니다.

철학에서 모든 종류의 실재론은 인식 주체, 그리고 그 주체의 인식, 언어, 이론에 상관없이 실재가 독립적으로 존재함을 옹호하는 입장이다. 이 점은 존재 계층 실재론도 마찬가지이다. 그리고 이러한 실재론은 잘 알려져 있듯이 진리 대응설(correspondence theory of truth)과 자연스럽게 연결된다. 다양한 학문 영역과 연결되는 존재 계층들을 생각해 보자. 모든 존재 계층의 영역은 하위 계층에서는 볼 수 없는 제각기 독특한 속성을 지닌다. 그것들은 모두 그 분야 학문의 상식들을 포함하고 있으며, 그 분야의 관점에서는 어떤 의미로든 나름대로 절실한 직관을 반영하고 있다. 그렇다면 해당 분야에서 그러한 속성에 대한 진술은 나름대로 참인 진술로 볼 수밖에 없을 것이며, 이것을 선뜻 거짓 진술이라고 평가하기는 누구도 쉽지 않을 것이다.

하지만 그렇다고 이러한 다양한 분야의 배경에서 나온 상식과 직관들을 모두 인정할 경우 굉장히 복잡한 형이상학적 문제가 생긴다. 각각의 분야가 발생한 배경과 관점이 다르고 그 분야에 고유한 속성이 각각 다르다. 그러니 각 존재 계층들 서로 간에 환원이 어렵다는 것은 경험 이전의 선험적 사실로서, 각각 다른 관심과 배경에서 비롯된 각 존재 계층의 실재를 모두 인정할 때부터 충분히 예견할 수 있는 문제이다.[10] 따라서 물리주의를 유지하려면 김재권의 주장처럼 이 모든 계층들이 최하위인 미시 물리 계층으로 모두 환원될 수 있어야 한다. 정신 인과의 문제는 그런 존재 계층들 중 개별 인간 차원의 심리 영역과 가장 하위 영역인 미시 물리 영역이

---

10 데이비드슨은 이에 대해 "주제를 바꾸는 것"이라고 말한다. D. Davidson (1970), "Mental Event", *Essays on Action and Event*(Oxford University Press, 1980), 216쪽.

라는 두 존재 계층 실재론을 어떻게 조화시킬 수 있는가의 문제라고도 볼 수 있다. 김재권의 그 동안의 작업은 심신 두 계층 간의 환원이 어렵다는 것을 충분히 보여 주고 있는데 심신 두 계층 이외에도 남은 많은 계층들이 더 있다는 것이 이러한 어려움을 더욱 증폭시키는 것이 아니겠는가?

그러니 이렇게 지금까지 당연하게 여겨 온 존재 계층 실재론과 그에 따라 함께 주장되는 진리 대응설의 당연함을 재고하지 않으면 이 문제를 해결할 수 없다는 것이 나의 생각이다. 그렇다면 어떤 다른 대안이 있겠는가? 환원 불가능성을 보여 주던 논의 중 하나가 "설명적 간극(explanatory gap)"이었고 앞서 2장에서 이것을 존재론적 간극과 구별되는 것으로 보면서 감각질이 부수현상임을 논의했던 것을 상기한다면, 존재 계층의 실재론을 설명 계층에 대한 논의로 전환시킬 수 있을 것이다. 이것은 존재 계층 실재론에서 보여지는 계층적 존재론에 대한 언어적 전회(linguistic turn)라고 할 수도 있다. 그리고 사실 이것은 그 동안 내가 여러 논문에서 주장해 왔던 심신 유명론의 유명론적 세계관을 모든 존재 계층으로 확장한 것에 다름 아니다.

계층적 존재론에 언어적 전회가 일어난다면 모든 계층의 속성을 언어 차원인 술어로 이해하는 것이다. 속성은 존재 차원의 존재 범주의 하나로 여겨져 왔지만 여러 계층들의 속성의 실재를 모두 인정할 때 극복할 수 없는 형이상학적 문제가 발생함을 우리는 지금까지 잘 보았다. 최근 과학철학에서는 '관찰의 이론 의존성' 논제가 이미 상식화되었다. 이러한 시각도 참조하여 우리가 지금까지 당연한 존재 범주로 여겼던 속성을 언어 범주인 술어로 이해하는 것이 심신 유명론의 생각이다. 각 존재 계층의 '속성'이라고 하는 것을 그 존재 계층을 설명하는 학문 분야의 이론에 의해 구성된 것으로 보는 것이다.[11]

이렇게 볼 때 '정신적인'이나 '물리적인'이라는 '속성'은 모두 존재 범주로서의 속성이라기보다 언어 범주인 술어 차원으로 이해해야 한다. 그것은 심리 언어나 물리 언어에 의해 서술된 결과물이다. 심리 언어와 물리 언어는 애초에 서로 다른 주제를 서술하기 위해 만들어진 것이기 때문에 그 언어적 본성상 결코 완벽하게 상호 번역되지 않는다. 이렇게 심신 환원을 부정하는 것은 심신 유명론에서는 심리 술어와 물리 술어 간의 번역 불가능성으로 이해할 수 있다.

하지만 심신 유명론에서는 '물리적인' 것도 언어 차원에서 구성된 것이기 때문에 존재 계층 실재론에서의 물리주의처럼 다른 존재 계층에 대해 배타적인 우월성이나 독점적인 지위를 가진 것이 아니다. 그리고 물리학도 유일 과학 내지 최종 과학의 지위를 갖는 것이 아니다. 단지 존재 세계를 여러 차원에서 서술할 수 있는 다양한 가능성의 한 가지일 뿐이다. 따라서 심신 유명론에서는 심신

11 심신 유명론에 관한 좀 더 상세한 내용은 백도형, 「심신 유명론」, 《철학연구》 제54집(철학연구회, 2001, 가을); 백도형, 「4차원 개별자론」, 《철학연구》 제68집(철학연구회, 2005, 봄) 참조.

환원을 부정한다고 해서 상위 계층인 정신적인 것이 제거되어야 하는 것은 아니다.

이제 존재 계층은 심신 유명론에서는 언어 계층이 되는 것이기 때문에 존재론적으로는 일원론이 되지만 언어적 다원주의가 가능해지는 것이다.

흔히 존재계에 대해 언어적 전회를 하다고 하면, 혹은 존재 차원의 논의를 설명 차원으로 전환시킨다고 할 때, 언어 차원이나 설명 차원은 실재론을 부정하는 주장이 되는 만큼, 존재 기준이 전혀 없는 완전히 자의적이고 임의적인 세계관으로 오해하는 경우가 많은 것 같다. 마치 파이어아벤트(Feyerabend)의 "어떻게 해도 좋다(Anything goes)"와 같은 극단적인 상대주의 내지 무정부주의와 같이 말이다. 하지만 그렇지 않다. 언어의 가장 본질적인 기능은 의사소통이고 언어가 사적이 아닌 공적인 매체임을 인식한다면 이러한 오해에서 벗어날 수 있다. 공적인 언어 범주인 술어는 결코 아무렇게나 구성될 수 있는 것이 아니라 이론에 의존적인 성격을 띠기 때문에 논리적인 정합성, 역사적인 맥락과의 연속성, 그리고 그러한 논리적 역사적 맥락을 공유하는 구성원들 간의 의사소통 가능성을 보장하는 사회성 등 여러 규범적인 차원의 제약을 받는 것이기 때문이다.

게다가 최근 내가 구상하고 있는 4차원 개별자론은 이러한 심신 유명론의 존재론적 근거를 제시하고 있다. 4차원 개별자론은 유명론적 세계관을 옹호하면서도 전면적인 반실재론이나 비실재론, 또는 극단적인 허무주의나 무정부주의에 빠지지 않을 가능성을 제공해 준다. 4차원 개별자론의 가장 기본적인 존재자인 4차원 개별자는 궁극적인 단순체로서 어느 개별자들 간에도 서로 공유하지 않는 독특함을 지니고 있다. 이러한 독특함은 술어에 의해서는 정확히 포착될 수 없다. 언어 범주인 술어는 모종의 일반화 내지 유형화를 전제로 하고 있기 때문이다. 하지만 우리의 세계 인식은 결국 언어 범주인 술어를 통해 이루어질 수밖에 없다. 그리고 언어 범주로서의 술어는 이론 의존적으로 성립하는 것이다. 결국 4차원 개별자로 이루어진 세계에 대해 유일하게 참인 술어화 방식은 있을 수 없고 다양한 술어화가 가능하며, 이러한 다양한 술어화로 여러 분야의 과학도 성립하며 이른바 '존재 계층들'도 형성되는 것이다.[12]

따라서 심신 유명론은 전통적인 형이상학에 대해 언어적 전회가 이루어진 것으로 언어적 세계관이라 볼 수 있지만 언어가 갖는 여러 규범적인 제약을 가지고 있으며 4차원 개별자론이라는 존재론에 의해 뒷받침되기 때문에, 다양한 과학의 가능성을 옹호할 수는 있지만 결코 무제한적인 상대주의를 허용하지 않을 수 있다.

4 결론

나는 이 글에서 김재권의 최근의 물리주의 입장이 어정쩡하다고

---

[12] 4차원 개별자론에 관한 좀 더 상세한 논의로는 백도형, 앞의 논문(2005) 참조.

보고 그러한 그의 입장을 두 가지 방향에서 비판하였다. 첫째로, 김재권이 감각질의 경우 물리적으로 환원되지 않지만 그것을 제외하고도 물리주의를 옹호하는 데 큰 문제가 없다고 주장할 정도라면, 부수현상인 감각질은 그의 형이상학의 큰 그림에 비추어 보아도 존재자의 영역에서 제외하는 것이 훨씬 그의 물리주의를 산뜻하게 만들어 준다. 설사 이것이 부분적으로 제거주의를 옹호하는 것이 될지라도 감각질 이외의 지향적/인지적 영역은 기능적 환원을 통해 물리적으로 환원될 수 있다는 것인 만큼 그의 환원주의적 초심과 크게 어긋나는 것은 아니다.

둘째, 그럼에도 불구하고 그가 물리주의를 주장하면서도 감각질에 연연하는 것은 모든 존재 계층을 존재론적으로 인정하는 실재론을 옹호하기 때문이다. 이러한 실재론의 전제는 사실 김재권뿐만 아니라 비환원적 물리주의자, 제거주의자 등 최근까지의 거의 모든 심리철학자들이 암암리에 공유하는 것이다. 그리고 바로 이런 전제를 공유하기 때문에 정신 인과의 문제와 의식 문제 등 심리철학의 근본적인 두 가지 쟁점이 해결되기 어려운 난제로 계속 남아있는 것이다.

나는 이 두 가지 문제의 원인이 실재론의 문제로 귀착될 수 있다고 생각한다. 실재론이란 앞에서 언급했듯이 인식 주체, 그리고 그 주체의 인식, 언어, 이론과 상관없이 실재가 독립적으로 존재함을 옹호하는 입장이다. 그 가운데 김재권 등 심리철학자들에게 문제가 되는 실재론은 존재 계층의 실재론이다. 각 학문 분야에서 다루는 대상으로 이루어져 있는 존재 계층을 별 반성 없이 실재하는 것으로 인정하는 입장이 바로 존재 계층 실재론이다.

실재론을 당연시하는 이들은 실재론을 비판하는 입장에 대해 전면적인 반실재론 내지 비실재론을 옹호하는 것으로 몰아붙이기도 한다. 물론 그러한 극단적인 반실재론자, 비실재론자도 있을 것이다. 하지만 실재론을 비판하고 논의할 때는 보통 특정 존재자에 대한 실재론을 논의하는 것이다. 그러한 존재자들의 총체를 '세계'라고 한다면, 모종의 실재론을 비판한다고 해서 세계 자체의 실재를 문제 삼는 것으로 몰아붙이는 것은 지나치다. 특정 존재자의 실재론을 비판하는 것이 세계 자체의 실재를 부정하는 것은 아니다. 세계 자체의 실재는 당연한 것으로 받아들이더라도 세계 자체를 이루고 있는 특정 존재자의 실재나 성격을 문제 삼을 수는 있는 것이다. 그러한 세계에 대한 의미 있는 탐구를 위해서는 세계를 특정 존재자로 의미 있게 나누는 방식이 필요한데, 그 방식이 과연 최선의 것이며 적절한가에 대해 다른 의견을 표방할 수 있는 것이다. 그런 뜻에서 최근까지 심리철학 논의의 전제로 공유되고 있는 존재 계층 실재론도 이제는 반성의 대상이 될 수 있고, 또 되어야 할 것이다.

제10장

비환원적 유물론은 과연 신화인가?

신상규

김재권은 인과적 배제 논변을 통하여 비환원적 유물론을 공격한
다. 비환원적 유물론은 심성의 비환원성(자율성)을 유지하면서, 동
시에 심성이 인과적 능력을 지니는 실재적인 속성이라고 보는 심
성 실재론(mental realism)을 견지하는 입장이다. 김재권은 인과적
배제 논변을 통하여, 비환원적 유물론자가 심성의 비환원성(자율
성)과 인과적 유효성(efficacy)을 동시에 취할 수 없다고 주장한다.
그에 따르면 심성 실재론, 즉 심성의 인과적 능력을 확보하는 유일
한 길은 비환원성을 포기하는 것이다. 이 논문은 『물리주의』를 중
심으로 인과적 배제 논변과 함께 김재권이 대안으로 제시하고 있
는 기능적 환원주의를 간략히 살펴보고, 과연 이 입장이 우리가 원
할 만한 가치가 있는(worth-wanting) 유물론인가를 평가할 것이다.

기능적 환원주의는 실제는 심성 비실재론의 한 형태이며, 심성의 인과적 능력을 확보해 주지 못한다는 것이 이 논문의 잠정적인 결론이다. 마지막으로 우리는 인과적 배제 논변이 과연 비환원적 유물론에 대한 녹-다운 논증인지를 검토하면서, 비환원적 유물론이 인과적 배제 논변을 피해 갈 수 있는 방법은 없는지를 모색할 것이다.

1 비환원적 유물론이란?

지난 30여 년 동안 심신 문제에 대한 주류적 입장은 단연코 비환원적 형태의 유물론이었다. 퍼트남이나 포더가 다수 실현 가능성을 근거로 심신 유형 동일론을 비판하고 나선 이래, 대부분의 철학자와 (인지)과학자들은 심신 문제에 관하여 기능주의적 입장을 받아들였다. 기능주의에 따르면, 심성적 상태는 그것이 수행하는 인과적 역할 혹은 속성에 따라 규정되는 기능적 상태이다.[1] 그런데 기능적 속성으로서의 심성적 속성은 그것을 실현하는 하위 차원의 토대 상태에서 복수적으로 실현 가능한 상위 차원의 속성이다. 그런 점에서 기능주의 자체는 유물론과 이원론 모두와 양립 가능하다. 그러나 현대의 기능주의자들은, 심성 상태를 실현하고 있는 토대 상태를 사실상 물질적 혹은 물리적 상태와 동일시하는 유물론

---

[1] 상태나 사건은 속성의 예화로 생각할 수 있다. 비환원론자들은 기본적으로 속성 이원론자들이다.

자들이다. 물론 대부분의 기능주의자들은 심성적 상태를, 그것을 실현하는 물리적 상태로 직접 환원하려고 하지는 않는다. 기능주의를 추동한 철학적 동인은 무엇보다도, 동일한 심성 상태가 복수의 물리적 상태에 의해 실현 가능하다고 하는 다수 실현 가능성의 직관을 수용하는 것이었기 때문이다.

환원을 거부하게 만드는 또 다른 중요한 철학적 이유는 심성적 영역의 자율성에 대한 믿음이다. 우리는 우리의 행동을 이해하고 설명, 예측함에 있어서 '믿음·욕구의 상식 심리학'에 의존한다. 즉, 우리는 믿음이나 욕구를 통한 지향적 설명을 통하여 우리의 행동을 설명하고 예측한다. 이러한 지향적 설명은 비단 행위에 대해서뿐만 아니라, 도덕적 관행을 포함하여 세계와 우리 자신을 이해하는 데 있어서 매우 중요한 부분을 차지하고 있다. 그런데 지향적 설명은 세계를 구획하는 방식에서 물리적 설명과는 근본적으로 구분된다. 그리고 그런 한에서 자연종으로서의 믿음 상태와 두뇌 상태 사이에는 유형적 동일성(즉, 속성 동일성)이 성립하지 않는다. 이것은 지향적 설명이 물리 과학적 설명으로 환원될 수 없는 독립적인 설명 방식임을 뜻한다. 비환원적 유물론자들은 상식 심리학에서 우리가 사용하는 개념, 법칙 등이 물리 과학의 인과적 법칙으로 환원되지 않는 독자적인 설명력이나 예측력을 가지며, 합리성에 의해 규세되는 그 설명 원리가 인간과 인간의 행위 방식을 규정하는 올바른 이론으로 간주될 수 있다고 주장한다.[2]

동시에 비환원적 유물론자들은, 심성 상태에 호소하는 지향적 설명이 비록 물리 과학적 설명과 구분되기는 하지만 여전히 인과적 설명의 일종이라고 생각한다. 즉 그들에 따르면, 믿음과 같은 심성 상태들은 실제적인 인과적 차이를 만들어 내는 진정한 원인이다. 심성적 속성의 인과적 능력을 인정하는 이러한 입장은, 부수현상과 대비되는 심성 실재론이며, 기본적으로 인과적 양립 가능론(causal compatibilism)이라 부를 수 있다. 비환원적 유물론자들은 유물론자인 한에 있어서 물질적인 것에 존재론적인 우선성을 부여하며, 심성적인 속성이 물리적인 속성에 의존한다는 점을 수용한다. 그럼에도 불구하고, 이들은 미시 물리적인 단계에서 이루어지는 물리 과학적 설명과 일상적 생활 세계의 차원에서 이루어지는 지향적 설명이 서로 배타적일 필요가 없는 양립 가능한 설명 방식이며, 양자 모두 객관적이고 실재적인 인과관계를 설명하고 있다고 주장한다. 물리적 설명이 사건들을 물리적 용어를 통하여 구획하고 기술한다면, 지향적 설명은 그것과는 다른 차원에서 사건들을 구획하고 기술하기 때문이다.

문제는 이러한 양립 가능성을 어떻게 확보하느냐가 관건이다. 비환원적 유물론자들은 심성적 속성과 물리적 속성의 이원성을 전제로 이 상태들 사이의 의존관계를 실현이나 수반 개념을 통해 정

---

2 심성의 자율성에 대한 위의 설명은 주로 기능주의자들의 입장에 대한 것이다. 데이비드슨의 경우 심성의 자율성은 그것의 무법칙성에 기인한다. 심성이 무법칙적인 이유는 심성적 술어의 적용이 합리성이라는 규범성에 의하여 규제되기 때문이다.

식화하고, 개별자인 사건(event)의 측면에서 심성적 사건과 물리적 사건의 개별자 동일성(token identity)에 입각한 유물론적 존재론을 제시함으로써 이 문제에 답하고자 했다. 그러나 아직 대다수 철학자들이 쉽게 동의할 만한 잘 정리된 하나의 비환원적 유물론의 입장이 있다고 보기는 어렵다. 어떤 의미에서 비환원적 유물론은 유물론적 존재론을 견지하면서도 다수 실현 가능성과 심성 영역의 자율성, 심성의 인과적 유효성에 대한 직관을 수용하려는 희망 목록의 묶음이라고 할 수 있다.

김재권은 수반 인과(supervenient causation)라는 개념을 통하여 비환원적 유물론의 입장에서 어떻게 심성 인과의 유효성을 확보할 수 있는가에 대한 한 가지 대답을 제시한 적이 있다.[3] 수반 인과는 심성 인과에 대한 일종의 축소적(deflationary) 설명으로, 수직적으로 배열되어 있는 계층적 존재론에 입각해 있다. 계층적 존재론에 따르면, 세계는 가령 (이상적인 물리학에서 상정하는) 궁극적인 미시 물리 단계를 기저에 두고 그 위에 화학적, 생물학적, 심성적 단계 등 다양한 층위의 존재론적(설명적) 단계가 위계적 구조를 이루며 중첩되어 있다. 각 단계는 나름의 고유한 구획 원리에 의해 개별화

---

3 Jaegwon Kim, "Epiphenomenal and Supervenient Causation", *Midwest Studies in Philosophy*, vol. 9(1984) (*Supervenience and Mind*에도 수록). 그러나 김재권은 이제 수반적 인과는 일종의 말장난에 불과하며, 이러한 모형은 심성적 사건에 어떤 실재적인 인과적 역할을 부여하지 못한다고 주장한다. 수반적 심성 인과는 인과적으로 무능하며, 물리적 인과관계의 그림자 같은 것에 불과하다는 것이다(김재권, 『물리주의』(아카넷, 2007), 99-100쪽).

되는 다양한 개별자들과 그것들의 속성, 그리고 이들 사이에 성립하는 인과적, 법칙적 관계 등으로 규정된다. 상위 단계에 속하는 사실들은 하위 단계에 속하는 사실들에 존재론적으로 의존하며, 어떤 의미에서 가장 궁극적인 차원의 미시 물리 단계가 그 위의 모든 상위 단계들을 완전히 결정한다. 수반 인과는 이러한 의존관계를 통하여 심성적 속성의 인과적 효력을 확보하고자 하였다. 김재권에 따르면, 심성적 속성은 그 인과적 힘을 자신이 수반하고 있는 물리적 속성의 인과적 힘에서 물려받는다(inherit). 가령 심성적 차원에 심성 사건 M과 M*가 있고, 이들이 각기 하위 차원의 물리적 사건 P와 P*에 의존(수반)한다고 하자. 만일 P가 P*을 야기한다면, M은 M*을 수반적으로 야기한다.

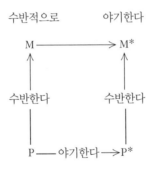

수반 인과 그 자체는 직접적 인과 관계가 아니다. 수반 인과에서 심성적 속성은 실제로 인과적 효력을 발휘하는 물리적 상태의 인과적 효력에 기댐으로써, 파생적 의미에서 원인으로서의 지위를

누리게 된다.

그런데 김재권은 1989년 미국 철학 연합회 중부 지역 회의에서 회장 기조 연설문으로 발표된 「비환원적 유물론의 신화」를 비롯하여 『수반과 마음』에 실려 있는 일련의 논문들에서, 비환원적 유물론은 결국 부수현상론으로 귀착될 뿐이며, 마음과 그 인과성에 대해서 우리가 취할 수 있는 유일한 실재론적 입장은 기능적 환원주의(동일론)뿐이라는 주장을 펼치기 시작한다.[4] 즉, 우리는 심성의 비환원성(자율성)과 심성의 인과적 유효성(실재성)을 동시에 가질 수 없다는 것이다. 이후 김재권은, 1998년 출간된 『물리계 안에서의 마음』을 거쳐, 2005년 출간된 『물리주의(*Physicalism, or Something Near Enough*)』에서 이 문제와 관련하여 좀 더 체계화되고 정리된 입장을 개진하고 있다.[5]

2 인과적 배제 논변

비환원적 유물론이 신화에 불과하다는 주장의 중심에는 인과적

---

4 「비환원적 유물론의 신화」는 《철학과 현실》 제5권, 216-237쪽에 우리말로 번역되어 있다(이 논문도 *Mind and Supervenience*에 실려 있다.) 이 책에 실린 논문들 중에서 특히 우리가 주목할 만한 것은 "The Nonreductivist's Trouble with Menatal Causation"과 "Postscripts on Mental Causation"이다.
5 이 책들은 하종호 교수에 의해서 1999년과 2007년에 각각 우리말로 번역되었다. 이 책들에 대한 인용과 쪽수는 하종호 교수의 번역본을 따르며, 필요한 경우 약간의 수정을 가하였다.

배제(causal exclusion) 논변이 자리를 잡고 있다.[6] 김재권은 먼저 비환원적 유물론이 인정해야 하는 최소한의 주장들을 다음과 같이 정리한다.[7]

> (1) 심신 수반: 심성적인 속성은 물리적(생물학적) 속성에 강하게 수반한다.
>
> (2) 심성의 비환원성: 심성적 속성은 물리적 속성으로 환원될 수 없고, 그 두 속성은 서로 구분된다.
>
> (3) 심성의 인과적 효력: 심성적 속성은 인과적인 효력을 갖는다.

먼저 심신 수반은 심성적 과정이나 속성이 우리의 신체적 과정이나 속성(물리적/생물학적 속성)에 의존하거나 그것들에 의해 결정된다는 주장이다. 심신 간의 강한 수반 관계가 나타내는 존재론적 의존관계는 대략 다음의 조건을 만족시켜야 한다.[8] 먼저 모든 심성적 속성은 그것의 예화를 보증하는 물리적 기반을 갖는다. 즉, 물리적 기반이 없이는 어떠한 심성적 속성도 예화될 수 없다. 다음으로 그것에 상응하는 물리적 차이가 없이는 어떠한 심성적 차이도

---

6 인과적 배제 논변은 수반 논변(supervenience argument)이라고 불리기도 한다.

7 김재권, 앞의 책(2007), 56–60쪽.

8 김재권, 『물리계 안에서의 마음』(철학과현실사, 1999), 29–30쪽. 강한 수반 관계를 엄밀하게 정의하기 위해서는 시점이나 양상적 구속력에 대한 더욱 세밀한 규정이 필요하나, 여기에서는 생략한다.

있을 수 없다. 마지막으로 어떤 심성적 속성 M이 물리적 기반 속성 P에 수반한다면, 역으로 물리적 기반 속성 P의 예화는 필연적으로 심적인 수반 속성 M의 발생을 보증한다. 즉, 물리적으로 동일한 복제자는 필연적으로 심성적으로도 동일한 복제자이다.

김재권에 따르면 심신 수반은 모든 형태의 유물론(물리주의)이 반드시 받아들여야 하는 최소한의 요건이다. 비환원적 유물론에서도 심신 수반이 담당하는 역할은 주로 그것의 유물론적 성격을 뒷받침하기 위한 것에 국한된다. 어떤 의미에서 수반 개념은 지금까지 비환원적 유물론을 구성하는 가장 핵심적인 장치의 하나였다. 환원과는 달리 수반은 물리적 영역의 존재론적 우선성을 인정하면서도 심성/정신적 영역의 자율성 혹은 특수성을 구제할 수 있는 방안을 제공하는 것으로 여겨졌기 때문이다. 그러나 심신 수반은 단순히 존재론적 의존관계일 뿐, 심성적 속성이 왜 물리적 속성에 수반하는지에 대해 설명해 주지 않는다.[9] 즉, 수반 관계는 형이상학적으로 '심층적인(deep)' 관계가 아니라, 그러한 의존관계가 겉으로 드러난 '현상적' 관계일 뿐이다. 그런 한에서, 심신 수반 논제는 단지 심신 문제를 재기술하고 있을 뿐, 비환원적 유물론이 요구하는 심성적 자율성이나 인과적 유효성이 어떻게 확립될 수 있는지에 대해서는 침묵한다.

비환원성을 위하여 우리에게는 (2)와 (3)의 주장이 필요하다. (2)

----

9 같은 책, 37-38쪽.

는 심성적 속성의 환원 불가능성, 심물 속성 이원론에 대한 논제이다. 김재권은 이 맥락에서 의도된 '환원'의 의미를 다음과 같은 스마트의 주장을 통해 설명한다. 'X인 것들이 Y인 것들로 환원된다면, X인 것들은 Y인 것들 이외의 아무것도 아니다.' 즉, 심성적 속성이 물리적 속성으로 환원된다는 말은, 심성적 속성이 모종의 물리적 속성과 동일하다는 의미이다. 심성적 속성의 불가환원성 논제는 심성적 속성이 물리적 속성과 구분된다는 속성 이원론의 주장으로, 심성적인 것의 특수함 혹은 자율성을 유지하기 위한 것이다. 그런데 만약 심성적 속성이 인과적으로 무력하다면 심성의 환원 불가능성을 주장할 실제적 가치가 없게 된다. 그러므로 우리는 심성의 인과적 효력에 대한 (3)의 주장이 필요하다.

위의 세 주장은 모두 비환원적 유물론자가 무리 없이 인정할 수 있는 주장들로 보인다. 그런데 인과적 배제 논변은, 이러한 주장들이 우리가 별도로 그 정당성을 인정할 수 '인과적 배제의 원리' 및 '물리적 영역의 인과적 폐쇄 원리'와 양립 가능하지 않음을 주장한다.[10]

(4) 인과적 배제 원리: 어떠한 단일한 사건도 진정한 의미에서 인과적 중복결정의 경우가 아닌 한, 주어진 시점에서 충분한 원인을 하나 이상 가질 수 없다.

(5) 물리계의 인과적 폐쇄 원리: 어떤 물리적 사건이, t 시점에 발생

10 김재권, 앞의 책(2007), 71쪽.

한 원인을 갖는다면, 그 사건은 t 시점에서 발생한 물리적 원인을 갖는다.

인과적 배제 논변의 전개를 간단히 살펴보자. 먼저 심성적 사건 M이 물리적 사건 P*의 원인이라고 하자.[11] 이 경우 심신 수반에 의해, M이 의존하고 있는 수반적 기초로서 모종의 물리적 사건 P가 있어야 한다. 그런데 M은 P에 의존하고 있고(즉, P가 M의 발생에 충분하고) M이 P*의 산출에 법칙적으로 충분하다면, P도 P*의 원인이라고 말할 수 있다. 그런데 심성의 비환원성에 의해, M과 P는 서로 구분된다. 그런데 M과 P 사이의 인과관계가 아니므로, 우리는 M과 P 그리고 P* 사이의 관계를 P→M→P*와 같은 인과적인 연쇄 관계로 생각할 수 없다. 결과적으로 우리는 P*의 원인으로 M과 P의 두 후보를 갖게 된다. 그런데 P*는 과잉결정의 경우가 아니다. 따라서 인과적 배제의 원리에 의하여 M과 P 둘 모두가 P*의 원인일 수 없고, 둘 중 하나는 P*의 원인에서 제거되어야 한다. 그러나 물리계의 인과적 폐쇄 원리를 고려한다면, 우리는 M을 제거해야

---

11 심성적 사건 M과 물리적 사건 P를 각기 심성적 속성 M과 물리적 속성 P의 예화를 가리키는 것으로 간주하자. 『물리주의』에서 김재권은 심심 인과로부터 시작하는 배제 논변의 두 가지 변형을 소개하고 있다. 이는 심신 수반을 인정할 경우, 심-심 간의 인과도 결국은 심-물 간의 인과문제로 귀착되며, 심-심 간의 인과가 심-물 간의 하향 인과가 없이는 가능하지 않음을 보이기 위한 것이다. 이 논문에서는 편의상 심-물 간의 인과로부터 배제 논변을 재구성하였지만, 비환원적 유물론을 비판하는 기본적인 논지에는 차이가 없다.

한다. 만일 P가 배제된다면, 물리적 인과의 폐쇄에 의해서 P''의 원인으로 또 다른 물리적 원인이 필요할 것이며, 이때 새로운 물리적 원인과 M 사이에 인과적 배제의 문제가 다시 제기되기 때문이다. 즉, M이 배제되기 이전에는 인과적 배제를 통한 선택의 문제가 무한히 후퇴하는 결과를 가져온다. 결과적으로 P가 $P*$의 원인이며, M의 인과적 능력은 부정된다. 이는 심성이 인과적으로 무능력하다는 부수현상론에 다름 아니며, (3)의 '심성의 인과적 효력'에 위배되는 결론이다.

인과적 배제 논변의 핵심은 (1), (2), (3)의 비환원적 유물론의 논제들과 (4), (5)의 폐쇄 및 배제의 원리가 서로 양립 불가능하다는 것이다. 만일 '물리적 영역의 인과적 폐쇄' 및 '인과적 배제'의 원리를 거부할 수 없다면, 우리는 심성의 환원 불가능성이나 심성의 인과적 효력에 대한 주장 중 어느 하나를 포기해야 한다. 우리가 진지한 유물론자이기를 원하는 경우 (1)의 심신 수반은 포기될 수 없다. 그런데 (3)의 심성의 인과적 능력을 부정하는 것은 부수현상론으로 귀결된다. 부수현상론은 심신 문제에서 일종의 회의주의이며, 그 주장을 진지하게 인정할 철학자는 많지 않다. 결국 우리에게 남은 선택지는 논제 2의 심성적 속성의 환원 불가능성을 부정하는 것이며, 환원주의를 통하여 심성의 인과적 능력을 확보해야 한다는 것이 김재권이 내세운 주장의 골자이다. 심성의 인과적 능력을 보존하려는 비환원적 유물론은 일관된 입장으로 유지될 수 없으며 신화에 불과하다는 것이다.

3 김재권의 기능적 환원주의

비환원적 유물론이 철학적으로 옹호될 수 없다면, 심신 문제에 대한 김재권 자신의 입장은 무엇인가? 『물리계 안에서의 마음』과 『물리주의』에서 특히 주목을 끈 것은 기능적 환원주의라고 불리는 그의 주장이다. 현대 철학에서 기능주의는 대개 비환원주의로 간주된다. 그런데 기능적 환원주의에서는 기능주의가 오히려 심성적 속성과 그것을 실현하는 물리적 속성의 동일성을 확보하기 위한 경로로 활용된다.

기능적 환원은 세 단계로 이루어진다.[12] 먼저 환원되는 속성의 기능화가 필요하다. 이는 환원되는 속성을 그 속성이 수행하는 인과적 역할을 통해 기능적으로 재정의하는 과정이다. 김재권이 제시하는 환원적 정의의 얼개는 다음과 같다.

(D) M을 가짐=def. 환원의 기초 영역에 속하면서 C라는 인과적 역할을 수행하는 모종의 속성 P를 가짐

두 번째 단계는 M의 인과적 역할 C를 수행하는 실현자를 찾아내는 과정이다. 이는 환원의 기초 영역에서 그러한 역할을 만족시키는 속성이나 메커니즘을 확인함으로써 달성된다. 기능적 환원의

---

12 김재권, 앞의 책(2007), 157-158쪽.

마지막 단계는 그렇게 확인된 실현자들이 어떻게 역할 C를 수행하는지를 설명하는 이론 구축의 과정이다. 김재권은 유전자의 경우를 통해 이러한 과정을 예시하고 있다. 먼저 '유전자임'의 속성을 '유전정보를 암호화하고 전달하는 메커니즘'이라고 기능적으로 정의한다. 그리고 물리적 단계에서 그러한 기능을 수행하는 실현자가 DNA 분자임을 확인한다. 마지막으로 분자생물학 이론을 통하여 DNA 분자들이 그러한 역할을 어떻게 수행하는지에 대해 체계적이고 법칙적인 설명을 제공한다.

기능적 환원주의는 심성에 대한 기능주의의 기본적인 직관을 유지하면서도, 심성의 비환원성을 포기함으로써 심성의 인과적 유효성을 확보할 수 있다는 주장이다. 여기서 한 가지 주목할 점은 환원의 기초를 제공하고 있는 속성의 기능화가 경험적이고 우연적인 성격을 띠는 설명적 전제가 아니라, 일종의 개념 분석이라는 점이다. 가령 김재권은 (D)와 같은 문장이 환원적 설명에 등장했을 때, 이는 문제의 현상 M과 관련된 사실을 지칭하거나 그에 대해 말하고 있지 않으며, 만일 무엇인가를 지칭한다면 그것은 용어나 개념이라고 주장한다.[13]

그렇다면 기능적 환원주의에서 심성의 인과적 효력은 어떻게 해명되는가? 기능적 환원주의에 따르면 심성적 속성은 모종의 기능적, 인과적 조건을 만족시키는 일차 속성들을 통하여 정의되는 이

---

13 같은 책, 172쪽.

차 속성이다. 이러한 이차 속성은 그 스스로의 내재적 성질이 아니라 인과적 역할을 통해 규정되는 외재적이고 관계적인 속성에 불과하다. 그러므로 구체적인 심성적 사건(심성적 속성 M의 예화)이 발생하는 경우에, 실제로 그 사건을 구성하는 것은 M 자체가 아니라 그것을 실현하고 있는 일차 속성인 물리적 속성 P이다. 가령 '고통스러움'과 같은 경우에서, "'고통스러움'은 그것의 실현자들 중 하나를 예화하는 것이다. 그리고 우리가 고통 실현자인 P_k를 예화함으로써 고통의 상태에 있다면, P_k의 바로 이 사례 이외의 다른 어떠한 고통 사건도 없다".[14] 즉 고통스러움의 예화에는 그 실현자 중의 하나인 P_k를 넘어서는 그 어떤 문제의 사실(the fact of the matter)도 존재하지 않는다.

심성적 속성 M의 예화는 그것의 실현자인 P_k와 인과적 역할을 두고 경쟁할 필요가 없다. 사실상 이 둘은 서로 같은 것이기 때문이다. 앞서도 언급하였듯이 특정 시점에서 통증을 느낀다는 사건은 곧 그것의 실현자 중의 하나가 예화된다는 것에 다름 아니다. 이때의 인과관계에 대해서 우리가 갖게 되는 모형은 다음과 같다.

---

14 같은 책, 46쪽.

여기에는 두 개가 아니라 하나의 인과관계만이 존재한다. 즉, 특정의 통증 예화는 그 물리적 실현자의 발생과 동일하며, 그 물리적 예화가 갖는 인과적 힘을 그대로 갖게 된다. 여기서 이차 속성이 갖는 인과적 힘은 일차 속성이 갖는 인과적 힘과 동일하다.

그런데 위의 설명은 모두 개별적 통증의 예화(사례)를 통하여 이루어졌다. 그렇다면 심성적 종류(kind)로서의 통증이 갖는 인과적 힘에 대해서는 어떻게 말해야 하는가? 종류로서의 통증은 복수의 물리적 실현자를 통하여 실현가능하다. 전통적으로 다수 실현 가능성은 환원의 불가능성을 뒷받침하는 중요한 논거로 활용되어 왔다. 그렇다면 다수 실현 가능성은 이 경우에도 환원을 방해하는 가? 김재권은 그렇게 생각하지 않는다. 그에 따르면, 기능적 환원을 위하여 "우리에게 필요한 동일성은 개별적인 예화 차원의 동일성이지 종이나 속성 차원의 동일성이 아니다. 〔기본적으로〕 인과는 속성이나 종의 예화들 간의 관계이지, 속성이나 종 자체들 간의 관계가 아니기" 때문이다.[15] 따라서 "하나의 종으로서의 통증은 그것의 실현자가 다양한 만큼이나 인과적으로도 이질적이어야 한다.

바꿔 말해서 종으로서의 통증은, 과학적 이론화가 수행될 때에 근거로 하는 진정한 자연종에 대해 우리가 기대하는 인과적(법칙적) 단일성을 결여하게 된다."[16] 즉, 종으로서의 심성적 속성 M의 인과적 힘은 그것을 실현하는 다양한 실현자 P_1, P_2…의 인과적 힘으로 나누어진다. 결국 속성으로서의 M의 인과적 힘에 대해 말할 때, 우리는 P_i들의 인과적 힘에 대해서 선언적으로 말하고 있는 셈이 된다. "'다수 실현들'에서 '다수'라는 말이 뭔가를 의미해야 한다면, 그것은 인과적(법칙적) 다수성을 의미할 수밖에 없다. … [그렇다고 해서], 통증이 인과적으로 무능하거나 부수현상적으로 되지는 않는다. 그것은 단지 인과적으로 이질적일 뿐이다." 여기서 기능적 환원은 통증이라는 종에 대하여 이루어지는 포괄적 환원이 아니라, 각 실현자의 다양성(다수 실현성)에 따라 이루어지는 (종-한정적인) 국지적 환원의 성격을 갖는다. 그러므로 인간이나 개, 고양이, 혹은 화성인 등의 경우에 따라 그 환원의 내용은 달라질 수 있다. 그리고 특정한 심성적 속성 M에 대하여 실제적이거나 법칙적으로 가능한 실현자 모두를 단번에 알아낼 수는 없으므로, 기능적 환원은 점진적으로 이루어진다.

15 같은 책, 94쪽.
16 같은 책, 46쪽.

4 기능적 환원주의의 난점들

　기능적 환원주의라는 김재권의 입장이 철학사에서 전혀 새로운
주장은 아니다. 이미 1960-70년대에 암스트롱과 루이스가 이와
유사한 입장을 펼친 적이 있다. 이들은 심성적 상태의 개념에 대해
서는 기능주의적 분석을 받아들이지만, 심성적 상태를 기능적 상
태가 아니라 그것의 실현자와 동일시하는 개별자 동일론(token
identity theory)을 취한다. 아마도 이들 주장의 핵심은 상태에 관한
개념과 상태 자체를 구분하는 데 있을 것이다. 이들에 따르면 '심
성적 상태'라는 개념은 '특정의 인과적 역할을 만족시키는 상태'를
의미한다. 반면 '신경적 상태'와 같은 물리적 상태의 개념은 특정
의 신경적 구성과 같은 일차적인 물리적 상태를 직접 나타내는 개
념이다. 따라서 심성적 상태의 개념과 물리적 상태의 개념은 서로
동일하지 않다. 그러나 이들 개념이 가리키는 대상 상태는 서로 동
일할 수 있다. 말하자면, '심성적 상태'와 '신경적 상태'의 개념은
서로 다른 방식으로 대상을 지시하지만 그 지시체는 동일하다는
것이다. 루이스는 심성적 상태의 개념이나 표현은 기술구와 같이
비고정적(non-rigid)인 성격을 갖는다고 주장한다. "간략히 말해서,
암스트롱과 내가 이해하는 바로는 통증의 개념은 비고정적인 개념
이다. 마찬가지로 '통증'이라는 표현도 비고정 지시어이다. 〔통증
의〕 개념이나 표현이 어떤 상태에 적용되는가 하는 것은 우연적인
문제이다. 이는 어떤 것이 어떤 것을 야기하는가에 의존한다. 똑같

은 이야기가 심성적 상태에 대한 우리의 나머지 개념들이나 일상적 이름에도 적용된다."[17]

이들에 따르면, 심성의 문제는 결국 물리적인 속성이나 상태를 가리키는 개념이나 언어적인 차원에서 제기되는 문제이며, 세계에 속하는 실재적인 속성으로서의 심성적 속성에 관한 문제가 아니다. 즉, 심성적 개념이 가리키는 것은 심성적 속성이 아니라 물리적 속성이다. 김재권도 이와 유사한 견해를 표명한 바 있다. 앞서도 언급하였듯이 심성적 속성은 모종의 기능적, 인과적 조건을 만족시키는 일차 속성을 통해 정의되는 이차 속성이다. 이에 대해 김재권은 다음과 같이 말한다.

이때 M 자체를 하나의 독자적인 속성으로 생각할 필요는 전혀 없다—— 일차 속성들의 선언지로 이루어진 이차 속성으로 보아도 마찬가지이다. 개체들을 양화한다고 해서 새로운 개체를 창조할 수 없는 것처럼, 속성들에 대하여 양화를 함으로써 우리는 새로운 속성을 창조할 수 없다. … 그래서 이차 속성보다는, 속성에 대한 이차 기술구들이나 지시어들 또는 이차 개념들에 대해 말하는 것이 오해를 덜 살 수 있다.[18]

---

17 D. Lewis, "Mad Pain and Martian Pain" in N. Block(ed), *Readings in the Philosophy of Phychology*(1980), 128쪽.

18 김재권, 앞의 책(1999), 190쪽. 심성적 술어의 이차 술어적 성격은 다음과 같은 양화문장을 통하여 분명히 드러난다. Ma P[Pa&C(..P..)] (여기서 C는 일차 속성 P가 만족시켜야 하는 인과적 조건을 나타낸다.)

호건은 이러한 주장을 액면 그대로 받아들일 경우, 심성과 물리적인 것 사이의 수반 관계나 결정 관계가 결국 속성 간의 관계라기보다 개념이나 언어적 표현 간의 관계가 된다고 주장한다.[19] 심성에 대한 기능화가 일종의 개념적 분석이며, 그 결과가 기능적 환원에서 일종의 정의로 작용한다는 점을 고려하면 이는 더욱 분명해진다.

그런데 심성적 개념 혹은 표현이 실재하는 속성을 가리키는 것이 아니라 단지 물리적 속성을 나타내는 이차 개념이나 표현에 불과하다고 보는 것은, 심성적 속성에 대한 비실재론 혹은 심성에 대한 일종의 유명론이나 제거주의가 되고 만다. 김재권의 기능적 환원주의가 원래 목표했던 것이 심성적 속성이 갖는 인과적 능력의 확보, 즉 심성 실재론의 확립이라는 점을 감안한다면, 이는 대단히 역설적인 결론이다. 기능적 환원주의가 비환원성을 포기한다는 것은 이미, 심리학과 인지과학에 대하여 독자적이고 자율적인 설명을 제공하는 특수 과학의 지위를 박탈한 것이다. 그리고 이번에는 심성적 속성의 실재성을 부정함으로써 그 인과적 능력도 부정한다. 속성이 실재하지 않는다면 당연히 인과적 힘도 가질 수 없기 때문이다.

---

19 T. Horgan, "Kim on Mental Causation and Causal Exclusion", in *Philosophical Perspectives*, 11, *Mind, Causation, and World*(1997), 177쪽. 호건은 다수 실현 가능성에 대해서도, 다수 실현되는 것은 결국 이차적인 심성적 속성이 아니라 이차적인 심성적 개념이며, 다수 실현은 비고정 지시어에 의한 복수 지칭을 나타낼 뿐이라고 지적한다.

기능적 환원의 결과가 무엇인지를 고려해 본다면, 심성적 속성의 비실재성에 대한 이러한 결론은 불가피해 보인다. 김재권은 기능적 환원을 통하여 심성적 속성을 복수의 물리적 속성으로 (선언적으로) 환원할 수 있는 것처럼 이야기한다. 그러면서도 때에 따라서는, 특정의 종에 한정할 경우, 마치 하나의 단일한 물리적 속성으로 환원될 수 있는 것처럼 말한다. 그러나 종-한정적으로 생각하더라도, 동일한 심성적 속성을 예화하는 복수의 물리적 실현자들이 물리적 차원에서 법칙적 통일성을 보이는 단일한 물리적 속성으로 환원될 수 있을지는 분명치 않다. 만일 심성적 속성의 예화가 물리적으로 환원된다면, 그것이 환원되는 대상은 신경적 차원 혹은 그 하위의 차원에서 찾을 수 있는 미시 기반적 속성 혹은 미시 구조적 속성이 될 것이다.[20] 어떤 대상이나 상태의 미시 기반적 속성을 규정하는 것은, 그것이 어떠한 종류의 미시적 구성 요소로 이루어져 있는가와 그 구성 요소들이 상호 어떠한 구조적 관계를 맺고 있는가에 달려 있다. 가령 사람의 통증에 대응하는 각각의 실현자들을 미시 물리 차원의 개념들과 법칙들만을 통해 기술하였다고 하자. 이때의 실현자는 아마도 단일한 미시 물리적 속성의 예화가 아니라, 여러 미시 물리적 요소들의 상호 작용으로 이루어진 복합적인 물리적 속성이나 조건이 될 것이다. 그런데 이때, 우리는 서로 다른 사람들 간에는 물론이고, 한 개인의 경우에서조차 통증

---

20 미시 기반적 속성에 대한 설명은 『물리주의』, 92쪽 참조.

의 발생 부위나 시점에 따라 그 미시 물리적 속성이 매우 다양하게 나타나는 다수 실현 가능성을 생각할 수 있다. 그럴 경우 이 속성들은 미시 물리적 차원에서 유의미하게 서술 가능한 설명적 법칙적 통일성을 갖추지 못한, 매우 임의적인 현상들을 나열한 데 불과할 것이다. 이와 같은 극단적인 다수 실현 가능성을 배제할 수 없다면, 인간 통증의 수많은 실현자들이 미시 물리적 차원에서 단일한 자연종을 이룰 가능성은 극히 희박하다.

김재권 스스로도 지적하였듯이 기능적 환원을 위하여 우리에게 필요한 동일성은 개별적인 예화 차원의 동일성이다. 그렇다면 인간의 통증이라는 이차적 속성은 각각의 예화에 따라서 매우 이질적인 복수의 물리적 상태로 환원된다. 이처럼 이차 속성으로서의 심성적 속성이 철저하게 개별적인 실현자들로 환원된다면, 이차 속성은 단지 이질적인 미시 물리적 속성들의 집합에 불과하며 그 자체는 미시 물리적 차원에서 어떠한 종류의 인과적, 법칙적 통일성도 갖지 않을 것이다. 김재권은 모든 술어적 표현이 진정한 속성을 표현한다고 생각하지 않는다. 속성이 실재한다고 하기 위해서는, 법칙과 인과적 관계 속에 적절한 방식으로 포함되어 있어야 한다. 즉 속성은 최소한 부분적으로나마 법칙적, 인과적 관계에 의해 개별화된다. 그런데 개별적인 실현자들이 갖는 다양한 인과적 성질 이외에, 종류로서의 심성적 속성에 부여할 수 있는 모종의 법칙적 통일성이 없다면, 심성적 속성은 단지 여러 다양한 미시적 속성들의 집합을 가리키는 이름에 불과하다는 결론은 불가피해 보인다.

기능적 환원주의가 부수현상론이나 심성 비실재론으로 귀결될 수밖에 없는 것은, 근본적으로 심성적 속성이 이차 속성임을 전제하고 나서 그것의 인과적 효력을 그 실현자로부터 찾는 데서 시작된 듯하다. 호건은 심성적 속성의 인과적 효력 혹은 심성적 속성의 실재성을 확보하는 문제는, 심성적 속성이 이른바 심성적 속성으로서 갖는 인과적 영향력을 어떻게 확보하느냐의 문제라고 주장한다.[21] 그렇다면 기능적 환원에서 말하는 개별적 동일성을 인정한다 하더라도, 우리는 여전히 다음과 같은 질문을 던질 수 있다. 각각의 개별적인 심성적 사건이 이른바 **심성적인 사건으로서 갖는** 인과적 힘은 무엇인가? 이는 흔히 'qua 문제'라 불리는 것으로서, 호건의 표현을 빌리자면 '인과(causation)'가 아니라 'quausation'의 가능성을 확보하는 문제이다. 기능적 환원에서 심성적 속성은 일차 속성에 대한 양화를 통해 정의되는 이차 속성이며, 이는 (실재적인 속성으로 간주할 경우에) 엄격히 말해서 일차 속성과 동일한 속성일 수 없다. 그런데 이차 속성의 인과적 힘은 일차 속성들의 이질적인 인과적 힘으로 환원된다. 즉, 심성적인 사건에 인과적 힘을 부여해 주는 구성적 속성은 여전히 개별적인 실현자들이 갖는 물리적 속성인 것이다. 이때 심성적 사건이 갖는 인과적 힘은 사실상 그것이 물리적 것으로서(qua physical) 갖는 힘이지, 심성적인 것으로서(qua mental) 갖는 힘은 아니다. 그러므로 심성적인 것으로서의 심성적

---

21 T. Horgan, 앞의 책, 166쪽.

속성은 여전히 무력하다.

5 거의 충분한 비환원적 유물론

심성 부수현상론이나 비실재론이라는 귀결은 김재권 같은 환원론자에게 실은 큰 문제가 아닐 수 있다. 그러나 이는 비환원적 유물론자들에게는 좀처럼 인정하기 힘든 결론이다. 그렇다면 과연 비환원적 유물론자에게 다른 선택의 여지는 없는 것일까? 이 지점에서 나는 (4)번의 인과적 배제 원리가 주장하는 바를 좀 더 분명히 드러낸다면, 심성의 인과적 효력에 관한 논제 (3)을 제한적이기는 하지만 다른 논제들과 양립 가능한 방식으로 옹호할 수 있다고 생각한다. 이는 심성이 누리는 자율성이나 인과적 능력을 축소시켜 이해하고 옹호하는 것이지만, 부수현상론이나 비실재론을 피해 갈 수 있을 만큼 충분히 강한 인과적 능력을 심성에 부여해 줄 수 있다고 본다.

심성적 속성이 부수현상적이거나 비실재적이라는 결론으로 가는 가장 핵심적인 단계는, 인과적 선취 혹은 배제의 원리에 의하여 심성적 속성의 인과적 힘이 그것을 실현하고 있는 일차 속성의 인과적 힘에 의해 선취당하거나 배제된다는 주장이다. 그런데 여기서 선취되고 있는 인과적 힘의 정체는 무엇인가? 김재권은 인과 배제의 경쟁 관계를 생성적인/산출적인(productive/generative) 인과의 측면에서 접근한다. 산출적인 의미의 인과적 힘은 하나의 사건이 다른 하나의 사건을 야기하거나, 산출 혹은 불러일으키는 힘을 말한다.[22] 그런데 이는 철학이나 과학적으로 잘 정의된 개념이라기보다 일종의 비유적인 표현으로 생각되며, 굳이 말하자면 운동을 산출하는 근원적인 힘과 같은 것으로 이해할 수 있다.

특정한 사건이나 상태에 이러한 산출적인 인과력을 부여하는 것이 현대 물리학의 이론들에 부합하는지의 문제[23]는 별도로 하고, 세계를 움직이는 어떤 근원적인 힘이 있다고 가정해 보자. 우리가 만일 물리주의적 세계관을 진지하게 받아들인다면, 그러한 발생적 힘으로서의 인과적 힘은 당연히 물리적인 것에 귀속되어야 할 것이다. 인과적 배제 논변의 귀결에 대한 한 가지 독해 방법은 세계를 궁극적으로 움직이는 산출적 힘은 미시 물리적 속성이나 그것의 예화에서 비롯되며, 심성적 속성은 그러한 힘을 가질 수 없다고 보는 것이다. 그런데 여기서 나는 만일 그러한 궁극적인 힘이 있다면, 그것은 보편자로서의 속성이 아니라 개별자로서의 사건, 즉 물

---

22 Jaegwon Kim, 앞의 책, 66쪽 주석. 김재권은 인과의 '두꺼운' 개념과 '얇은' 개념을 구분한다. 전자가 생성적, 산출적인 의미의 인과라면, 후자는 반사실적 의존이나 '항상적 연접' 등 그보다는 훨씬 약화된 의미의 인과이다. 김재권은 자신의 배제 논변에서 문제 삼고 있는 인과는 전자의 의미임을 분명히 하고 있다.

23 가령 로워 같은 이는, 하나의 사건이나 특정의 제한적인 물리적 상태에 산출적인 힘을 부여하는 것은 현대 물리학의 내용과 부합하지 않는다고 주장한다. 그에 따르면, 물리학의 근본 법칙들과 물리학의 사실들은 이러한 산출적 인과를 통하여 세계를 설명하지 않는다(B. Loewer, "Comments on Jaegwon Kim's Mind and the Physical World", *Philosophy and Phenomenological Research*(2002), 661쪽).

리적 속성의 예화에 귀속되어야 한다고 생각한다. 그와 유사한 인과적 능력이나 힘을 심성적 속성의 예화로서의 심성적 사건에 부여하려고 한다면, 이는 거의 가망 없는 일이며 그 점에서는 김재권이 옳다.

문제는 과연 이로부터 심성의 부수현상론이 도출되는가 하는 점이다. 비환원적 유물론자는 비환원성을 주장하는 동시에 유물론자이다. 그는 한 사람의 유물론자로서 심성적 사건이 (근원적인 의미의) 미시 물리적 사건에 존재론적으로 의존한다는 것을 인정할 준비가 되어 있다. 그런 경우에 심성적 사건이 갖는 생성적/산출적 힘이라는 것이 그것의 토대인 물리적 사건을 통하여 실현된다는 주장에 동의하지 않을 이유가 없다. 유물론(물리주의)을 받아들인다는 것은 물질적인 힘을 초월해 있는 그 어떤 비물질적인 힘의 존재를 인정하지 않는다는 것이다. 따라서 만일 물리적 사건과 구분되는 심성적 사건이라는 것이 어떤 방식으로든 인과적 관계망에 들어올 수 있다면, 그것은 물질적인 것들 사이의 인과적 작용을 통해서일 것이다. 즉 심성적 속성을 통한 심성 인과가 진정한 인과적 관계이기 위해서는 물질적인 것들 사이의 인과관계에 의존하거나 거기에 얹혀 있어야 한다. 그런데 이는 어떤 의미에서 물리주의적 세계관에 이미 포함되어 있는 내용이며, 물리주의자인 경우에 당연히 인정해야 하는 형이상학적 가정으로 보인다. 수반이나 실현과 같은 존재론적 의존을 말할 때 실질적으로 의미하는 바가 바로 이것이 아니고 무엇이겠는가?

전술하였듯이, 이런 주장은 심성적 사건의 생성적/산출적 힘을 부정하는 부수현상론을 함축한다. 그런데 비환원적 유물론자가 이런 종류의 부수현상론을 감수하지 못할 이유는 없다. 이런 의미에서라면, 심성적 속성만이 예외적으로 부수현상적인 것은 아니기 때문이다. 흔히 '일반화 논변'이라고 불리는 방식으로 인과적 배제 논변을 확장하여 적용하면, 진정한 인과적 유효성을 갖는 것은 가장 궁극적인 단계인 미시 물리적 단계뿐이다. 이 경우, 비단 심리학적 속성뿐 아니라 특수 과학에 속하는 모든 속성들, 즉 지질학적 속성, 생물학적 속성, 생화학적 속성, 그리고 심지어 일부의 물리적 속성조차도 인과적으로 무력하며 따라서 부수현상적이다. 그러므로 그런 의미에서 심성적 속성이 부수현상이 된다는 것은 비환원론자가 충분히 수용 가능한 종류의 주장이다.

그런데 동시에 이러한 사실은, 인과적 능력에 대하여 인과적 배제 논변이 설정하고 있는 기준이 너무 높은 것임을 시사한다. 그렇다면 이보다 조금 낮은 수준의 인과적 능력을 심성적 속성에 부여할 방안은 없는가?[24] 즉 산출적인 힘이 부정된다고 해서, 어떠한 인과적 역할 혹은 관련성도 심성에 대해 부여할 수 없는 것일까? 이러한 문제 의식에서 우리는, 부수현상론을 좀 더 포괄적인 주장으로 다음과 같이 재규정할 수 있다.

---

24 '인과적 능력'이라기보다는 '인과적 관련성(relevance)'이라고 하는 것이 더 적절할 수 있다. 잭슨과 패티의 "프로그램 설명"은 이 점을 분명히 하고 있다.

(E) 심성적 속성은 어떠한 인과적 역할도 수행하지 않는, 인과와는 전적으로 무관한 속성이다.

여기서 우리는, 인과적 배제 논변이 심성에 대한 이런 종류의 부수현상론도 함축하는지를 물을 수 있다. 비환원적 유물론이 (E)의 결론을 피할 수 있는 방안은 없는가?

앞에서 우리는 김재권의 주장을 일종의 심성 비실재론으로 독해할 여지가 있음을 살펴보았다. 그러한 독해에 깔려 있는 가정은 '어떤 속성은 그것이 능동적인 인과적 힘을 가지는 경우에, 그리고 오직 그 경우에만, 실재적일 수 있다'는 이른바 알렉산더의 격언이다. 수반 인과와 같은 파생적 의미의 인과는 진정한 인과적 영향력을 갖는 것으로 간주될 수 없다는 견해 역시 이러한 가정을 기초로 하고 있을 것이다. 그런데 과연 이 격언에 등장하는 '인과적 힘'을 산출적인 인과력으로 해석했을 때, 그것은 속성의 실재성에 대한 올바른 원리로 간주될 수 있는가?

여기서 우리가 사건의 실재성이 아니라, 속성의 실재성에 대한 규준을 묻고 있음에 유의하자. 앞서 지적하였듯이, 근본적인 의미의 산출적인 인과적 힘을 갖는 단위는 개별자로서의 사건, 즉 속성의 예화이다. 그런데 속성이 인과적인 힘을 갖는다는 것은 무엇을 의미하는가? 기본적으로 속성늘이 갖는 인과적 힘이란 결국, 유사한 인과적 힘을 갖는 개별 사건들이 공유하는 일종의 투사 가능한 인과적 패턴이며, 궁극적으로 그것들이 등장하는 법칙적 일반화를 통해 포착될 수 있다고 논자는 생각한다. 그러므로 속성들의 실재성에 대한 규준은 그러한 속성이 법칙이나 법칙이 표현하는 인과적 관계 속에 적절한 방식으로 포함되어 있는지의 여부이다. 다시 말해 속성이 인과적 영향력을 갖는다는 것은 투사 가능한 법칙을 통하여 다른 속성들과 적절한 인과적 관련을 맺고 있다는 뜻이다. 그리고 이는 비단 상위 차원의 속성들뿐 아니라, 미시 물리적 차원의 속성들에 대해서도 적용된다. 그렇다면 심리학적 설명에 등장하는 심성적 속성들이 투사 가능한 자연종을 구성하고, 그와 관련된 심리학적 설명이 인과적 관계에 대한 법칙적 설명인 경우에 우리는 심성적 속성들을 실재론적으로 해석할 수 있다.

우리는 세계를 다양한 층위에 걸쳐 다양한 방식으로 구획하고 이해할 수 있다. 물론 이때 상위 단계에 속하는 속성들은 하위 단계의 속성들에 존재론적으로 의존한다. 그렇다고 해서 상위 단계의 속성이 반드시 그 토대인 하위 단계의 속성으로 환원되어야 하는 것은 아니다. 각 층위에 속하는 속성들이 보이는 규칙성이나 법칙성은 서로 상이할 수 있기 때문이다. 여기서 우리가 층위라고 부르는 것은, 궁극적인 의미의 인과적 힘이 발현되어 나타나는 다양한 규칙성의 층위로 생각될 수 있다. 층위는 세계가 체계적인 질서를 드러내는 조직화의 단계, 또는 산출적인 인과적 힘이 스스로를 드러내는 인과적인 질서나 규칙성의 단계이다.

미시 법칙적 속성들은 미시 물리적 층위에서 발견되는 규칙성을 나타낸다. 심리학과 같은 특수 과학이 보여 주는 속성들도 근본적으로는 동일한 산출적 힘의 발현을 구획하지만, 미시 물리적 사원과는 전혀 다른 차원에서 그 힘이 드러나는 양상을 나타낸다. 물론 상위 단계에 속하는 속성들은 이질적인 하위 속성들에 의존한다. 그렇다 하더라도, 그것들이 속하는 해당 차원에서 적절히 기술될 경우, 단순한 하위 속성들의 선접이 아닌 그 자체로 투사 가능한 통일적 법칙성을 지닐 수 있다. 즉, 이 상위 속성들은 반사실적 조건문을 지지하는 고차적인 의존 패턴으로서 상위 차원의 법칙적 일반화에 등장할 수 있다. 이들은 자연종으로 불리기에 손색없는 인과적, 법칙적 통일성을 보여 주며, 종-한정적인 경우에서조차도 하위 차원의 인과적 속성과 서로 동외연적이지 않다.[25] 포더의 표현을 빌리자면, "반사실적 관계를 지지하는 중요한 일반화가 존재하는 모든 종류의 사물이나 사건이, 물리적 종이거나 물리적 종에 대응하는 것은 아니다".[26] 즉, 이 속성들은 하위 차원의 인과적 속성과는 전혀 다른 방식으로 대상과 사건을 교차 구획하며(cross-classify), 이들이 보여 주는 법칙성은 미시 물리와 같은 하위 차원에서 결코 포착되지 않는다. 그런 경우에 이 상위 속성들의 법칙성 자체는 그것의 토대로 환원되지 않는다.[27]

---

25 T. Horgan, 앞의 책, 179쪽. 반사실적 조건문을 통하여 인과성을 정의하는 대표적인 철학자는 Lewis이다.

26 J. Fodor, *Representations: Philosophical Essays on the Foundations of Cognitive Science*(1981), 144쪽; T. Horgan, 앞의 책에서 재인용.

27 김재권은 호건의 주장을 비판하면서, "심적 속성과 생물학적 속성들이 물리학의 기초 속성들을 교차 분류한다면, 전자의 속성들은 후자의 속성들에 수

그런데 이러한 법칙성은 (E)의 부수현상론을 피할 수 있을 정도의 충분한 인과적 능력 혹은 역할을 심성과 같은 상위 차원의 속성들에게 부여해 주는가? 속성의 인과적 능력이라는 것이 기본적으로 그것의 법칙성 혹은 법칙 속에서 담당하는 역할에 의존하는 것이라면, 우리는 일단 이 질문에 긍정적으로 답할 수 있다. 더 나아가, 우리는 인과적 배제와 같은 형이상학적 고려가 아니라, 심성적 속성을 언급하는 심리학적 설명이 실제로 어떻게 작동하는가에 대한 실천적 맥락을 고려함으로써 이러한 답변에 한층 힘을 실을 수 있다.[28] 이는 심성적 속성이 갖는 인과적 능력의 문제를, 심리학적 법칙을 통한 설명이나 예측의 맥락에서 그러한 능력에 호소하는 것이 얼마나 적절하고 유용한지의 관점에서 접근하는 것이다. 그러나 그렇다고 해서, 이러한 주장이 심성적 속성이 단지 실용적 지위만을 갖는 도구저 장치에 불과하다는 것을 의미하지는 않는다. 그 진의는 우리가 순수한 지적 존재이기보다, 살아남기 위해서 선택하고 계획하며 결정, 행동하는 행위자라는 측면을 강조하기 위한 것이다.[29]

반할 수 없다"고 비판한다(김재권, 앞의 책(1999), 133쪽), 그러나 논자는 이러한 교차 분류가 왜 수반과 양립 불가능한지에 대한 이유를 이해할 수 없었다.

28 버지는 심성 인과의 맥락에서 부수현상론과 같은 주장이 중대한 문제로 떠오르는 것은, 설명적 관행에 비해 유물론적 형이상학에 너무 지나친 비중을 두는 잘못된 철학적 우선성 부여의 결과라고 본다(T. Burge, "Mind−Body Causation and Explanatory Practice", in *Mental Causation*, ed. J. Heil & A. Mele(Clarendon Press, 1993), 118쪽).

29 유기체의 생존에서 인과법칙의 역할에 대한 논의는 R. Gulick, "Who's in Charge Here? And Who's Doing All the Work?", in Heil & Mele(1993), 246−247쪽 참조.

우리는 기본적으로 생존을 위해서 환경적 변화에 적절히 대응할 필요가 있는 유기적 존재이다. 그러기 위해 우리는 환경 변화를 정확하고 효율적으로 표상할 수 있는 인지적 장치를 갖추고 있어야 하며, 동시에 그러한 인지적 과정을 생존에 필요한 행위와 적절히 연결시킬 수 있어야 한다. 이러한 표상-행동 시스템은 현재의 정보뿐 아니라 과거의 정보를 저장하고, 그것들을 토대로 미래에 대해 신뢰할 만한 예측과 행동 계획을 수립한다. 그런데 이러한 예측이나 행동 계획을 마련하기 위해서는, 대상과 사건들을 예측 가능한 인과적 역할을 공유하는 방식으로 분류할 수 있어야 한다. 이 역할을 담당하는 것이 바로 투사 가능한 인과법칙이다. 법칙적 통일성을 갖춘 이러한 인과법칙은 세계의 다양한 층위에서 드러나는 반복적인 패턴을 찾아내고, 그 패턴을 구성하는 독립적 변항들이 무엇인지, 그리고 변화를 유도하기 위하여 조작해야 할 부분은 어디인지에 대한 정보를 알려 준다. 여기에 필요한 속성들의 구획이나 분류는 실제적인 예측이나 계획의 필요에 부응하는 적절한 층위에서 이루어져야 한다. 그러한 층위는 미시 물리적 차원이 아니라, 우리의 인지적 능력으로 쉽게 탐지 가능하며 우리의 생존과 직접적으로 관련되는 속성들로 구성된 생활 세계의 거시 물리적 차원 및 심성적 속성을 포함하는 지향적/심리학적 차원이 될 것이다.

물론 이러한 심성적 속성들의 예화와 그것이 갖는 산출적 힘은 궁극적으로 그것을 실현하고 있는(혹은 그것과 개별적으로 동일한) 미시 물리적 속성들의 힘에 의존한다. 그러나 이 심성적 속성들은 미시 물리적 수준에서 파악되지 않는 세계의 인과적 질서나 규칙성의 단계를 드러내며, 우리가 산출적인 힘의 작용에 개입할 수 있는 인터페이스를 제공한다. 물론 이때의 '개입'은 산출적인 힘 자체를 불러일으킨다는 의미가 아니다. 비유적으로 말하자면, 산출적인 힘은 차량을 구동시키는 엔진과 바퀴에 해당하고, 심성적 수준에서 발견되는 법칙이나 그것을 통한 개입은 엑셀과 핸들을 조작하는 것에 해당한다. 우리는 엑셀이나 핸들의 도움을 빌려, 미시적 힘의 작용이 선택적으로 혹은 특정의 방식으로 일어나도록 조작한다. 말하자면, 엑셀이나 핸들이 우리가 엔진의 동력이나 바퀴의 방향과 맞닥뜨리게 되는 인터페이스에 해당한다. 물론 이때 실질적인 개입 자체는 미시적인 작용을 통해 이루어진다. 그러나 그 결과 일어나는 미시적 힘의 작용 패턴은 이러한 조작이 개입하지 않고는 불가능했을 패턴이다. 즉, 실질적인 진행은 미시적 차원에서 이루어지지만, 우리는 오직 상위 차원만을 고려함으로써 미시적인 방식이 어떻게 진행될 것인지에 대해 개입한다.

우리는 이와 유사한 생각을 잭슨과 패티의 '프로그램 설명'에서 찾을 수 있다.[30] 이들은 심성적인 것에 산출적 의미의 인과적 효력이 없음을 인정하지만, 심성적 속성의 예화는 인과적 결과의 발생을 보장하거나 그 결과의 발생을 위해 하위 속성을 프로그램한다

---

30 Jackson & Pettit, "Program Explanation: A General Persepective", *Analysis* 50(1990).

는 의미에서 인과적 관련성이 있음을 주장한다.

〔상위〕속성의 사례(예화)는 그 사건으로 귀결되는 생산적 과정에 등장하지 않지만, 그 과정에 필요한 모종의 속성 사례가 나타나는 것을 일정 정도 보증해 준다. 그 〔상위〕속성의 역할을 잘 설명해 주는 한 가지 유용한 은유는, 그것의 실현이 그러한 생산적 속성의 출현과, 그리고 특정한 서술 하에서는 산출된 사건을 프로그램한다고 말하는 것이다. 이는 컴퓨터의 프로그램에 비유된다. 비록 어떤 것들을 산출하는 작용은 하위의 기계적인 수준에서 진행된다 하더라도, 컴퓨터 프로그램은 … 그것들이 발생할 것임을 보증해 준다.[31]

컴퓨터에서 우리는 소프트웨어(프로그램)의 계산적 조작을 통하여 실질적인 작업을 수행하는 하드웨어의 작용에 개입한다. 한 계산적 단계는 그것에 뒤따르는 계산적 단계를 인과적으로 산출하지 않는다. 그러나 이들 단계들 사이에 성립하는 관계는 전자적(electronic) 단계에서 발생하는 진정한 인과적 과정과 모종의 관련을 맺고 있다. 이때 우리는 하드웨어 차원에서 어떤 일이 진행되고 있는지에 대해 전혀 알지 못하면서도, 소프트웨어의 조작만을 통하여 원하는 결과를 성취해 낸다. 상위 속성의 실현을 통하여 실제적인 효력을 갖는 하위 속성의 과정을 프로그램하기 때문이다.

---

31 김재권, 앞의 책(1999), 140–141쪽에서 재인용.

사실 이는 김재권이 폐기 처분한 수반 인과의 한 형태이다. 김재권은, 프로그램 설명을 통해 보장되는 것은, "프로그램 속성이 발생하면 우리는, 어떤 인과적으로 유효한 속성이 있고 그것이 인과적 영향을 미치고 있다는 정보를 제공받게 된다"는 정보적 관련성일 뿐이라고 일축한다.[32] 즉, 프로그램 설명이 보장하는 것은 심성적 속성이 지니는 인과적 효력이나 관련성이 아니라, 그 속성들이 지니는 설명적 효력이나 관련성이라는 것이다. 그러나 유기체인 우리 인간이 실제로 세계를 대면하고 행동하는 층위는 심성적 속성이 위치한 층위이다. 이때 우리는 심성적 속성이나 그것이 실현하고 있는 법칙들에 대하여 단순히 설명적, 정보적인 관점에서 접근하는 것이 아니라, 실제적인 행동의 예측이나 계획, 그리고 실행이라는 실천적 맥락에서 접근한다. 심성적 속성이나 그 법칙들은 우리기 산출적인 인과적 과정에 개입하는 실천적 인터페이스에 해당한다. 즉, 그 자체로는 산출적이지 않지만, 심성적 법칙을 미시적인 차원 위에 중첩시키고 이를 조작함으로써, 우리는 미시적인 차원에서 일어나는 실질적인 결과의 차이를 프로그램하거나 유도해 낸다. 이러한 차이는, 만일 그러한 법칙의 도움이 없었다면 일어나지 않았을 의미심장한 결과이다.

나는 최소한 이런 정도의 차이를 만들어 낼 수 있다는 사실만으로도, 심성적 속성의 인과적 무관련성에 입각한 (E)형태의 부수현

---

32 같은 책, 143쪽

상론은 정당화될 수 없다고 본다. 그럼에도 불구하고, 그것을 인과적 관련성이 아니라 단순한 설명적 관련성이라고 부르는 것은 어떤 철학적 의의를 지니는가? 이러한 비산출적 종류의 인과적 능력 및 관련성을 과소평가하고 그로부터 심성의 실재성을 부정하는 결론을 도출해 내는 것은, 세계에 대한 실재성의 기준을 그와 관련된 우리의 인식적, 실천적 관행과 독립적으로 결정하려는 형이상학적 독단을 드러내는 것은 아닐까? 물론 심성적 속성과 같은 상위 속성들은 생존과 관련한 우리의 관심과 목적에 적절히 부합하는 추상화의 층위에 속할 뿐 아니라, 우리가 파악한 법칙적 성질이나 인과적 패턴 역시 우리의 관심과 목적에 따라 선별된 것일 수 있다. 그렇다 하더라도 그러한 점이 그러한 속성이나 법칙들의 객관성이나 실재성을 위협하지는 않는다. 이것들은 우리가 고안해 낸 무엇이 아니라, 어디까지나 세계 속에서 일어나는 실재적이고 객관적인 질서의 패턴으로서, 우리에게 특정한 방식으로 드러난 것일 뿐이기 때문이다.

그뿐만 아니라, 산출적인 인과의 경우에는 물리적 폐쇄에 입각하여 과잉인과에 대한 인과 배제를 적용할 수 있지만, 법칙성이나 법칙을 통한 인과적 설명의 경우 비록 물리적인 법칙 혹은 물리적 설명의 폐쇄를 이야기할 수 있다 하더라도, 이로부터 심리학적인 법칙이나 설명에 대한 인과 배제를 이끌어 낼 수는 없다. 과잉결정에 의한 인과 배제가 문제가 되는 것은, 기본적으로 특정 사건에 대하여 동일 층위에 속하는 두 가지 다른 원인이 있는 경우이다.

가령 두 명의 암살자가 한 명의 희생자를 향하여 동시에 총을 발사한 경우가 그것인데, 이러한 종류의 과잉결정을 독립적 과잉결정이라고 말할 수 있다. 한편, 심성적 속성이 문제가 되는 과잉결정은 의존적인 과잉결정의 경우로서, 이때 과잉결정의 원인으로 간주되는 두 사건은 서로 다른 차원에 속하며 존재론적으로 상호 의존적이다.[33] 그런데 세계 혹은 실재는 그 구획의 층위에 따라 복수의 인과적 설명을 허용하며, 그러한 경우에 서로 다른 층위에 속하는 인과적 법칙이나 인과적 설명은 상호 배제의 대상이 아니므로 경쟁할 필요가 없다. 즉, 심리학적 차원의 법칙성에 기반을 둔 심성적 속성의 인과적 능력은 미시 물리적 차원의 법칙성에 기반을 둔 물리적 속성의 인과적 능력과 서로 경쟁하지 않으므로, 선취에 의한 인과적 배제의 문제가 발생하지 않는다. 따라서 수반 논변이 주장하는 긴장 역시 발생하지 않는다. 다음의 예를 보자.

심성적 사건 M이 어떤 행동 B를 야기했다고 하자. 그런데 심성적 사건 M은 미시 물리적 사건 P에 수반한다. 그렇다면 이때 M과 P는 B에 대한 원인의 자리를 두고 서로 경쟁을 벌이는가? 우리는 이미 M과 P가 각기 다른 존재의 층위에 속하며, 이것들이 포함되는 규칙성이나 인과적 질서가 서로 다른 것임을 지적한 바 있다. 그런데 M이 야기했다고 하는 B의 경우는 어떠한가? 한 심성적 사

---

33 '독립적인' 과잉결정과 '의존적인' 과잉결정이라는 용어는 Loewer(2002)에서 빌려 왔다.

건이 어떤 신체적 행동을 유발한다고 했을 때, 그때의 신체적 행동은 이미 지향적으로 규정된 행동이며, 그것에 대한 올바른 기술은 심리학적 차원이나 최소한 일상적인 의미의 거시적 생활세계의 차원에서 이루어져야 한다. 그러므로 P는 B와 적절한 법칙적 관계에 놓일 수 없다. 만일 M의 수반적 기초인 P가 설명하고 있거나 혹은 인과적으로 적절한 관련을 맺고 있는 것이 있다면, 그것은 B를 미시 물리적으로 재기술한 BP가 될 것이다. 그러므로 M과 P는 B에 대한 법칙적 원인의 자리를 두고 서로 경쟁하지 않는다. 이들은 전혀 다른 차원에 속하는 인과관계일 뿐이다.

우리는 지금까지 인과적 배제의 적용을 받지 않으면서도, (E)가 말하는 정도의 부수현상론을 피해 갈 수 있는 비환원적 유물론의 형태가 어떤 것일지 개략적인 모습을 그려 보았다. 그러한 형태의 비환원적 유물론은, 심성적 속성 M이 미시 물리적 속성 P에 수반한다면, M의 산출적인 인과적 힘이 P에 의해 구성된다는 것을 수용한다. 그럼에도 불구하고, M이 작동하는 방식에 대하여 미시 물리적 방식과는 구분되는 독립적인 설명이 있을 수 있으며, 그러한 설명의 차원에서 M은 투사 가능한 자연종으로 간주될 수 있다고 주장한다. M이 갖는 인과적 능력이란 그러한 기술의 차원에서 드러나는 법칙성 속에서 M이 차지하는 인과적 역할이 될 것이다. 이러한 법칙은 유기체인 우리 인간의 실천적 생존의 장에서 매우 굳건한 위치를 차지하고 있으며, 미시적인 차원의 인과 과정에 유의미한 변화를 만들어 낸다.

물론 이러한 비환원적 유물론은, 궁극적인 산출적 힘과 관련하여 부수현상론을 허용한다는 점에서 완벽한 형태의 비환원적 유물론은 아니다. 그러나 심성적 속성이 갖는 다른 형태의 인과적 역할이나 관련성을 부정하지 않으며, 특히 심성적 속성의 실재성에 대하여 어떠한 제거적 함의도 갖지 않는 강건한 심성 실재론이다. 그런 의미에서 완벽하지는 않지만 받아들이기에 거의 충분한 비환원적 유물론(non-reductive physicalism or something near enough)이라 할 수 있을 것이다.

● 김선희

이화여대 법학과 (학사)

이화여대 대학원 철학과 (석사)

서강대 대학원 철학과 (박사)

현재 건국대 교양학부 교수

주요 저서로 『자아와 행위』, 『사이버시대의 인격과 몸』, 논문으로 「계산주의 디지털 기억과 개인동일성의 문제」, 「사이버공간이 다중자아 현상을 일으키는 존재론적 구조」, 「사이보그와 개인동일성의 문제」 등이 있다.

● 백도형

서울대 철학과 (학사)

서울대 대학원 철학과 (석사, 박사)

현재 숭실대 철학과 교수

주요 논문으로 「물리주의와 보편자」, 「4차원 개별자론」, 「'과학의 시대'에

돌아보는 인문학의 역할」 등이 있다.

● 선우환

서울대 철학과 (학사)

서울대 대학원 철학과 (석사)

미국 프린스턴대 대학원 철학과 (박사)

현재 연세대 철학과 교수

주요 논문으로 「양상 이론의 딜레마」, 「총체적 수반 개념의 철학적 적합성」, 「통세계적 동일성의 문제와 양상 인식론」, 「물리주의와 지식 논변」, 「상상가 능성 논변들과 형이상학적 가능성」 등이 있다

● 신상규

서강대 경영학과 및 철학과 (학사)

서강대 대학원 철학과 (석사)

미국 텍사스대(오스틴) 대학원 철학과 (박사)

현재 숙명여대 의사소통센터 교수

주요 저서로 『인간 본성에 관한 철학 이야기』(공저), 역서로 『라마찬드란 박사의 두뇌 실험실』, 『의식』, 논문으로 「믿음내용의 고정에 대한 진화론적 접근」, 「표시와 기능」 등이 있다.

● 이종왕

영남대 철학과 (학사)

미국 네브라스카대(링컨) 대학원 철학과 (박사)

현재 영남대 철학과 교수

주요 논문으로 「설명적 실재론, 인과/실명적 배제의 원리 그리고 사건예화론」, 「두 개념의 제거주의와 동일론」, 「한 사건 동일론에 근거한 새로운 기능적 환원적 물리주의」, 「사건존재론과 정신인과」, 「인과적 과잉결정과 배출논변들은 수반논변을 손상시키는가?」 등이 있다.

● 이좌용

서울대 철학과 (학사)

서울대 대학원 철학과 (석사, 박사)

현재 성균관대 철학과 교수

주요 저서로 『존재론 연구』, 논문으로 「물리적 주관과 의식 경험」, 「인과성과 인간 동일성」, 「심성과 인과성」 등이 있다.

● 정대현

고려대 철학과 (학사)

고려대 대학원 철학과 (석사, 박사)

현재 이화여대 철학과 명예교수

주요 저서로 『심성내용의 신체성』, 논문으로 「지향성과 생활양식의 중첩성」, 「성(誠)의 지향성: 이원적 지향성에서 음양적 지향성에로」 등이 있다.

● 최훈

서울대 철학과 (학사)

서울대 대학원 철학과 (석사, 박사)

현재 강원대(삼척캠퍼스) 교수

주요 저서로 『매사에 공평하라: 벤담&싱어』, 『세상에 믿을 놈 하나 없다: 데카르트 & 버클리』, 『논리는 나의 힘』, 논문으로 「의식, 상상가능성, 좀비」, 「정신 나간 모듈 바로잡기」, 「데이비드슨의 무법칙적 일원론과 백도형의 심신유명론」, 「다수 실현의 딜레마들」 등이 있다.

● 하종호

고려대 철학과 (학사)

고려대 대학원 철학과 (석사)

미국 브라운대 대학원 철학과 (박사)

현재 고려대 철학과 교수

주요 논문으로「자기지식의 선험성과 보장전이의 문제」,「외재주의저 자기 지식론」,「물리주이의 독단과 오류」, 역서로『물리주의』,『물리계 안에서의 마음』,『마음과 몸』,『심리철학』(공역),『종교의 철학적 의미』 등이 있다.

● 홍창성

서울대 철학과 (학사)

서울대 대학원 철학과 (석사)

미국 브라운대 대학원 철학과 (박사)

현재 미국 미네소타주립대(모어헤드) 철학과 교수

주요 논문으로「서평-김재권의 물리주의」, "A Reductionist Refutation of Kripkean Dualism", "Jaegwon Kim: Conscience of Physicalism", "Book review, Jean-Pierre Changeux and Paul Ricoeur: What Makes Us Think?", "Natural Kinds and the Identity of Property" 등이 있다.